국민이 먼저입니다

국민이 먼저입니다.

2025년 2월

한 동 훈 올림.

국민이 먼저입니다

한동훈의 선택

초판 1쇄 2025년 2월 28일 발행
초판 9쇄 2025년 3월 20일 발행

지은이 한동훈
펴낸이 김현종
출판본부장 배소라 **책임편집** 프로젝트팀 작업실
디자인 놀이터 **마케팅** 안형태 김예리
미디어·경영지원본부 신혜선 백범선 문상철 신잉걸

펴낸곳 (주)메디치미디어
출판등록 2008년 8월 20일 제300-2008-76호
주소 서울특별시 중구 중림로7길 4
전화 02-735-3308 **팩스** 02-735-3309
이메일 medici@medicimedia.co.kr **홈페이지** www.medicimedia.co.kr
페이스북 facebook.com/medicimedia **인스타그램** @medicimedia
유튜브 www.youtube.com/@medici_media

ⓒ 한동훈, 2025
ISBN 979-11-5706-415-1 (03340)

한 동 훈 의 선 택

국민이 먼저입니다

한동훈 지음

메디치

여는 글

　'역사와 대화한다'는 말을 좋아하지 않습니다. 정치인은 역사와 대화하려 할 게 아니라 현실에서 국민과 대화해야 한다고 생각하기 때문이죠.

　그런데 2024년 12월 3일, 그날 밤 저는 처음이자 어쩌면 마지막으로 역사로부터 질문을 받는다고 느꼈습니다.

　'계엄이래. 어쩔 거야?'라는 질문.

　'걱정 마, 내가 할 일이 뭔지 알아.' 제 대답은 그랬습니다.

　이날부터 열나흘 동안 비상계엄 반대, 계엄 해제 의결, 질서 있는 조기퇴진 시도, 대통령 탄핵소추안 통과, 그리고 당 대표 사퇴까지의 시간을 기록으로 남깁니다.

　기억은 쉽게 증발되니, 뜨거웠던 이 겨울이 가기 전에 이 책을 씁니다.

차례

Part 2 **선택의 시간**

한동훈의 선택

Part 1

계엄의 밤

01   **계엄의 밤이 시작되다**

2024년 12월 3일은 평소처럼 바쁜 날이었다. 밤 10시가 넘기 전까지는 다른 날과 다를 게 없었다. 아마 대다수의 국민들도 그랬을 것이다.

여당 대표는 수많은 행사에 참석한다. 축사를 하거나 임명장을 주고, 단체사진을 찍는 등 다양한 일정이 있다. 행사 참석 자체가 정치적 메시지가 될 수 있으니 무엇 하나 소홀히 할 수 없다. 어느 곳에서든 항상 성의를 다해 왔던 이유다.

그날도 마찬가지였다. 국회도서관 강당에서 서울 여성정치 아카데미 개강식이 있었다. 축사에서 나는 "(지금 대한민국에서 페미니스트라는 말을 할 때 연상되는 극단적인) 페미니스트는 아니지만 다양한 영역에서 양성평등을 강력히 지지하고 지원할 것"이라고 말했다. 사전에 미리 준비했던 말은 아니었다. 그런데 앞뒤 모두

자르고 "한동훈, 여성행사에서, '나는 페미니스트 아니다'"라는 제목의 기사로 여러 언론에 보도됐다. 오해의 소지가 있지만 틀린 말은 아니니 정정 요청은 따로 하지 않았다.

저녁에는 경제와 복지정책을 연구하는 몇몇 교수들과 함께 식사 겸 토론을 했다. 나는 술을 못하기 때문에 저녁식사 시간이 짧은 편이다. 그런데 그날만큼은 새로운 복지정책과 재원 마련 방안에 대해 좋은 의견이 나와 시간이 길어졌다.

정치를 통해 내가 지향하는 목표 지점은 성장하는 복지국가다. 그리고 격차해소다. 성장은 복지를 위한 수단이라고도 생각한다. 하늘 아래 완전히 새로운 길은 없으니, 목표를 이룰 수 있는 가장 효율적인 길을 찾기 위해 전문가들과 많은 논의를 해왔다. 그날도 그런 날 중 하나였다.

마지막 일정이었던 저녁 자리를 마치고 집으로 가는 차 안에 올랐다. 차에서는 보통 오늘의 일들을 정리하거나 내일 해야 할 것들을 추려본다. 식사 시간 동안 놓친 뉴스를 살펴보는 것은 물론이다. 그러다 '밤 10시 대통령 긴급 담화 예정'이라는 속보를 봤다.

제목만 떠 있는 기사를 보고 무슨 일일까 생각했다. 그날엔 이렇다 할 특별한 이슈는 없었다. 밤 10시에 갑작스럽게 대통령이 직접 긴급 담화를 한다니? 여당 대표인 나도 모르는데. 무슨 큰일이 벌어졌나 싶었다.

기자들의 연락이 쇄도했다. 긴급 담화의 내용이 무엇인지 물었다. 하지만 내가 답해 줄 수 있는 건 없었다. 솔직히 모른다고 답했다. 기자들도 "정말 모르느냐"고 당황한 반응을 보였다. 여당 대표에게도 알리지 않은 대통령의 긴급 담화 때문에 모두가 혼란스러웠다.

긴급 담화는 예고된 시간보다 계속 늦어졌다. 나중에 알려진 바에 따르면 뒤늦게 비상계엄 발동 요건을 맞추기 위해 국무위원들을 소집하느라 지체되고 있던 것이었다.

일단 사태 파악을 하기 위해 책임 있는 대통령실 관계자에게 전화했다. 통화 연결이 되지 않았다. 찜찜한 마음이 들어 문자로 물었다. "무슨 상황인가요." 잠시 후 짧은 답장이 왔다. "비상사탭니다ㅜㅜ." 밑도 끝도 없이 비상사태라니. 도무지 감이 잡히지 않았다.

무슨 내용이냐고 다시 묻자 휴대폰 화면에 딱 두 글자가 찍혔다. "최악." 얼마 전 민주당이 전례 없는 예산 삭감으로 폭주한 것이 떠올라 "예산 관련인가요"라고 물었지만, 더 이상 답이 오진 않았다.

'이거 뭐지' 하는 싸한 느낌이 들었다. 집에 도착할 무렵, 대통령의 긴급 담화가 시작됐다. 비장한 표정으로 대통령이 말했다. 민주당의 탄핵 반복과 방탄 정치, 예산 폭거 등을 열거하며 다음과 같이 선언했다.

우리 국회는 범죄자 집단의 소굴이 됐고, 입법 독재를 통해 국가의 사법 행정 시스템을 마비시키고 자유민주주의 체제의 전복을 기도하고 있습니다. 자유민주주의의 기반이 되어야 할 국회가 자유민주주의 체제를 붕괴시키는 괴물이 된 것입니다. 지금 대한민국은 당장 무너져도 이상하지 않을 정도의 풍전등화의 운명에 처해 있습니다. 친애하는 국민 여러분. 저는 북한 공산세력의 위협으로부터 자유 대한민국을 수호하고, 우리 국민의 자유와 행복을 약탈하고 있는 파렴치한 종북 반국가세력들을 일거에 척결하고 자유 헌정 질서를 지키기 위해 비상계엄을 선포합니다.

저는 이 비상계엄을 통해 망국의 나락으로 떨어지고 있는 자유 대한민국을 재건하고 지켜낼 것입니다. 이를 위해 저는 지금까지 패악질을 일삼은 망국의 원흉, 반국가세력을 반드시 척결하겠습니다.

2024년 대한민국 대통령의 입에서 '비상계엄 선포'라는 낯선 단어가 나왔다. 오래되고 불쾌한, 역사책에서나 보일 것 같은 표현이 뇌리에 꽂혔다. 잠깐 동안 멍했다. 귀를 의심했다. 느닷없이 비상계엄이라니. 그날 대통령 담화를 본 수많은 사람들이 잘못 들은 줄 알았다고 했다.

얼핏 윤석열 대통령이 대학 시절 모의재판에서 전두환 전 대통령에게 군사반란 혐의로 무기징역을 구형했고, 그로 인해 도피 생활을 했다는 기사를 읽은 기억이 났다. 그랬던 그가 지금 비상

비상계엄을 선포하는 윤석열 대통령(사진 출처: 연합뉴스)

계엄을 선포했다. 초현실적인 장면이었다.

짧은 순간 많은 것이 바뀔 것이고, 우리 모두 그 이전으로 돌아갈 순 없을 것이다. '정신 차리자.' 비상계엄이라는 말을 듣자마자, 어떻게 해서든 그것을 막아야겠다고 생각했다. 담화가 끝나기 전 나는 여당 대표로서 단호한 계엄 반대의 메시지를 준비하기 시작했다.

민주당의 정치적 폭거는 비판받아 마땅하다. 이재명 대표의 중범죄 혐의 방탄 등을 위해 검수완박 등 악법으로 사법 시스템을 무력화시켰고, 탄핵이라는 말을 꺼내는 것 자체를 역풍을 우려해 조심했던 우리 정치 환경에서 무려 29회의 탄핵을 시도했고, 거부권 행사가 뻔히 예상되는 법률안들을 싸움 걸듯 밀어 올렸고, 역대 유례가 없는 예산 난도질을 밀어붙였다. 괴담과 가짜 뉴스로 국정을 습관처럼 발목 잡았다. 민주당이 자행한 이런 폭거들로 인해 대통령이 느꼈을 좌절감과 국가의 미래에 대한 우려에 대해 공감한다. 내가 어느 누구보다 더 공감한다.

나는 검사 시절부터 법무부장관을 거쳐 비상대책위원장, 당 대표에 이르기까지 누구보다 앞장서서 민주당의 폭거에 맞서 싸웠다. 그러다 민주당 정권에 의해 네 번이나 좌천됐고, 두 차례 압수수색을 당했고, 구속당하기 직전까지 몰리기도 했다. 청담동 술자리 거짓말, 유시민 계좌 추적 음모론 등 셀 수 없는 가짜 뉴스로 집중공격도 당했다.

하지만 이 모든 문제는 정치와 사법 시스템으로 풀어야 할 일들이다. 그것이 자유민주주의다. 아무리 민주당의 폭거가 극심했다 하더라도 그걸 비상계엄으로 일거에 해결하려는 의도가 대통령 담화에서 드러난 이상 이 계엄은 위헌·위법이었다. 이런 상황에 이른 것이 너무 마음 아프고 안타까웠다. 그렇지만 꼭 막아야 한다고 생각했다.

우리 여당이 배출한 대통령이 한 비상계엄이었다. 나는 법무부장관 출신 여당 대표가 자신의 당이 배출한 대통령의 비상계엄을 신속하고 강력하게 반대하는 것이 상황을 바로잡는 데 결정적인 역할을 할 수 있다고 확신했다. 다행히도 지금 나는 헌정 질서의 위기를 바로잡을 수 있는 자리에 있다고 생각했다.

공포에 전염성이 있듯이, 용기에도 전염성이 있다. 계엄령이 선포된 오늘, 공포보다 용기가 더 먼저 퍼져야 한다고 생각했다. 정치적 유불리를 계산하며 우물쭈물 머뭇거리느라 타이밍을 놓치면 안 된다고 결심했다.

신속하고 선명한 계엄 반대 메시지가 필요한 이유는 명확했다.

첫째, 계엄 선포 소식에 놀란 국민들이 여당 대표가 강력하게 즉각 반대하는 입장을 낸 것을 보면 '이건 여당도 반대하는 계엄이다. 그러니 대통령 마음대로 되지 않을 것이다'라고 안심할 것이다.

둘째, 계엄에 동원된 군인과 경찰이 '뭔가 크게 잘못돼 가고 있다', '시키는 대로 하다가는 인생 망치겠다'는 생각이 들면 적극적으로 계엄 명령에 부역하지 않을 것이다. 적어도 군인과 경찰이 소극적으로 행동할 명분을 줘야 했다. 어찌 보면 이들도 피해자였다.

셋째, 국민의힘 의원들과 당원들에게도 우리가 이 비상계엄을 지지해서는 안 된다는 당 대표의 메시지를 전달해야 했다. 이슈에 대한 판단은 대부분 초기에 결정된다. 논쟁의 프레임이 비상계엄 찬반으로 흘러선 안 된다고 생각했다. 여당에서 계엄 찬반 논쟁이 붙으면 계엄을 막기 어렵다고 봤다. 여당에서 선명하게 반대해야 유혈사태 없이 계엄을 막을 수 있다고 확신했다.

'늦으면 안 된다.' 나는 계속 생각했다. 대통령의 비상계엄 선포 속보 뉴스에 바로 붙어서, 그 대통령을 배출한 여당 대표의 계엄 반대 뉴스가 동시에 떠야 한다고 생각했다. 그렇게 해야만 비상계엄의 정치적 명분이 없어질 거라고 봤다.

그러니 내 첫 번째 메시지는 언론이 편집하는 데 시간 들일 필요 없이 즉각 그대로 다 쓸 수 있도록 짧게, 그러면서도 할 말은 다 들어가야 했다. 그리고 여당인 국민의힘 당 대표 자격으로 내는 것이라는 점을 분명히 해야 했다.

"대통령의 비상계엄 선포는 잘못된 것입니다. 국민과 함께 막겠습니다.

국민의힘 당 대표 한동훈."

비상계엄 선포 방송이 끝나기 전 당 대표실 서승혜 국장에게 메시지를 보냈다. 공보실을 통해 즉각 언론에 공지해 달라고 요

언론을 통해 처음으로 알려진 한동훈 대표의 비상계엄 선포 반대 메시지
(사진 출처: SBS)

방송 속보로 보도된 한동훈의 계엄 저지 메시지들

청했다. 야간이라 10분 정도가 흐른 뒤인 10시 46분경 기자들에게 전달됐고, 뉴스가 나오기 시작했다. 당시에는 몰랐지만, 여야 통틀어 가장 먼저 나온 비상계엄 반대 메시지였다.*

이날 내가 신속한 계엄 반대 입장을 낸 것을 놓고 다음 날부터 중진 의원들 몇몇이 강한 유감을 표시했다. 비상계엄을 선포한 깊은 뜻이 대통령에게 있을 수 있는데, 여당 대표가 곧바로 반대 입장을 내 찬물을 끼얹었다는 것이다. 내 행동이 성급하고 경솔하다고 지적했다. 심지어 언론 인터뷰에서 실명으로 이런 비판을 한 의원도 있었다.

하지만 나는 그때나 지금이나 전혀 그렇게 생각하지 않는다.

---

* 내가 계엄 저지에 나선 이유를, 체포 대상에 올랐다는 것을 알고 분노했기 때문이라고 거짓 프레임을 퍼뜨리는 사람들이 있다. 그런데 이는 전혀 사실이 아니다. 나는 계엄 저지 메시지를 내기 전에 체포 관련 어떤 정보도 듣지 못했다.

아무리 목적이 정당하더라도 초법적 권력 행사를 해선 안 된다. 정치와 사법 시스템으로 풀어야 할 일들을 비상계엄을 통해 반대파를 잡아넣겠다는 발상은 반헌법적이다. 군사 독재 시절에나 가능한 발상이다. 아울러 전쟁과 사변이 아닌 상황에서 비상계엄은 절대 용인될 수 없다. 우리 당이 배출한 대통령이 한 일이라 너무 안타깝지만, 대한민국이 먼저였다. 국민이 먼저였다.

복잡하거나 고민할 사안이 아니라고 생각했다. 나는 여당 대표가 위헌·위법한 비상계엄에 빠르게 반대 메시지를 내는 것이 이 나라와 국민을 위해 반드시 필요하다고 확신했다.

언론에 공지된 이 메시지를 밤 10시 50분경 내 페이스북에도 올렸다.

나는 2024년의 비상계엄이 1980년의 비상계엄과는 전혀 다른 환경에 놓여 있다고 생각했다. 그때와 달리 지금은 국가권력이 SNS와 같은 개인화된 통신 수단을 장악할 수 없기 때문이다. 나는 이 점을 최대한 활용해야 한다고 봤다. 계엄 당국이 신문과 방송 등 레거시 미디어를 통제할 경우엔 더욱 그랬다.

한동훈
2024년 12월 3일 · 🌐

대통령의 비상계엄 선포는 잘못된 것입니다.
국민과 함께 막겠습니다.
국민의힘 당대표 한동훈

···

훗날 계엄의 밤이 끝나고 조갑제 전 월간조선 대표와 유인태 전 의원 등 진영 불문하고 많은 분들이 '한치 앞을 내다볼 수 없던 긴박한 상황에서 여당 대표의 신속하고 단호한 계엄 반대 메시지가 사태 해결에 큰 역할을 했고, 그래서 고맙다'는 내용의 감사 표시를 언론 등을 통해 전해왔다.

천영우 전 외교안보수석은 "한동훈은 이 시대가 부여한 사명을 완수하고 무대에서 내려왔다. 다시 정치의 장으로 돌아오지 못하더라도 억울할 것은 없다. 나라가 운명의 기로에 선 순간 어느 국민의힘 중진도 감히 할 수 없는 일을 해내었고, 자신의 정치생명을 희생하여 위기에 처한 나라를 구하고 국힘의 존속과 재기의 희망을 살렸다"라고 했다.

길을 가다 만나는 여러 시민들도 내게 말을 건넸다. 안도의 말이기도 했고, 응원의 말이기도 했다. 선거 현장에서 받았던 지지자들의 응원과는 달리, 이념과 정파가 다른 시민들도 선뜻 내게 인사말을 건넸다. 그때만큼은 우리의 목표가 같았기 때문이다. 애써 쌓아 올린 우리의 자유민주주의적 가치 질서를 지켜야 한다는 것 말이다.

나는 국민들에게 "나를 지키려 하지 마시라. 내가 여러분을 지키겠다"는 말을 종종 해왔다. 그 말을 조금이나마 실천할 수 있어 다행이었다.

02   여의도 국민의힘 당사로 가다

1980년 이 나라에 마지막으로 계엄이 있었다. 전두환 신군부에 의해서였다. 그다음이 44년 뒤인 이번이다. 1979년 10·26 사태 이후 제주도를 제외한 전국에 비상계엄이 발동되었다. 그 후 12·12 쿠데타를 통해 정권을 잡은 신군부는 1980년 5월 17일 비상계엄을 전국으로 확대했다.

마지막 계엄이 있고 7년 만에 우리나라의 시민들은 직선제 개헌을 통해 제6공화국을 출범시켰다. 1993년엔 우리 보수정당이 배출한 김영삼 전 대통령이 계엄 주도세력인 군부 사조직 하나회를 전격 해체하며 군사 쿠데타의 싹을 제거했다. 우리 국민들은 더 이상 물리력을 동원해 시민의 자유를 억누르는 비상계엄과 같은 상황은 벌어지지 않을 거라 생각했다.

44년 동안 시대가 몇 번은 변했다. 우리나라는 세계 10위권의 경제 대국으로 우뚝 섰고 선진 민주국가로 불리며, 산업화와 민주화를 동시에 달성한 나라로 국제사회에서 인정받았다. 이 나라는 경제적으로도 절차적 민주주의 면에서도 진짜 선진국이 되었다. IMF 사태를 겪는 등 금융위기나 외환위기를 걱정할지언정 적어도 군사 쿠데타를 걱정하지 않아도 되는 나라가 되었다. 대한민국 국민이라면 누구나 기본값으로 갖고 있는 자부심이었다.

그러나 이번 12·3 사태는 더 이상 비상계엄과 같은 정치적 리스크는 없을 거라는 시민들의 자부심을 완벽하게 깨뜨렸다. 선진 민주주의 국가의 시민인 대한민국 국민들이 모욕감을 느꼈을 것이다. 44년 전 계엄을 겪은 시민들은 체험을 통해 계엄이 민주주의의 적이라는 사실을 알고 있다.

직접 계엄을 겪어보지 못한 젊은 층도 학교에서 역사 수업을 통해 배워 잘 알고 있다. 지금의 청년들은 태어날 때부터 이 나라가 선진국이었다. 학교에서는 체벌과 같은 과거에는 당연시되던 폭력을 허용치 않는 진짜 민주주의 교육을 받으며 자랐다. 비상계엄 사태에서 청년들의 충격과 분노가 더 클 수밖에 없던 이유다.

나는 선진국 대한민국에 뚝 떨어진 비상계엄이라는 황당함에 대해선 일단 접어두기로 했다. 이 계엄령을 막는 데 의미 있는 역할을 할 수 있는 위치에 있었고, 당장은 그 역할을 해내는 데에만 집중하기로 했다. 나머지는 나중에 생각하자고 마음먹었다.

'비상계엄 선포' 방송을 보자마자 차를 돌려 여의도로 향했다.

짧은 시간 헌법과 계엄법을 샅샅이 훑었다. 수십 년간 법률가로, 또 법무부장관으로 살아왔지만 계엄법은 이번에 처음 읽어봤다. 대한민국은 율사들조차 평생 계엄법을 읽어볼 필요가 없는 나라였던 것이다. 일어날 것 같지 않은 일이 벌어진 때일수록, 법과 규정이 중요하다. 거기에서 출발해야 한다. 계엄에 반대하는 시민들의 물리력이 아니라, 법에 정해진 절차대로 계엄을 막아야 한다. 그래야 유혈사태를 막을 수 있다.

> 헌법 제77조 ① 대통령은 전시·사변 또는 이에 준하는 국가 비상사태에 있어서 병력으로써 군사상의 필요에 응하거나 공공의 안녕질서를 유지할 필요가 있을 때에는 법률이 정하는 바에 의하여 계엄을 선포할 수 있다.
> ② 계엄은 비상계엄과 경비계엄으로 한다.
> ③ 비상계엄이 선포된 때에는 법률이 정하는 바에 의하여 영장제도, 언론·출판·집회·결사의 자유, 정부나 법원의 권한에 관하여 특별한 조치를 할 수 있다.
> ④ 계엄을 선포한 때에는 대통령은 지체없이 국회에 통고하여야 한다.
> ⑤ 국회가 재적 의원 과반수의 찬성으로 계엄의 해제를 요구한 때에는 대통령은 이를 해제하여야 한다.

헌법 제77조 5항에 따라 국회 재적 의원 과반, 즉 국회의원 151

명의 결의로 계엄 해제 요구를 하는 것이다. 그것만이 시민들이 직접 거리로 나서지 않고 계엄을 막을 수 있는 길이다. 국회가 계엄 해제 요구 결의를 하면, 대통령은 무조건 계엄을 해제해야 한다. 이것은 대한민국 헌법이 민주주의를 지키기 위해 준비해 놓은 최후의 방패였다.

이 절차를 최대한 빨리, 이 밤이 지나기 전 실행해야 한다고 생각했다. 다음 날까지 계엄 상태가 유지되면 대규모 유혈사태가 벌어질 것이 우려됐다. 아침이면 성난 시민들이 거리로 쏟아져 나올 것이고, 계엄군과 물리적 충돌은 피할 수 없을 거라고 생각했다.

그다음은 한국 경제가 입게 될 타격이 걱정됐다. 아침까지 계엄이 해제되지 못하면 주식시장이 개장하지 못할 가능성이 컸다. 이미 환율 폭등과 같은 보도가 나오고 있었지만, 다음 날 주식시장만큼은 정상대로 개장시켜야 한다. 그렇지 않으면 전 세계가 대한민국의 상황을 극도로 불안하게 바라볼 것이 뻔했다.

이 모든 것들을 떠나서, 뜬눈으로 밤을 지새웠거나 미처 계엄 사실을 알지 못한 채 잠들었던 많은 국민들이 아침까지 계엄이 해제되지 않았을 때 받을 충격과 공포는 상상하기조차 어려웠다.

국회의 계엄 해제 요구 결의가 정답이라는 판단을 한 뒤, 그다음 할 일들을 생각했다. 밤 11시에 국회의원 151명 이상을 본회의장에 모을 수 있을지, 국회의원의 본회의장 진입을 계엄군이 방해하면 어떻게 해야 할지 등 현실적인 문제들을 하나씩 따져봤다.

일단 나는 여의도 국회로 가면서 생각했다. 그리고 주진우 의원을 비롯한 몇몇 경험 많은 율사 출신 의원들에게 국회의 계엄 해제 요구 결의를 해야 한다는 내 판단에 대해 의견을 물었다. 다들 그 방법이 맞겠다고 동의했다.

여의도로 가는 차 안에서 나는 왜 계엄의 D-데이를 평일 밤으로 택했을까 생각했다. 만약 평일이 아니라 금요일 밤이나 휴일에 계엄을 선포했다면 국회의원 151명 이상이 바로 국회에 모이기는 훨씬 어려웠을 것이다. 금요일 밤이나 휴일에는 대부분의 국회의원들이 지역구 활동을 위해 전국 각지로 흩어지곤 했기 때문이다. 하지만 일과 시간이 아니고 의원들이 모이기 어려운 밤 10시 넘어 기습적으로 비상계엄을 선포한 것을 보면, 계엄을 실행한 측에 국회의 계엄 해제 요구 결의를 막겠다는 의도가 충분히 있었던 것처럼 보였다.

그런데 왜 평일을 골랐을까. 아무리 생각해 봐도 화요일인 12월 3일에 비상계엄을 해야 할 이유가 없어 보였다. 뭔가 비합리적인 이유의 택일이 있던 것이 아닌가 하는 생각까지 들었다.

어떤 이유에서였건 계엄을 막아야 하는 내 입장에서는 다행스러운 일이었다. 금·토·일 중에 계엄을 선포하고 의원들을 체포·구금했다면, 국회의 계엄 해제 요구 결의는 불가능했거나 매우 지연됐을 것이다. 시민들과 계엄군의 충돌로 인한 유혈사태, 대량 체포와 구금 등 돌이킬 수 없는 불행한 일이 발생했을지 모른다. 경제는 회복 불능 수준으로 더욱 망가졌을 것이다.

계엄 저지 메시지를 낸 후 이런저런 생각에 빠져 있을 때쯤 이상한 전화 한 통을 받았다. 평소 알고 지내던 명망 있는 여권 인사의 목소리였다.

"다른 사람은 몰라도 한 대표는 절대 체포되면 안 된다. 체포되면 정말 죽을 수 있다. 그러니 국회로 가지 말고, 즉시 은신처를 정해서 숨어라. 추적되지 않도록 휴대폰도 꺼라. 가족들도 피신시켜라. 신뢰할 만한 정보이니 허투루 듣지 말고 꼭 그렇게 하시라."

믿을 만하고 신중한 분의 말이었기 때문에 당황스러웠다. 계엄이 선포된 지 얼마 지나지 않은 그 급박한 시점에 실없는 소리를 할 이유도 없었다.

잠깐 생각을 해봤다. 뜬금없이 웬 체포인가. 나를 해치고 싶었다면 차라리 누군가를 사주하지, 비상계엄까지 선포해서 할까 싶기도 했다. 대통령이 여당 대표를 죽이려 한다는 말은 황당하고 허황됐지만, 2024년에 계엄령을 내는 건 안 황당한가 싶었다.

이 책을 쓰면서 내가 그때 공포를 느꼈는지 곱씹어봤다. 그랬던 것 같다. 다만 계엄을 막아야 한다는 결심이 공포라는 반응을 압도했다. '공포는 반응이고 용기는 결심'이라는 처칠의 말을 좋아한다.

나는 계엄을 막는 데 중요한 역할을 수행할 수 있는 위치에 있었고, 어떻게든 막아야겠다는 생각이 컸기 때문에, 내가 들은 경고는 그냥 나중에 생각하기로 했다. 그 말을 들었다고 숨거나 되돌아갈 수는 없는 일 아닌가. 공포를 느끼지 않는 것이 아니라, 공포를 느껴도 할 일을 하는 것이 용기다. 여는 글에서 말했듯이, 역사가 처음이자 어쩌면 마지막으로 나에게 질문을 한다고 느꼈고, 내 답은 분명했다. 이제 내가 할 일을 해야 한다.

계엄의 밤이 지나고 며칠 뒤, 유튜버 김어준 씨가 계엄령이 내려졌을 때 나에 대한 사살 계획이 있었다는 제보를 받았다고 국회에서 주장했다. 그 뉴스를 보고 내가 12월 3일 밤에 들었던 경고와 같은 얘기인가 싶었다.

언론에서 질문이 쇄도했지만, 아무런 답도 하지 않았다. 확인되지 않은 음모론에 편승하는 것보다 드러난 팩트에 집중하는 것이 낫다고 생각했기 때문이다. 평소 내가 직업적 음모론자라고 비판했던 김어준 씨 주장이니 더욱 그랬다. 굳이 그런 음모론을 언급하지 않더라도 사실로 드러난 증거들만 봐도 비상계엄은 충분히 충격적인 사건이었다.

03 국회로 함께 걸어가다

여의도에 다다를 무렵, 국회가 경찰에 의해 봉쇄되고 있다는 소식을 들었다. 그래서 일단 국민의힘 당사로 가서 사람들을 규합해 국회로 가려고 했다. 당사에서 나는 제일 먼저 영상 메시지를 낼 준비를 하고 있었다. 영상과 음성이 직접 나와야만 메시지에 더욱 힘이 실릴 거라고 생각했다.

그러나 당사엔 카메라 기자들이 없었다. 채널A 정치부의 취재 기자 1명만 있었다. 그 기자에게 계엄 반대 메시지 영상을 휴대폰으로 찍어 다른 기자들에게 공유해 달라고 부탁했다. 영상이 조악하더라도 서둘러 메시지를 내는 게 중요하다고 생각했다.

그때가 밤 11시 5분경이었다. 국민의힘 당사 간판을 배경으로 비상계엄은 위헌·위법이라고 말했다. 찍고 나니 꼭 하고 싶었던 중요한 말이 빠졌다. 급했지만 한 번 더 찍었다. 그러고는 '국민 여러분께서는 안심해 달라'고 이야기했다. 국민들께서 불안해할 것 같았기 때문이다.

오늘 대통령이 비상계엄을 선포했습니다. 요건에 맞지 않는 위법·위헌인 비상계엄 선포입니다. 대한민국은 자유민주주의 국가입니다. 국민과 함께 자유민주주의를 지키겠습니다. 비상계엄을 반드시 막아내겠습니다. 국민들께서는 안심해 주시기 바랍니다. 반드시 저희가 위법·위헌적인 비상계엄을 막아내겠습니다.

휴대폰 영상은 기자들의 단체대화방으로 공유돼 속보로 방송

국민의힘 당사 현관에서 휴대폰 영상을 통해 비상계엄 반대 메시지를 발표하는 장면

됐다. 나는 비상계엄은 위헌과 위법이 분명하기 때문에 입장이 애매해선 죽도 밥도 안 된다고 생각했다. 돌다리도 두들겨보거나 돌아가야 할 때도 있고, 나는 대부분 그러려고 노력하는 편이다. 그런데 지금은 그럴 때가 아니었다.

당사로 의원들과 당직자들이 속속 모여들었다. 변호사이면서 디테일에 강한 송영훈 대변인도 있었다. 내 생각을 크로스체크하고 싶어 송 대변인에게, 내 의견을 먼저 제시하지 않고 계엄을 법적으로 어떻게 막아야 하는지 물었다. 송 대변인은 국회의 계엄 해제 요구 결의뿐이라고 답했다. 내 생각과 같았다.

송 대변인은 나에게 현재 상황에 대해 내가 알고 있는 것을 자신을 비롯한 당직자들과 공유해 달라고 요청했다. 당 대표인 내가 더 많은 정보가 있을 것이라 기대하는 듯했다. 실망시켜 미안했지만, 그럴 수 없었다.

나는 "나도 이 상황에 대해 전혀 몰랐습니다. 분명한 것은 우리가 나서서 이 밤이 지나기 전에 이 계엄을 막아야 한다는 겁니다. 그리고 우리가 막을 수 있다는 겁니다. 거기에만 집중합시다"라고 답했다. 송 대변인은 "체포될 가능성도 생각하셔야 합니다"라고 말했다. 나는 "체포될 수 있지만 감수해야죠. 최대한 빨리 국회로 가야 합니다. 지체할 시간이 없습니다"라고 답했다.

그러고는 〈즉각 국회 차원에서 계엄 해제 요구할 것입니다〉라는 페이스북 메시지를 11시 13분경에 올렸다.

한동훈
2024년 12월 3일 · 🌐

즉각 국회 차원에서 계엄해제 요구할 것입니다.

계엄을 막겠다고 약속했으니, 어떻게 막을 것인지 구체적인 계획을 국민들에게 알려야 한다고 생각했다. 국민들이 나의 계획을 알고 계속 주시해야만 계엄세력이 국회의 계엄 해제 요구를 방해하는 걸 막는 데 도움이 될 것이라고 기대했다.

추경호 원내 대표와 당사 3층에서 만났다. 몇 가지 의견 차이가 있었다. 나는 국회의 계엄 해제 요구 결의를 통해 계엄을 막아야 한다, 더 늦으면 국회가 봉쇄될 테니 지금 당사에 있는 의원들과 함께 신속히 국회로 가자고 했다. 반면 추 원내 대표는 중진 의원들이 당사로 올 테니 그들의 의견을 들어보자고 했다.

나는 당 대표인 내 결정을 따라달라고 거듭 요청했다. 이에 더해 추 원내 대표 명의로 계엄 반대 입장을 명확히 내달라고 했다. 원내 대표까지 계엄 반대 입장을 내면 당의 공식 입장인 것을 더 강조할 수 있다고 생각했다. 하지만 추 원내 대표는 당 대표인 내가 입장을 냈으니 별도 입장을 낼 필요가 없다고 했다.

나는 그가 신중한 성품이라는 것을 알기 때문에 그럴 수도 있겠다고 생각했다. 야당이 문제삼는 추 원내 대표의 이후의 행동에 대해서도 그런 이유였을 수 있다고 나는 이해한다. 하지만 의견 차이가 있더라도 지금은 당 대표로서 결단해야 할 때였다.

　시간이 흐를수록 국회로 들어가는 것이 점점 더 어려워질 것은 뻔했다. 그래서 당사에 있던 의원들과 당직자들 일부와 함께 국회를 향해 출발했다. 차량을 통한 국회 진입이 봉쇄됐다는 소식이 들려 함께 걸어가자고 제안했다.

　당사를 나서며 언론 카메라 앞에 의원들, 당직자들과 함께 서서 입장을 밝혔다. 나는 "저희가 목숨 걸고 막겠습니다. 국민 여러분께서는 걱정하지 마십시오"라고 말했다.

　조경태, 서범수, 박정하, 정성국, 박정훈, 곽규택, 우재준, 김상욱 의원 등 10여 명의 국민의힘 국회의원들, 김종혁 최고위원을 비롯한 원외 위원장들, 송영훈, 박상수 대변인 등 당직자들과 함께 걸었다. 기자들도 뒤를 따랐다. 길 가던 시민들도 우리에게 계엄을 꼭 막아달라며 함께 대오를 이뤄 국회까지 걸어줬다. 앞으로 펼쳐질 일들이 불투명했지만 뜻을 같이하는 동지들과 함께했고, 같이 걸어가는 시민들이 있어 힘이 났다.

　1년 전 더 나은 대한민국을 만들겠다는 각오로 정치를 시작하면서 '함께 가면 길이 됩니다'라는 말을 했다. 지금 이 계엄의 밤에 모여드는 시민들이 같이 걷고 있었다. 지금 함께 가는 이 사람들이 길을 만들겠구나 하는 생각이 들었다.

　국민의힘 당사에서 국회까지는 걸어서 15분쯤 걸린다. 다들 걸어가면서 아무 말이 없었다. 멀지 않은 거리, 길지 않은 시간이

비상계엄의 밤 국민의힘 당사에서 국회로 이동하는 한동훈 대표와 국민의힘 의원들
(사진 출처: TV조선)

멀고 길게 느껴졌다. 우리가 함께 걸어가는 짧은 동안에도 상황은 급변하고 있었다. 국회가 봉쇄됐다는 보도가 나왔다가, 또 국회의원들만 들어갈 수 있다고 했다가, 다시 아무도 들어갈 수 없다고 하는 등 혼돈 그 자체였다.

우리가 행진하는 동안 누군가 국회 정문은 출입이 경찰에 의해 봉쇄됐다고 전해 줬다. 국회는 본관 등 건물들을 둘러싼 커다란 광장 같은 공간을 그리 높지 않은 담이 둘러싸고 있다. 쪽문 앞도 이미 경찰들이 겹겹이 늘어서 출입을 막고 있었다.

우리는 어떻게 해서든 들어가야 했다. 함께 걷던 서범수 사무총장이 국회도서관 쪽에 있는 회전문으로 들어가보자고 제안했다. 그쪽으로 우회했다. 내가 회전문으로 들어가려 하자 이미 국회 출입을 통제 중이던 경찰이 막아섰다. 일행 맨 앞에 가던 나는 그 경찰의 눈을 똑바로 쳐다보며 "저를 아시죠? 정말 이러실 겁니까"라고 말했다. 잠시 망설이던 그는 뒤로 물러섰다.

　내가 먼저 회전문을 통과하자 우리 일행 중 일부도 이어서 경내로 진입할 수 있었다. 일행 중 일부가 회전문을 통과할 무렵 경찰이 국회도서관 쪽 회전문을 다시 강력히 통제하기 시작했다. 그 때문에 10여 명의 당직자들이 들어오지 못했다. 하지만 그들은 경찰과 언쟁을 벌이다가 끝내 담을 넘어 합류했다.

계엄 포고령 제1호

계엄사령부 포고령 제1호가 나왔다. 우리 헌법은 대통령의 계엄 선포에 몇 가지 통제 장치를 마련해 두었다. 첫째, 전쟁과 사변 및 이에 준하는 국가 비상사태에만 발령할 수 있다. 둘째, 국무회의 심의를 거쳐야 하고 즉시 국회에 통고해야 한다. 셋째, 국회의 해제 요구가 있으면 대통령은 이에 따를 의무가 있다. 나는 계엄사령부가 낸 포고령 제1호를 꼼꼼하게 읽었다.

계엄사령부 포고령(제1호)
자유대한민국 내부에 암약하고 있는 반국가세력의 대한민국 체제 전복 위협으로부터 자유민주주의를 수호하고, 국민의 안전을 지키기 위해 2024년 12월 3일 23:00부로 대한민국 전역에 다음 사항을 포고합니다.

1. 국회와 지방의회, 정당의 활동과 정치적 결사, 집회, 시위 등 일체의 정치 활동을 금한다.

2. 자유민주주의 체제를 부정하거나, 전복을 기도하는 일체의 행위를 금하고, 가짜 뉴스, 여론 조작, 허위 선동을 금한다.

3. 모든 언론과 출판은 계엄사의 통제를 받는다.

4. 사회 혼란을 조장하는 파업, 태업, 집회 행위를 금한다.

5. 전공의를 비롯하여 파업 중이거나 의료 현장을 이탈한 모든 의료인은 48시간 내 본업에 복귀하여 충실히 근무하고 위반 시는 계엄법에 의해 처단한다.

6. 반국가세력 등 체제전복세력을 제외한 선량한 일반 국민들은 일상생활에 불편을 최소화할 수 있도록 조치한다.

이상의 포고령 위반자에 대해서는 대한민국 계엄법 제9조(계엄사령관 특별조치권)에 의하여 영장 없이 체포, 구금, 압수수색을 할 수 있으며, 계엄법 제14조(벌칙)에 의하여 처단한다.

　　　　　　　　2024. 12. 3.(화) 계엄사령관 육군대장 박안수

　나는 이 포고령을 보면서 더욱더 이 계엄이 위헌·위법하다는 확신을 굳혔다. 대한민국 헌법과 계엄법에 따르면 비상계엄으로 사법부와 행정부의 권한은 제한할 수 있어도 입법부인 국회의 정치 활동을 정지시킬 수는 없다. 기본 중의 기본이다. 그런데 포고

령 제1호는 제일 앞머리에서 '국회의' 정치 활동을 정지시켰다. 포고령 문구 자체로 명백한 위헌이다.

도대체 누가 이렇게 반헌법적인 내용을 포고령에 버젓이 넣었을까. 기본적인 것조차 스크린하지 않고 포고령을 만들 정도면 정말 이견을 허용하지 않는 극단적인 생각을 가진 사람들끼리 모여 준비한 것으로 볼 수밖에 없었다. 법률가들이 모인 민정수석실에서 한 번이라도 살펴봤다면 저런 포고령이 나올 리가 없다. 도대체 누가 포고령을 썼을까.

이 사람들은 비상계엄이면 뭐든 할 수 있다고 착각하고 막 하고 있구나 생각했다. 법적 요건이나 헌법상 제한에 대해 바른말을 해주거나 최소한의 점검조차 하지 않는 계엄이라니. 이들이 계엄에 성공하면 어떤 일이 펼쳐질지 걱정이 더 커졌다. 더욱더 계엄을 서둘러 막아야겠다는 생각이 들었다.

전공의들에게 48시간 내에 복귀하지 않으면 처단한다는 내용이 계엄 포고령에 들어가 있는 것도 이상했다. 다른 조항들과 너무 이질적인 데다가, 이미 오래전 새 직장에 자리 잡은 전공의들도 상당수일 텐데 구체적으로 48시간 내에 어디로 어떻게 복귀한다는 건지 모호했다. 게다가 위반하면 처단한다는 표현이 너무 거칠었다. 나는 여·야·의·정 협의체를 통해 의료사태를 해결하려 노력했다. 꼬일 대로 꼬이긴 했지만 대화로 풀 문제이지 계엄으로 풀 문제가 아니었다.

마지막에 포고령 위반자를 '처단한다'는 표현이 한 번 더 나왔다. 국가권력이 국민을 '처단'하는 게 2024년 대한민국에서 가당키나 한가. 정치는 필요한 것과 가능한 것 사이에 일어나는 지속적인 협상의 과정이라고들 한다. 불편하지만 불가피한 정치의 모든 과정을 '반국가세력'이라는 한마디 말로 치워버리겠다는 것이 12월 3일 비상계엄이었다.

05 　계엄 반대 인터뷰를 미리 녹음하다

국회 본관 건물로 진입할 무렵, CBS 라디오 김현정 앵커가 문자를 보내왔다. 김 앵커는 나에게 방송을 해서 국민들을 안심시켜 드리는 메시지를 낼 생각이 있는지를 물었다. 나는 〈목숨 걸고 막겠습니다〉라는 짧은 답을 문자로 보냈다.

지금 생각해 보면 과하게 비장한 메시지였던 것 같고 괜히 그랬다 싶다. 그런데 그때 내 마음은 정말 그랬다. 그 후 다음 날까지 계엄이 유지될 경우를 생각해서 미리 짧은 전화 인터뷰를 해두기로 했다.

앵커) 엄중한 상황인데 여당 대표와 아무 상의가 없었나?

답) 그렇다.

앵커) 이 상황에 대한 입장은 어떤가?

답) 자유민주주의 질서와 헌법 질서를 무시하는 위헌적이고 위법적인 계엄 선포다. 국민의힘이 국민과 함께 바로잡고 반드시 막겠다.

앵커) 어떤 배경이라고 짐작하나?

답) 이 조치 자체가 배경을 짐작할 만한 정도의 얘기도 아니다. 중요한 것은 국회에서 계엄 해제 요구를 하면, 즉시 해제된다. 그 절차를 지금부터 진행할 계획이다.

앵커) 그러면 국민의힘 의원들도 모두 참여해서 계엄 해제에 동의하는 건가?

답) 저는 당연히 그래야 한다고 생각한다.

앵커) 지금 내부에서 회의를 했나?

답) 모든 의원들이 모이지는 못했지만, 모인 의원들 모두 이 상황은 말이 안 되는 상황이고 국민의힘이 앞장서서 헌법 질서를 바로잡아야 한다는 데 뜻을 같이하고 있다.

앵커) 이 계엄의 이유로 대통령이 내세운 것이 민주당의 탄핵 시도가 연이어서 있었고 이것이 국가 전복세력의 패악질이다라는 것인데, 이 부분에 대해 어떻게 보나?

답) 민주당의 탄핵 시도가 무리한 것은 분명하다. 그렇지만 그것이 이런 위헌·위법한 계엄령 선포의 사유가 될 수는 없다.

앵커) 지금 정치 활동을 하면 바로 계엄사에서 체포할 수도 있는 것 같다. 한동훈 대표도 위험에 처할 상황이 벌어지는 것 아닌가?

답) 당연히 감수해야 되는 것이고, 정치인은 그런 일 하라고 있는 거다. 우리는 반드시 이 위헌·위법한 계엄을 짧은 시간 내에 막아내겠다. 국민들께서 조금만 기다려 주시라.

앵커) 계엄에 분명히 반대하는 것인가?

답) 당연하다.

앵커) 있을 수 없는 일이라고 생각하는 건가?

답) 우리는 국민의 편에 서겠다.

앵커) 국민들이 굉장히 불안해하고 있는데, 국민들께 메시지를 주시라.

답) 정치하는 사람으로서 대단히 죄송하다. 다만 대한민국의 자유민주주의 헌법 질서를 우리가 지키겠다. 국민들께서는 너무 걱정하지 말아달라. 결국 대한민국의 자유민주주의 헌법 질서는 지켜질 것이고 잘못된 계엄 선포는 바로잡힐 것이다. 우리가 반드시 그렇게 하겠다.

인터뷰가 끝난 뒤 김 앵커는 포고령에 따라 방송국도 계엄군에게 장악될 가능성이 있다고 했다. 그 말을 들으니 더욱 정신 차려야겠다는 생각이 들었다. 김 앵커와 나는 서로 몸조심하라는 인사를 나눴다. 그 인터뷰는 계엄이 해제된 아침에 방송됐다.

06

국회 본회의장 상황

국회 본관 건물 안으로 들어섰다. 본회의장 앞 넓은 공간인 로텐더홀이 비상계엄 선포를 보고 모여든 언론인들과 보좌진, 당직자들로 혼잡했다. 나중에 들어보니 계엄군을 막기 위해 500명 이상이 로텐더홀에 모였다고 한다. 들어오면서 경찰의 국회 봉쇄 상황을 보니, 계엄군이 국회로 진입할 가능성이 컸다. 계엄군이 진입할 때까지 시간이 많지 않아 보였다.

국회의 정치 활동을 금지한다는 황당한 내용의 포고령은 계엄군이 국회를 무력으로 진압할 수도 있겠구나 하는 생각을 갖게 했다. 국회를 봉쇄한다는 것은 계엄세력이 물불 안 가리고 있다는 뜻이기도 했다.

우리 헌법은 비상계엄을 대통령의 권한으로 명시했지만, 동시에 국회의 해제 요구 결의로 계엄을 통제할 수 있도록 해놨다. 그게 우리 헌법의 정신이다. 그런데 계엄군을 보내 계엄 해제 요구를 못 하도록 국회를 봉쇄한다는 것은 그 계엄의 위헌성을 명확히 보여주는 것이다.

도대체 어쩌려고 이러나 싶었다. 대통령이 내가 오래전부터 알던 그 사람이 정말 맞나 하는 생각이 들었다. 국회를 제압하면, 그다음엔 뭘 어떻게 하겠다는 것인지 그려지지 않았다. 현대 민주 국가에서 국회가 중단되면 사회 시스템이 멈춘다. 우리 헌법에는 대통령에게 국회 해산권도 없다. 계엄으로 국회를 제압한 이후 다음 스텝은 무엇일지 도무지 알 수 없었다.

나중에 검찰이 발표한 수사 결과에 따르면 (전두환 신군부 쿠데타 당시의 국보위 유사한) 비상입법기구를 만들 계획이 있었다고 한다. 2024년 선진국 대한민국에서 국회를 무력화시키고 군사정권 시절에나 있었던 비상기구로 국회를 대신한다? 사실이라면 지금도 믿기지 않을 정도로 허무맹랑한 발상이다.

만약 이날 밤 계엄이 해제되지 않고, 다음 날로 넘어갔다면 도대체 무슨 일이 벌어졌을지 계속 생각했다. 나중에 민간인인 전 정보사령관 노상원이 이 계엄에 관여한 사실이 알려졌다. 선거관리위원장과 선관위 직원 등을 체포해 고문·위협하기 위한 목적으로 야구 방망이와 작두형 세절기를 준비했다는 보도가 나왔다.

문상호 정보사령관의 공소장 등에는 노상원이 '부정선거 관련

검찰이 공개한 선관위 직원 체포조가 준비한 도구
(송곳, 안대, 포승줄, 케이블타이, 야구방망이, 망치 등)

자들을 잡아 족치면 부정선거가 사실로 확인될 것'이라고 말했다는 내용이 포함돼 있다고 한다. 계엄 선포 후 액션 플랜이라는 것이 선관위 직원들을 강압해서 부정선거에 대한 거짓 진술을 받고 그 진술을 근거로 지난 총선을 무효화시킨 다음 비상입법기구로 국회를 대체하려는 것이었나 하는 생각을 했다.

처음에 나는 국회 당 대표실로 갔다. 예결위회의장에 모여 의원총회를 하자는 의견도 있었다. 하지만 계엄군 진입이 예상되는 상황이고, 본회의장에서 계엄 해제 요구를 의결해야 하기 때문에 서둘러 본회의장으로 옮겼다. 박정훈 의원 등이 곧 군이 들이닥칠 테니 서둘러야 한다고 했다. 우리가 본회의장으로 간 뒤 불과

몇 분 후 계엄군들이 국민의힘 정책위의장실 창문을 깨고 당 대표실 쪽으로 들이닥쳤다.

돌아보면 늦지 않게 당 대표실에서 나와 본회의장으로 간 것이 천만다행이었다. 그러지 않았으면, 본회의장에 가지 못하고 계엄군 체포조에게 저지당했을 것이다. 조지호 당시 경찰청장에 대한 공소장 등에 따르면 바로 그 시간에 계엄군과 경찰로 구성된 '한동훈 체포조'가 체포를 시도하고 있었다.

평소 국회 본회의장 안에는 국회의원이 아닌 사람은 못 들어간다. 내가 의원들과 함께 본회의장으로 입장하려 할 때, 국회 직원이 제지했다. 함께 간 우리 당 정성국 의원 등이 지금 계엄을 막아야 하는 급박한 상황인데 이러면 안 된다고 항의했다. 더 이상 국회 직원도 막지 않았다. 굉장히 중요한 역사적 상황에 서 있다는 걸 그 직원도 우리도 알고 있었다.

그 상황을 지켜본 일부 야당 의원들도 "한 대표님 막지 마시라"며 거들었다. 그렇게 나는 10여 명의 국민의힘 의원들과 함께 본회의장으로 들어갔다. 같이 온 의원들 중 몇 명은 부담을 느껴서인지 결국 본회의장으로 들어가지 않았다. 밤 11시 58분경이었다.

한창 이 책을 쓰던 중인 12월 29일, 내란죄 혐의 등으로 구속 기소된 김용현 전 국방부장관 측이 내가 이때 불법계엄을 막기 위해 국회 본회의장으로 들어간 것을 놓고 주거 침입, 계엄 포고령 위반 혐의로 고발한다고 발표했다.

불법계엄으로 구속된 사람이 불법계엄으로 내놓은 그 포고령을 지키지 않았다고 여당 대표를 고발하겠다고 하는 것이나, 여당 대표가 본회의장에 들어간 것을 주거 침입이라고 억지 쓰는 것이 참 어이가 없었다. 비상식적이고 위험한 사람들이 비상식적이고 위험한 일을 벌였다는 것을 다시금 실감하게 돼 씁쓸했다.

본회의장 안으로 들어가니, 더불어민주당 의원들만 있었다. 대략 100명이 안 되는 숫자였다. 나와 함께 온 국민의힘 의원들은 15명 정도였고, 이후 추가로 개별적으로 온 의원들까지 합해 모두 18명이 본회의장에 들어왔다.

그들은 곽규택, 김상욱, 김성원, 김용태, 김재섭, 김형동, 박수민, 박정하, 박정훈, 서범수, 신성범, 우재준, 장동혁, 정성국, 정연욱, 주진우, 조경태, 한지아 의원이었다.

사실 그 18명의 국민의힘 의원들은 시민의 공복인 국회의원으로서 당연한 임무를 수행한 것이다. 그렇지만 그때 나는 그분들에게 참 고마웠고 지금도 그렇다. 그 18명은 공동체의 이익 그리고 무엇보다도 자유민주주의라는 가치를 지킨 것이라고 생각한다.

그것은 보수의 가치이기도 하다. 이른바 진영의 이익이라는 관점에서 봐도 마찬가지로 해야 할 일이었다. 자유민주주의 헌법체제를 수호하고 민주주의와 산업화의 성과를 지키는 것이야말로 진짜 보수진영의 이익 아니겠는가.

경찰의 국회 출입 봉쇄는 강도가 더욱 세지고 있었다. 우리가 국회 본회의장에 들어갔을 때는 야당 의원들과 우리 국민의힘 의원들 모두 합쳐서 110명 정도가 있었다. 아직 많이 모자랐다. 이러다가 계엄 해제를 위한 151명을 채우기 쉽지 않겠다는 생각이 들었다.

"지금 많이 부족하다. 우리도 더 모으겠다. 그쪽에서도 더 모아 달라. 아직 담 넘어서 들어올 수 있다."

이런 대화가 여당과 야당 의원들 사이에서 오갔다. 언제 계엄군이 본회의장으로 치고 들어올지 모르는 상황이었다. 나중에 공개된 김용현 국방부장관 등에 대한 공소장에는, 대통령은 바로 그 시간 군 지휘관들에게 직접 전화를 걸어 구체적 물리력 사용 방법까지 언급하면서 "정족수가 아직 안 채워진 것 같으니 국회의원들을 끌어내라"고 종용했다고 기재되어 있다.

어떤 사람들은 이번 계엄이 허술하고 실패할 수밖에 없는 계엄이었다고 한다. 국회 제압 계획도 허술해서 실패한 것 아니냐고, 그러니 별거 아닌 소동일 뿐이라고 하는 사람들도 있다.

하지만 당시 현장 상황을 생각해 보면 절대 그렇지 않았다. 서슬 퍼런 표현의 포고령만큼이나 비상계엄 당시의 현장 상황은 긴장과 공포로 뒤덮여 있었다. 그때 현장에 나와 있던 경찰들, 군인들이 계엄 지휘부의 지시대로 국회 출입을 봉쇄했다면,

본회의장에 여야 국회의원 151명 숫자를 절대 채울 수 없었을 것이다.

본회의장 안에 있던 우리는 경찰과 계엄군의 국회 봉쇄가 강화되고 있다는 것을 알게 된 뒤, 어떻게 151명을 채워야 할지 난감해하고 있었다. 꽤 오랫동안 좀처럼 숫자가 늘지 않았다. 이날 동원된 군과 경찰 숫자를 감안하면, 지휘부의 뜻대로 현장의 군경이 시민들과의 물리적 충돌까지 감수하며 국회를 봉쇄했을 경우 그날 밤 국회의 계엄 해제 요구 결의는 성공하지 못했을 것이다.

돌이켜보면 역사의 현장에 있던 시민들이 휴대폰 카메라를 들고 계엄군과 경찰을 압박함으로써 국회 봉쇄를 느슨하게 만들었다. 계엄 선포 소식을 듣고 국회 앞으로 몰려나온 시민들은 경찰의 국회 봉쇄 상황을 일일이 촬영하고 항의했다. 언론사 카메라도 실시간으로 군경의 출입 봉쇄 현장을 국민들에게 알렸다. 그걸 보고 국민들이 분노했다.

나는 그것 때문에 현장에 있던 경찰이 강경하게 대응하지 못했다고 생각한다. 계엄군들이 계엄 지휘부 측의 지시대로 진압과 체포를 하지 않았던 것도 같은 이유였다고 본다. 야당도 아니고 여당 대표와 여당 의원들을 무력으로 끌어내는 모습이 전 국민에게 생중계되는 것에 대한 부담도 컸을 것이다.

시민들, 당직자들, 보좌진들은 계엄군과 경찰을 휴대폰 카메라

한동훈
2024년 12월 4일 · 🌐

지금 저는 국회 본회의장에 있습니다.

군이 국회에 진입하고 있습니다.

군경에게 말씀드립니다. 반헌법적 계엄에 동조하고 부역해서는 절대 안됩니다.

···

로 찍으면서 "반란군, 반란군"이라고 구호를 외쳤다. 계엄 임무인 줄도 모르고 나온 젊은 군인들이 어떻게 위축되지 않을 수 있겠는가. 휴대폰을 든 시민들이 총을 든 계엄군을 이겼다. 시민들이 계엄을 막았다.

계엄 해제 요구 가결 정족수인 여야 국회의원 151명이 모이기 전 707특임대, 특전사 등 대한민국 최정예 부대로 구성된 계엄군이 본격적으로 국회에 진입하고 있었다. 처음부터 나는 비상계엄의 성패가 계엄에 동원된 군인들과 경찰들이 얼마나 적극적으로 나서느냐에 달려 있다고 봤다. 그렇기 때문에 여당 대표로서 계엄에 동원된 군경들을 향해 "동조하지 말라", "부역하지 말라"는 자극적이고 강한 메시지를 반복적으로 냈다.

〈지금 저는 국회 본회의장에 있습니다. 군이 국회에 진입하고 있습니다. 군경에게 말씀드립니다. 반헌법적 계엄에 동조하고 부역해서는 절대 안 됩니다〉라고 0시 1분 페이스북에 메시지를 올렸다.

계엄에 동원된 젊은 군인들이야말로 마른하늘에 날벼락 맞은 기분이었을 것이다. 1980년 서울의 봄을 겪지는 못했지만, 영화 〈서울의 봄〉을 본 세대 아닌가. 그들은 영화와 같은 일들이 벌어지고 있다고 느꼈을 것이다.

여당 대표로서 내가 발신하는 메시지와 행동이 젊은 군인과 경찰 입장에서 적극적으로 계엄 지시에 따르지 않을 구실이 되길 바랐다. 그것이 그들을 보호하는 길이기도 했다. 사랑하는 자식을 군대에 보낸 부모님들의 마음을 헤아리는 길이기도 했다. 그래서 '부역하지 말라'는 과격한 표현을 계속 썼다.

계엄군의 국회 진입 소식이 구체적으로 들려왔다. 특수부대가 유리창을 깨고 들어왔다. 계엄군이 본회의장에 진입하기 전에 국회의원 151명을 어떻게든 채워야 했다. 그리고 불법계엄을 선포한 대통령을 배출한 우리당 의원들이 국민들에 대한 최소한의 책임감을 다하기 위해서 최대한 많이 해제 요구 결의에 참여해야 했다. 나는 그런 책임감이야말로 진짜 보수의 정신이라고 생각했다.

나는 의원들에게 계속 본회의장으로 와달라고 요청했다. 원내 대표, 원내 수석 등에게도 직접 연락해 어떻게든 본회의장으로 와달라고 했다. 본회의장에 있던 우리 당 의원들에겐 한 명이라도 더 올 수 있도록 개별적으로 다른 의원들에게 부탁해 달라고 했다. 야당 의원들이 속속 담을 넘어 들어오고 있는 상황이었으니, 우리 당 의원들도 담을 넘어 들어올 수 있다고 봤다.

나는 "이 계엄을 해제하는 장면에 우리 국민의힘이 반드시 주도적인 역할을 해야 한다. 그래야 우리나라가 살고, 보수가 살고, 국민의힘이 산다"고 전화로 의원들을 설득했다.

하지만 본회의장에 남은 의원들 중에선 오히려 당사로 모이라는 원내 대표 공지를 보고 본회의장을 떠나 당사로 가야 하는 것 아니냐며 고민하는 의원들이 있었다. 나는 불법계엄을 해제하는 표결에 우리 국민의힘이 역할을 하지 못한다면 우리 당과 보수정치는 절멸할 것이라고 만류했다. 나를 믿어달라고, 여기 남아달라고 간곡히 부탁했다.

"경찰이 국회를 에워싸고 의원들 출입도 막고 있어서 국회로 들어오기 어렵답니다"라고 우리 당 의원들 보좌진들과 통화한 당직자가 내게 말했다. 나는 "그러면 지금 들어오는 야당 의원들은 하늘을 날아서 들어오는 건가요? 어떻게든 들어오셔야 해요"라고 전하게 했다.

"시민들이 막아서 국회로 들어오기 어렵다고 합니다"라고 당직자가 내게 의원들의 말을 전했다. 나는 다시 "국민의힘이 계엄을 막으러 국회로 들어간다고 시민들에게 말하면 시민들이 박수쳐주며 길을 만들어줄 겁니다"라고 간곡히 요청했다.

그러던 중 김예지 의원이 본회의장에 들어오기 위해 국회 담

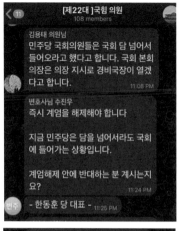

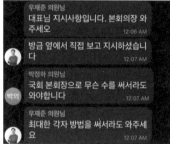

국민의 힘 의원 단체 대화방
(사진 출처: 한겨레신문)

을 넘으려고 시도 중이라는 보고를 받았다. 김 의원은 시각장애인이다. 담을 넘는 과정에서 부상이 우려되니 무리해서 담을 넘지 말고 담장 밖에서 대기해 달라고 전화로 만류했다. 김재섭 의원은 담을 넘다가 부상을 당했다.

국민의힘 국회의원은 모두 108명이다. 108명 국민의힘 의원들 전원이 멤버인 텔레그램 단체대화방이 있다. 국회의원이 아닌 나는 그 대화방 멤버가 아니니, 본회의장에 있던 의원으로 하여금 본회의장으로 모여달라는 당 대표의 지시를 그 대화방을 통해 의원들 전원에게 전달토록 했다.

우리 당 의원이 한 명이라도 더 본회의에 참여해 이 계엄을 막아야 했다. 나는 이 계엄을 막는 장면에 있었던 우리 당 의원의 숫자가 나중에 우리 당이, 보수가 이 계엄의 바다를 건너는 뗏목이 될 거라 생각했다.

밤 11시 24분경 주진우 의원을 통해 "즉시 계엄을 해제해야 합니다. 지금 민주당은 담을 넘어서라도 국회에 들어가는 상황입니다. 계엄 해제안에 반대하는 분 계시는지요? —한동훈 당 대표"라는 전언을 국민의힘 의원 텔레그램 단체방에 올렸다.

계엄 해제 방향에 대한 다수 의원들의 동의를 구하기 위한 메시지였다. 정도의 차이는 있더라도 계엄을 해제해야 한다는 방향에 대해서는 당연히 다들 동의할 것이라고 생각했지만, 나중에 보니 꼭 그렇지는 않았다. 다른 생각을 가진 의원들도 있었다.

이제 자정을 넘어 날짜가 바뀌었다. 0시 6분경 우재준 의원을 통해 〈대표님 지시사항입니다. 본회의장 와주세요. 방금 옆에서 직접 보고 지시하셨습니다〉라는 메시지를 올렸다.

계엄 해제 요구 가결을 위한 정족수에 턱없이 부족했고, 우리 국민의힘 의원들이 10여 명밖에 오지 않은 상황이었기 때문에 본회의장으로 모이라는 방침을 다시 한번 강조했다. 원내 대표가 당사로 모이라는 공지를 했기 때문에 혼란스러워하는 의원들

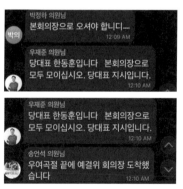

국민의 힘 의원 단체 대화방
(사진 출처: 한겨레신문)

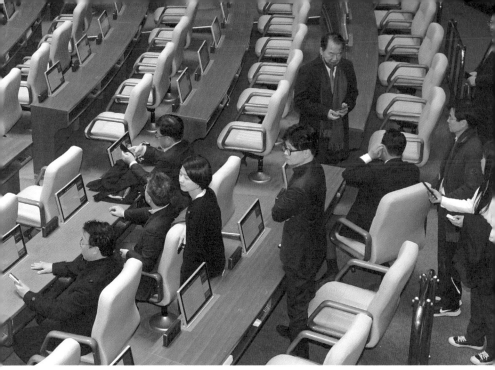

국회 본회의장에서 계엄 해제 표결을 기다리는 한동훈 대표와 국민의힘 의원들
(사진 출처: 연합뉴스)

에게 명확한 기준이 될 수 있도록 우 의원에게 '당 대표 지시'라는 표현을 써달라고 했다.

0시 7분경 박정하 당 대표 비서실장을 통해 〈국회 본회의장으로 무슨 수를 써서라도 와야 합니다〉라는 메시지를 올렸다. 경찰의 국회 봉쇄가 강화되고 있기는 했지만, 민주당 의원들이 속속 들어오는 것을 봐서는 분명히 들어올 방법은 있었다. 어떻게든 알아서 들어와야 했다.

같은 시각 우재준 의원을 통해 다시 〈최대한 각자 방법을 써서라도 와주세요〉라는 메시지를 올렸다. 국회에 들어가고 싶어도 경찰 때문에 막혀서 못 들어간다는 의원들이 있었다. 그러나 민주당 의원들은 속속 들어오고 있었다.

0시 9분경 박정하 당 대표 비서실장을 통해 다시 〈본회의장으로 오셔야 합니다〉라는 메시지를 올렸다.

본회의장이 아니라 국민의힘 당사로 모이라는 원내 대표 공지와 이에 호응해 당사로 모이라는 조정훈 의원 등 일부 의원들의 텔레그램 방 메시지가 있었기 때문에 당사가 아니라 본회의장으로 와야 한다는 메시지를 다시 올린 것이었다.

0시 10분경 우재준 의원을 통해 〈당 대표 한동훈입니다. 본회의장으로 모두 모이십시오. 당 대표 지시입니다〉라는 메시지를 올렸다. 당사로 모이라는 원내 대표 공지와의 메시지 혼선을 막기 위해서 '당 대표 지시'라는 표현을 또다시 썼다. 나는 서범수 사무총장에게 지금 원내 대표실에 있는 의원들이라도 본회의장으로 와달라고 하도록 요청했다. 서범수 사무총장은 무조건 본회의장으로 와야 한다고 언성을 높이면서 몇 차례 통화했다.

그러나 원내 대표발로 국회 본회의장이 아니라 국민의힘 당사로 모이라는 메시지가 몇 차례 발신됐고, 본회의장으로 모이라는 내 메시지와 충돌했다. 이런 메시지 혼선 때문에 국회 본회의장으로 올 의사가 있는 국민의힘 의원들이 더 있었음에도 불구하고 계엄 해제 표결에 참여하지 못했다. 나중에 몇몇 의원들이 그런 아쉬움을 표시했다.

국회에선 특수부대원들로 보이는 계엄군이 유리창을 깨고 본관에 진입해 당직자 등과 격렬히 대치하고 있다는 소식이 들렸다. 대부분이 중장년인 비무장한 국회의원들을 제압하기 위해 저 정도로 중무장한 최정예 특수부대를 보낸 이유가 무엇일지 궁금했다.

휴대폰으로 뉴스 생방송을 보니, 야간 투시경까지 착용한 정예 특수부대원들이 보였다. 나는 군사 장비에 관심이 많은 소위 밀리터리 덕후, '밀덕'이다. 계엄군이 착용한 고가의 4안(렌즈 4개 달린) 야간 투시경을 보고 놀랐다. 대테러 작전에서나 볼 수 있는 진짜 최정예 특수부대가 온 것이다.

국회 본청 국민의힘 당 대표실 앞까지 들어온 계엄군(사진 출처: 연합뉴스)

계엄군이 야간 투시경을 착용한 것을 보고 계엄군이 국회 건물의 전기를 끊으려는 계획이라고 생각했다. 표결을 막기 위해 동원 가능한 극단적인 수단이었다. 전기를 끊으면 암흑이 되고, 국회 전자 표결 시스템이 작동하지 않아 계엄 해제 요구 표결이 어려워진다.

국회 건물은 계단이 많고 공포와 분노에 찬 사람들이 많이 모여 있었기 때문에 전기를 끊어 암흑이 되면 심각한 인명 피해가 날 수밖에 없다. 나는 현장의 계엄군들이 그렇게까지 하지 않기를 간절히 바랐다. 그리고 계엄군들이 전기를 끊기 전에 의원들이 더 모여서 표결을 해야 한다는 생각에 마음이 더 다급해졌다.

실제로 계엄군들이 국회 건물의 전기를 끊으려는 검토를 한 문

국회 의사당을 향해 다가오는 군 헬기(사진 출처: 연합뉴스)

자 메시지 등이 나중에 수사 과정에서 드러났다. 아마도 인명 피해 등으로 인한 책임 문제가 두려워 현장에서 전기를 끊는 것을 실행하지 못했던 것으로 보인다.

"계엄군 야간 투시경 장비를 보니 표결 못 하게 전기를 끊을 것 같아요. 시간이 없어요." 내가 같이 모여 있던 국민의힘 의원들에게 말했다. 한 의원이 "에이, 설마요. 그럼 사람 다칠 텐데요"라고 말했다.

"이런 계엄까지 한 걸 보면, 오늘 밤 설마는 없어요"라고 다시 내가 답했다. "그러면 우리는 어떻게 해야죠?"라고 다른 의원이 물었다. 나는 "여기 최대한 많이 모여서 끝까지 버텨야죠. 전기가 끊기면 수기로라도 표결 시도해야 하고요"라고 말했다.

국회 본관에 있던 당직자들, 보좌진들은 계엄군이 본회의장으로 들어오지 못하도록 계엄군과 대치하고 용기 있게 맞섰다. 소화기를 분사하고, 본회의장 출입문을 소파와 탁자로 겹겹이 막았다. 기자들이 본회의장 밖에서 카메라를 무기삼아 계엄군을 압박하듯 그런 상황들을 실시간으로 전했다. 계엄을 막아낼 수 있었던 데에는 그분들의 공도 컸다.

계엄의 밤 본회의장 안에 있던 나를 비롯한 국민의힘 사람들은 복잡하고 다양한 감정의 기복을 느꼈다. 무엇보다 고립감이었다. 본회의장에 있는 우리는 소수였고, 우리 당 의원들은 다수가 당사에 머물러 있었다.

본회의장 뒤편에 모여서 계엄 해제를 논의하는 한 대표와 국민의힘 의원들
(사진 출처: 뉴스1)

계엄을 해제하는 것은 옳은 일이지만, 여당인 우리가 야당과 같이 계엄을 막기 위해 투표하는 것을 지지자들이 어떻게 볼지, 오히려 배신자로 몰리는 것이 아닌지에 대한 걱정을 하는 사람들도 있었다. 두려움을 느끼고 있는 사람들도 있었다. 언제 특수부대가 본회의장으로 진입해서 우리를 잡아갈지, 언제 전기가 끊길지, 앞으로 무슨 일이 벌어질지 아무것도 알 수 없었다.

본회의장에서 우리는 야당 측에 우리 당 의원 숫자와 합쳐서 151명 넘길 수 있는지를 물었고, 야당 측도 국민의힘 의원들 숫자를 물었다. 숫자가 점점 늘어가는데, 우리 국민의힘은 18명에서 더 늘지 않았다. 아쉬웠다. 계엄 해제에 뜻을 같이하면서도 본회의장에 오지 못한 의원들이 많은 것을 알기에 더 아쉬웠다. 이날 본회의장에서 계엄 해제 표결에 참여한 우리 당 의원이 40명만 되었어도 이후 상황은 많이 달라졌을 것이다.

우리 당 사람들은 본회의장 오른쪽 뒤편에 모여 있었다. 나는 본회의장이 아닌 원내 대표실에 모여 있던 국민의힘 의원들에게 본회의장으로 모여달라는 요청을 계속 전달했다.

그때 국민의힘 의원 다수가 해제 요구 표결에 참여했다면 그 뒤 벌어진 정치·사회적 갈등은 훨씬 적었을 것이다. 보수와 국민의힘은 지금보다 훨씬 더 나은 상황일 것이다. 물론 여당 의원으로서 여당이 배출한 대통령이 한 계엄을 무효화시키는 데 자기 이름을 걸고 나서는 것은 굉장히 어려운 일인 게 맞다. 그래서 18명의 의원들에게 고맙게 생각한다. 그래도 더 많은 의원들이 왔어야 했다.

0시 30분경부터 본회의장에 모인 의원 수가 계엄 해제 요구 의결에 필요한 151명을 넘어섰고, 그 후에도 야당 의원들은 계속 들어와서 우리 국민의힘 18명 포함해서 결국 190명이 되었다. 의결 정족수를 넘겼으니 이제부터는 계엄군이 본회의장에 진입하거나 전기를 끊기 전에 실제로 표결 절차를 진행해서 해제 요구 표결을 끝내는 것이 다음 과제였다.

그 무렵 계엄군과 대치했던 당직자, 보좌관들 사이에 '한동훈 체포조'라는 소리를 계엄군으로부터 직접 들었다는 말이 돌았다. 당직자들과 보좌관들이 본회의장 문을 소파와 탁자로 막고 있었다. 몇몇 의원들은 국회의원이 아닌 나는 불체포특권도 없으니 본회의장을 빠져나가 몸을 숨기는 것이 좋겠다는 의견을 냈다. 이미 정족수는 채워졌으니 이제는 몸을 피신해도 되지 않겠느냐고 했다. 나는 총선 당시 불체포특권 포기를 비롯한 정치개혁을 공약으로 걸었다. 이번에 보니 국회의원의 불체포특권이 계엄법에도 별도로 명시되어 있었는데, 그것도 놀라웠다.

이미 여러 차례 강조했지만 나는 우리 당이 스스로 배출한 대통령이 한 비상계엄을 헌법적 절차를 통해 막아내는 장면에 우리 당이 주도적 역할을 해야 한다고 생각했다. 그렇지 않으면 우리 당은, 나아가 보수진영은 불법계엄의 동조자이자 민주주의와 공화주의의 적으로 몰리게 될 것이라 생각했다.

나는 비록 국회의원이 아니니 투표권도 불체포특권도 없지만 비상계엄 해제의 표결이 이루어질 때 국민의힘 당 대표로서 국회 본회의장에 있어야만 했다. 야당은 172명인 데 반해 우리 국민의힘은 18명뿐이었으니 더욱 그랬다.

가뜩이나 심적 부담이 클 현장의 계엄군 입장에서 보면, 야당 의원들뿐 아니라 여당 대표와 여당 의원들까지도 본회의장에서 무력으로 끌어내야 하는 상황이 훨씬 부담스럽게 느껴질 것이라

간첩법 개정 동의를 이끌어낸 한동훈 대표(사진 출처: 연합뉴스)

고도 생각했다. 나중에 발표된 수사 결과에 따르면 계엄군의 최우선 체포 대상 3명 중 내가 포함되어 있었다. 최초 체포 대상 14명에도 들어 있었다고 한다.[*]

대통령은 민주당의 예산 폭거, 간첩법 개정 반대, 이재명 대표 방탄, 선관위 부정선거 의혹 등을 계엄을 한 이유로 들었다. 나는 여당 대표로서 민주당의 대척점에 서서 간첩법 적용 확대 개정을 주도하고, 민주당의 예산 폭거를 폭설 피해 현장을 다니면서 앞

---

[*] 앞서 말했듯이 내가 체포 대상이었다는 것 때문에 계엄 저지에 나선 것은 아니었다. 처음 계엄 저지에 입장을 낼 당시 나는 내가 체포 대상에 포함된 것을 전혀 알지 못했다.

장서 비판하며, 이재명 대표의 범죄 혐의를 가장 강력하게 몰아세웠다.

특히 간첩법 개정은 아무도 문제 제기를 하지 않고 있던 것을 내가 이슈화해서 여론전을 펼쳤고 결국 야당을 압박해 간첩법 개정에 대한 동의까지 이끌어냈다. 지난 총선에선 비상대책위원장으로서 더욱 엄정한 선거관리를 위해 사전투표 용지에 투표 관리관이 직접 날인하라는 주장을 가장 주도적으로 했다. 계엄세력 입장에서서 전략적으로 따져보더라도 그런 여당 대표를 왜 최우선 체포 대상에 넣었는지 이해하기 어려웠다.

체포 대상에 여당 대표가 포함되는 순간 계엄을 야당의 폭거와 부정선거 의혹 확인 때문에 했다는 명분(물론 그걸 명분으로 계엄을 하는 것 자체가 말도 안 되는 소리다)도 사라진다. 아마도 내가 여당을 이끌고 계엄 당일 계엄 해제 요구를 하거나, 이에 실패하더라도 그 후 계엄을 저지할 것이라고 예상하고 그걸 막기 위해 미리 체포하려고 했던 것은 아닐까 추측된다.

조지호 경찰청장 등에 대한 공소장에 따르면, 윤 대통령이 비상계엄을 선포한 밤 10시 30분 여인형 당시 방첩사령관이 조지호 경찰청장에게 한동훈, 이재명, 우원식 등 10여 명을 체포해야 하니 경찰이 위치 추적과 수사관을 지원해 달라고 요청했다고 한다.

11시 32분 경찰 실무자도 구인회 방첩사 수사조정과장으로부터 2

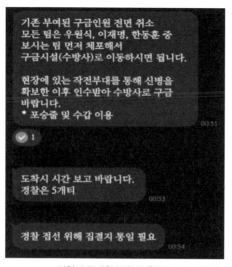

기존 부여된 구금인원 전면 취소
모든 팀은 우원식, 이재명, 한동훈 중
보시는 팀 먼저 체포해서
구금시설(수방사)로 이동하시면 됩니다.

현장에 있는 작전부대를 통해 신병을
확보한 이후 인수받아 수방사로 구금
바랍니다.
* 포승줄 및 수갑 이용

✅ 1

00:51

도착시 시간 보고 바랍니다.
경찰은 5개티

00:53

경찰 접선 위해 집결지 통일 필요

00:54

검찰이 공개한 방첩사 출동조 단체대화방,
한동훈 등 3명 최우선 체포 지시 전달

차례에 걸쳐 방첩사 5명, 경찰 5명, 군사경찰 5명을 한 팀으로 하는 체포조 편성 요청을 받고 "도대체 누구를 체포하는 겁니까"라고 물었는데, "이재명, 한동훈입니다"라고 대답했다고 한다. 11시 59분 경찰청 윤승영 수사기획조정관이 경찰청장에게 '방첩사에서 한동훈 체포조 5명을 지원해 달라고 한다'고 보고했다고 한다.

공소장대로면 계엄 포고령 제1호가 발동된 것이 밤 11시였는데, 그 전인 10시 30분에 군과 경찰의 합동 체포 작전이 시작된 것이다. 내가 미래에 포고령을 위반하리라는 것을 미리 알고 포고령이 발동되기도 전에 체포 작전을 시작했다는 것이니 포고령 위반 때문에 체포한다는 형식적 명분조차 핑계일 수밖에 없는 것이다.

나중에 수사 과정에서 나온 계엄군 현장 지휘관 통화 녹취록 등에 따르면, 이때 계엄군은 실제로 전기를 끊고, 문을 부수어 의원들을 물리력으로 끌어내려 했다. 대통령과 국방부장관의 직접 지시가 있었다는 수사 결과도 나왔다.

> 00:30. 특전사 현장 지휘관. "담 넘어서 본관으로 들어가서 의원들 다 끄집어내."
>
> 00:39. 특전사 현장 지휘관. "지금 얘들이 문 잠그고 의결하려 하고 있대. 문짝 부숴서라도 다 끄집어내."
>
> 01:00. 특전사 현장 지휘관. "대통령님이 문을 부숴서라도 끄집어 내 오래. 전기를 끊을 수 없냐."

내가 본회의장에 들어오고 꽤 오랜 시간이 지난 후 0시 55분경 이재명 민주당 대표도 본회의장에 왔다. 나중에 이 대표는 방송에서 체포당할 위험 때문에 국회 내 숲에서 은신하고 있다가 표결 직전에 본회의장으로 들어온 것이라고 말했다.

이 대표가 우리 쪽으로 오는 것을 보고 본회의장에 있던 의원들이 "대표님과 악수하는 그림을 만들려고 오는 것 같은데, 자리를 피하는 게 낫지 않을까요"라고 조언했다. 우리 당이 배출한 대통령의 계엄을 막는 데 민주당과 합심하는 것처럼 보이면 지지자들 보기에 불편할 수 있고, 나중에 이렇게 악수하는 그림이 이간질 도구로 악용될 우려가 있다는 것이었다.

"그럴 수 있겠네요. 그래도 인사를 일부러 피하는 건 졸렬해 보여요"라고 내가 말했다. 결국 나와 이재명 대표는 간단한 격려의

말을 건네며 악수했다. 계엄의 밤부터 당 대표를 사퇴할 때까지
이 대표를 비롯해 민주당 의원들은 여러 차례 나와의 회담을 제
의했다. 하지만 나는 예민한 상황에서 불필요한 오해를 불러일으
킬 것 같아 응하지 않았다.

07

국회의 계엄 해제 요구 가결되다

본회의장에 들어온 국회의원 수가 계엄 해제 요구 가결 정족수인 151명을 넘었지만, 바로 표결이 이뤄지진 못했다. 계엄이 국회로 통고조차 안 된 상태였고(결국 끝까지 계엄 통고는 되지 않았다), 국회 실무자들의 안건 준비에도 시간이 소요됐으며, 표결 시스템 또한 오류가 있었다고 한다.

그러나 본회의장 밖엔 계엄군이 도달해 있었다. 문 밖에서 계엄군들과 대치 중인 보좌진들로부터 긴박한 상황이 전해지고 있었다. 본회의장에 있던 사람들 모두 마음이 급했다. "그냥 빨리 합시다", "계엄군이 들어오면 끝장이다"라는 고성이 난무했다.

나는 3선 의원인 국민의힘 김성원 의원을 통해 우원식 국회의장에게 신속한 진행을 여러 차례 요청했다. 시스템 준비에 시간이 걸리면 수기로라도 투표하자는 말이 여야 모두에서 나왔다.

한지아 의원 등이 "군인들이 들어오고 있어요. 의장님, 빨리 표결해야 합니다"라고 소리쳤다. 김성원 의원이 "제가 다시 의장에게 가볼까요?"라고 물었고, 나는 "수기로라도 투표하자고 의장에게 다시 요청해 주세요"라고 재차 김 의원에게 요청했다.

밤 10시 30분에 계엄 선포 소식을 듣고 갑자기 모인 것이니, 저녁 모임을 갖거나 술자리를 중간에 파하고 달려온 의원들도 꽤 있는 것 같았다. 그래서 그런지 여야 막론하고 얼굴빛이 붉은 의원들이 있었고 술 냄새도 났다. 하지만 다들 충격으로 많이 긴장해서인지 말이나 행동에서는 전혀 티가 나지 않았다.

00:49. 드디어 본회의가 개회되었다. 본회의가 시작되니 의원들 모두가 일순간 조용해졌다.

01:01. 본회의장에 있던 의원 190명 전원의 찬성으로 계엄 해제 요구안이 통과되었다.

앞서 말한 것처럼 표결에 참여한 우리 당 의원들 18명 중에서 원내 대표 방침대로 당사로 돌아가야 하는 것은 아닌지, 민주당과 함께 계엄 해제 요구 표결에 참여하는 것이 맞는지에 대해 고민하는 의원들이 몇 명 있었다. 나는 지금 여기서 중간에 나가거나 표결에 참여하지 않으면 나중에 두고두고 후회할 것이라고 설득했다.

결국 18명 모두 표결에 참여했고 찬성표를 던졌다. 비상계엄을 막는 장면에 이 18명조차 없었다면, 국민의힘 의원이 한 명도 참

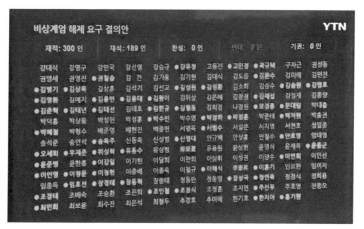

비상계엄 해제 요구 결의안 표결에 참석한 의원들(사진 출처: YTN)

여하지 않았다면 어땠을지, 생각만 해도 아찔하다.

　그런데 그걸로 끝이 아닐 수 있었다. 나는 대통령이 쉽게 포기하지 않을 것이라 생각했다. 이미 선을 넘은 고위급 계엄군 관계자들 입장에선 이대로 물러나면 자신들이 져야 할 책임에 대한 두려움 때문에라도 뭐라도 해보려 할 수 있었다. 나중에 드러난 수사 결과에 따르면, 대통령은 국회의 해제 요구 결의 이후에도 두 번 세 번 계엄하면 되니, 그대로 진행하라고 직접 지시했다고 한다.[*]

---

[*]　나중에 공개된 국회 CCTV 등에 따르면, 계엄 해제 결의가 통과된 1시 1분 이후인 1시 7분경 계엄군이 국회 본관 지하 1층에서 단전을 시도했다는 사실이 밝혀졌다.

국회가 계엄 해제안을 결의했습니다. 계엄은 실질적 효력을 다한 것이므로 지금 이 순간부터 대한민국 군과 경찰 등 물리력을 행사하는 모든 국가기관은 위법, 부당한 지시에 따르지 않을 의무가 발생합니다.

따라서 국민의 자유와 권리를 제한하는 어떠한 경거망동도 하지 말 것을 강력히 요구합니다. 위법, 부당한 지시는 거부할 권리가 있으므로 이에 따르지 않았다는 이유로 발생하는 법적 책임에 대해서는 반드시 지켜드릴 것입니다.

주권자인 국민과 자유민주주의를 지켜내겠습니다.

국회의 해제 요구 결의와 대통령의 해제 발표 사이의 시간이 위험할 수 있어 메시지를 서둘러 냈다. 그 시간 동안 대통령이 군경에 계엄을 그대로 진행하라는 지시를 할 경우, 군경이 지시를 따르지 않도록 용기를 낼 수 있게 도와주는 메시지가 필요했다.

앞서 언급한 대로 내가 집권 여당의 대표이기 때문에 그 메시지가 효과가 있을 것이기를 기대했다. 새벽 1시 8분이었다.

나는 공직생활을 꽤 오래했다. 내가 아는 많은 공직자들은 선의로 일한다. 다만 공직자들도 생활인이기 때문에 위법하거나 부당한 지시를 명령체계하에서 받았을 때는 고민한다. 그런 일은 이런 불법계엄 같은 어마어마한 지시일 수도 있고, 그것보다 훨씬 사소한 범주의 지시일 수 있다.

공직생활 중 생각보다 이런 상황이 자주 일어난다. 위법한 지시라면 부당한 지시보다는 거부하기가 쉽다. 그러나 대개 현실세계에서는 위법한 지시와 부당한 지시의 그 중간 어디쯤에 있는 상황이 더 많다.

나는 공직생활 내내 이런 상황에서 단호하게 행동했다고 생각한다. 그러다 보니 적도 많아졌지만 감당해야 할 일이라 여겨왔다. 일반적으로 말해 그런 때 단호하게 행동하면, 그 지시를 한 상사뿐 아니라 주위에 불편해하는 사람들이 많아지게 마련이다. 그러니 현실에서는 불의와 타협을 한다기보다, 자기가 속한 집단 내에서 생겨나는 관계의 불편함 때문에 타협하는 경우가 많은 것 같다. 오히려 후자의 경우 때문에 잘못된 길로 가는 경우가 더 많다고 생각한다.

그러나 계엄의 문제는 관성대로 움직이다가는 실무자들까지도 한순간에 인생을 망칠 수 있는 중대사다. 계엄 지시를 받은 군경도 큰 중압감으로 느끼고 있을 것이다. 특히 법무부장관 출신 여당 대표가 공개적으로 나서서 위헌이라고 하고, 부역하지 말라고 하고, 국회가 해제 요구 결의를 하고, 계엄군을 시민들과 언론이 실시간으로 촬영하여 방송하고 있는 상황이니 더욱 고민은 컸을 것이다.

"아직 법적으로는 계엄이 유효할지 모르지만, 국회 해제 요구로 실질적으로 무효화됐다. 그러므로 계엄을 진행하라는 명령에 따르지 않아야 한다. 그로 인해 생기는 책임 추궁은 집권 여당이 반드시 막아주고, 계엄에 동원된 실무자들이 명령을 따르지 않아 불이익을 받게 되면 집권 여당이 나서서 끝까지 지켜줄 것이다."

동원된 계엄군과 경찰의 말단 실무자들도 마른하늘에 날벼락처럼 하루아침에 불법계엄군이 돼버린 것 아닌가. 시민들이 휴대폰 카메라를 켜고 "반란군, 반란군"이라고 외치고 있었다. 계엄에 동원된 젊은 군인들, 경찰들도 억울했을 것이다. 그들을 군에 보낸 부모님들 마음은 어땠겠는가. 도대체 왜 이런 억울한 사람들을 만드는 것인가.

계엄 해제 요구안이 통과된 직후 본회의장 바깥문을 막기 위해 설치돼 있던 소파와 집기들을 잠깐 치웠다. 그런 후 본회의장 투표에 참여한 18명의 국민의힘 의원들과 본회의장 밖 로텐더홀로 나왔다. 계엄군을 카메라와 펜으로 막고 있던 기자들과 짧은 문답을 하고 다 같이 본회의장으로 되돌아갔다.

당사에서 계엄 해제 결의안 통과를 지켜보는 국민의힘 의원들(위)
계엄 해제 결의안 통과 후 국회 본청 앞에서 기자회견을 하는
한동훈 대표와 국민의힘 의원들(아래)

계엄 해제 요구 결의가 이루어진 순간, 다시 대통령을 생각했

다. 방탄, 탄핵, 예산농단, 포퓰리즘 선동 등 민주당의 폭거가 도

를 넘었다. 반드시 바로잡아야 한다. 열심히 싸웠지만 국민들 보기에 부족했을 수도 있다. 하지만 이재명 대표에 대한 유죄 판결 확정이 그리 멀지 않은 상황이었고, 시간은 우리의 편이었다. 그런 상황에서 도대체 무엇 때문에 이런 일을 한 것인지 안타깝고 답답했다. 만약 계획대로 계엄을 성공시켜 포고령대로 계엄군이 나라를 장악했다고 치자. 그다음은 어떻게 할 것인가. 2024년에 계엄 정권으로 대한민국 시민들을 얼마 동안이나 억누를 수 있겠는가. 미국 등 우방국들이 이런 계엄 정권을 아무 일도 없었던 것처럼 용인할 리가 없지 않은가. 환율 불안과 주가 폭락 등 경제 불안은 어떻게 감당하려 하는가.

나중에 확인됐지만, 미국 등 자유세계 국가들은 계엄 시도에 대단히 비판적이었다. 대한민국의 경제적, 외교적 위상과 이 계엄으로 인한 불확실성을 생각하면 당연히 예상되는 반응이었다. 그런데 계엄 다음 날 우리 당 의원들과 함께 대통령을 만났을 때 들은 말로 유추해 보면, 대통령은 그런 반응을 예상하지 못했던 것 같다.

무엇보다 그날 밤을 넘겨도 계엄이 해제되지 않으면, 거리로 나온 시민들과 젊은 군인들 사이에 유혈사태가 발생할 가능성이 컸다. 나는 그게 너무 두려웠다. 이 계엄이 성공하려면 그 유혈사태가 나더라도 저항하는 시민들을 군을 동원해 진압해야 하는 것이었다. 아무리 생각해 봐도 말도 안 되는 무모한 판단이고 행동이었다.

이 계엄은 대한민국의 민주주의와 공화주의에 대한 모욕이자 도전이었다. 나는 민주주의와 공화주의를 지키는 것을 진영의 이해관계보다 우선하는 책임감이 진짜 보수의 정신이라 생각해 왔다. 책을 쓰는 지금도 계엄을 막으려 한 나를 배신자라고 부르는 프레임 씌우기가 진행되고 있다. 하지만 묻고 싶다. 만약 그때 계엄을 해제시키지 못했다면 우리나라, 우리 경제와 안보, 보수진영 그리고 우리 당이 어떤 처지에 처하게 됐을까? 누가 민주주의와 공화주의를, 진짜 보수의 정신을 배신한 것인가.

08

3시간 반 동안 해제되지 않는 계엄

계엄법에 따르면 국회의 계엄 해제 요구 자체만으로 계엄이 해제되는 것은 아니다. 대통령은 국회의 계엄 해제 요구가 있으면 계엄을 해제할 의무가 있다. 계엄 해제 전에 국무회의를 거쳐야 하는 형식적인 절차가 있을 뿐이다.

국무회의에서 계엄 해제를 거부할 권한은 없지만, 국무회의 개최 자체를 미루는 방식으로 대통령이 계엄 상태를 유지하려 할 수 있었다. 그 시간 내에 계엄군을 투입하거나 2차 계엄을 선포할 수도 있었다. 설마 그럴까도 생각했지만, 이런 반헌법적 계엄이 현실화된 상황에서 '설마'는 사치였다.

계엄법 제11조(계엄의 해제)
① 대통령은 제2조제2항 또는 제3항에 따른 계엄 상황이 평상상태

로 회복되거나 국회가 계엄의 해제를 요구한 경우에는 지체 없이 계엄을 해제하고 이를 공고하여야 한다.

② 대통령이 제1항에 따라 계엄을 해제하려는 경우에는 국무회의의 심의를 거쳐야 한다.

③ 국방부장관 또는 행정안전부장관은 제2조제2항 또는 제3항에 따른 계엄 상황이 평상상태로 회복된 경우에는 국무총리를 거쳐 대통령에게 계엄의 해제를 건의할 수 있다.

그런 와중에 국무회의 의결 전에는 국회의 계엄 해제 요구 결의가 있더라도 계엄이 유효하다는 내용의 소위 '지라시'가 돌았다. 국회의 해제 요구 결의가 통과된 직후였다. 그동안 여론을 한쪽으로 호도해 보려는 이런 유의 지라시가 유포되는 경우는 많았다. 지라시 형식과 내용만 봐도 어느 쪽에서 뿌리는 것인지 추측할 수 있다.

지라시는 1955년 대법원 판례를 정리한 것이었다. 국회가 계엄 해제 요구 결의를 하면 대통령은 계엄을 해제해야 하지만, 계엄 해제 전에 국무회의를 거치지 않은 상황이면 국회가 계엄 해제 요구 결의를 했더라도 계엄이 유효하다는 내용이었다. 누군가 이런 지라시를 계엄 해제 요구 결의가 통과된 이 시점에 돌리고 있는 것을 보고 나는 곧바로 계엄 해제가 되지 않을 수 있다는 생각이 들었다.

그것을 보고 본회의장에 있던 율사 출신 국민의힘 의원들과 대응책을 논의했다. 대통령 측이 국무회의를 바로 열지 않고 계엄 상태를 유지하려 하든지, 아니면 그대로 2차 계엄을 할 수도 있는 것 아니냐는 의견들이 나왔다. 어떤 방식이든 대통령이 계엄을 쉽게 포기하지 않을 것 같다는 의견들이 많았다. 큰일이었다.

'쌍팔년도'라는 말이 있다. 지금 시대에 맞지 않는 과거를 가리키는 말인데, 정확히는 단기 4288년, 서기로는 1955년이다. 단기로 88년이니 쌍팔년도라고 하는 것이다. 혼란스러웠던 자유당 시절이다. 저 판례가 바로 그 쌍팔년도, 1955년의 것이다. 2024년에 쌍팔년도 자유당 때 계엄 판례를 정색하고 뒤져야 하는 상황이 초현실적으로 느껴졌다.

국무회의를 거치지 않으면 계엄 해제가 된 게 아니라는 그 지라시의 판례를 보도하는 기사들이 나오기 시작했다. 계엄을 실행한 측에서 국회의 계엄 해제 요구 결의에도 불구하고 어떻게든 계엄 상태 유지를 위해 명분을 쌓아가고 있는 게 아닌지 우려됐다.

대법원 1955. 1. 18. 선고 4287형상113 판결
계엄 해제의 효력에 관하여는 국회의 해제 요구가 있는 경우에도 대통령이 이를 해제하지 아니하면 해제의 효력이 발생하지 아니한다고 해석하는 것이 타당하다고 할 것임으로 이에 반하는 논지는 독자적 견해에 불과한 것이다.

우여곡절 끝에 국회의 계엄 해제 요구 결의가 이뤄졌지만, 나는 계엄 상황이 완전히 종료되기까지 의원들이 해산하지 않고 본회의장에 함께 모여 있어야 한다고 제안했다. 대통령이 국무회의를 미뤄 계엄 상태를 유지하면서 체포를 시도할 경우 흩어져 있는 것보다 모여서 저항하는 것이 낫기 때문이다.

아울러 대통령이 만약 2차 계엄을 시도하면 본회의장에 모여 있어야 또다시 국회의 계엄 해제 요구 결의를 즉석에서 할 수 있을 거라 생각했다.

계엄 선포에는 일사부재의 같은 것이 없으니, 기존 계엄이 해제되지 않은 상태에서 새로운 사유를 들어 2차 계엄을 선포하는 것은 비상식적이지만 형식적으로 불가능하지 않은 것으로 보였다. 이렇게 무모한 계엄을 선포하고 무장 계엄군을 국회에까지 보낸 사람들이 쉽게 포기하지 않을 것이라고 예상했다.

당시 원내 대표 등은 당사에 의원들이 많이 있으니 당 대표를 포함해서 거기에 다 모여 있자는 의견을 냈다. 그러나 나는 계엄군 진입이나 2차 계엄이 있을 수 있으니 본회의장에 모여 있어야 한다고 했다. 본회의장에 남아 있던 의원들에게 상황 종료 시까지 함께 있자고 부탁했다. 결국 우리는 본회의장 안 휴게 공간에 있는 소파 주변에 옹기종기 모여 있었다. 본회의 표결에 참여하지 못한 송석준 의원 등 몇몇 의원들도 이곳으로 왔다.

나중에 발표된 검찰 수사 결과에 따르면, 국회의 계엄 해제 요구 결의가 있은 이후에도 대통령은 2번, 3번 계엄하면 되니 진행하라고 계엄 관계자들을 계속 독려했다고 한다. 그 수사 결과대로라면 그날 밤 내가 걱정했던 것처럼 국회의 계엄 해제 요구 결의 이후 바로 계엄을 포기한 것이 아니었던 것이다.

나는 계엄 해제를 마무리 짓기 위해 국무회의가 빨리 열리도록 독려하는 것이 필요하다고 생각했다. 여당 대표가 위헌·위법이라고 규정하고, 여당 의원들 18명까지 참여해서 국회의 계엄 해제 요구를 통과시킨 마당이니 앞으로 전개될 책임론 때문에라도 국무위원들은 계엄 해제에 찬성할 가능성이 높았다. 국무위원들의 그런 입장이 대통령으로 하여금 국회의 계엄 해제 요구를 무시하거나 2차 계엄을 시도하는 것을 제어할 수 있을 것이라 생각했다.

나는 이상민 행안부장관에게 전화를 걸었다. 국무회의에서 계엄 해제에 대해 다른 소리가 나와서는 절대 안 된다고 요청했다. 이 장관은 꼭 그러겠다고 답했다.

그럼에도 불구하고 대통령의 계엄 해제가 계속 늦어지고 있었다. 헌법에 따르면 국회의 계엄 해제 요구 결의가 있으면 대통령은 계엄을 해제해야 하는 의무가 있다. 실제로 국회의 계엄 해제 요구 결의와 대통령의 해제 발표까지 3시간 반 정도가 걸렸다. 그렇게 오래 걸릴 일이 아니었다. 계엄 선포의 충격에서 벗어나 일상이 회복되기를 바라는 대한민국 국민들에게 이 3시간 반은 너무 긴 시간이었다. 뭔가 나쁜 상황이 진행되고 있다는 생각이 들었다.

새벽 1시 53분경 〈대통령께서는 국민과 국회 뜻을 존중하고 즉시 헌법에 따라 계엄령 해제 선포해 주십시오. 국민의 생명과 안전보다 중요한 것은 없습니다〉라고 페이스북 메시지를 냈다.

국회의 계엄 해제 요구 결의가 있었는데도 계엄 해제가 안 되고 있는 상황에서 대통령이 계엄 해제를 선포하도록 압박하기 위해서였다. 아직 상황이 끝나지 않았다는 점을 국민들에게 알리려 했다. 우리가 기댈 곳은 국민들밖에 없었다. 정치인은 누구나 국민을 위해 일한다고 말하지만, 정작 위기의 순간에 정치인이 믿고 의지할 것은 국민뿐이구나 하는 생각을 했다.

뭐가 어떻게 돌아가는지 알 수 없는 시간이 흘러가고 있었다. 새벽 4시 27분경 대통령이 계엄을 해제한다는 입장을 발표했다. 국회의 계엄 해제 요구 결의가 가결되고 무려 3시간 반이 지난 뒤였다.

계엄 해제 발표 후 조경태, 박정훈, 곽규택, 안상훈, 정성국, 유

한동훈
2024년 12월 4일 ·

대통령께서는 국민과 국회 뜻을 존중하고 즉시 헌법에 따라 계엄령 해제 선포해 주십시오.
국민의 생명과 안전보다 중요한 것은 없습니다.

계엄 해제를 발표하는 윤석열 대통령(사진 출처: 연합뉴스)

용원, 신성범, 정연욱, 우재준, 김상욱, 주진우, 한지아, 장동혁, 서범수, 김형동 의원 등 본회의장에 있던 의원들 및 김종혁 최고위원 등 당직자들과 함께 본회의장 밖으로 나와 언론 브리핑을 했다. 나는 모두 함께 국민들 앞에 서자고 제안했다. 나는 김용현 국방부장관 즉각 해임 등 계엄 사태를 수습할 다음 조치를 구체적으로 말해야 국민들에게 상황이 신속히 바로잡힐 것이라는 믿음을 줄 수 있다고 생각했다.

"위헌·위법한 계엄 상황에 대해 여당으로서 송구합니다. 국방부장관 즉각 해임 등 관계자에게 책임을 물어야 합니다."

계엄이 해제되고 책임자 문책 요구까지 하고 나니 일단 할 일을 했다는 안도감이 들었다. 그리고 보니 걱정할 가족들에게 연락을 안 했다는 사실이 떠올랐다. 12월 3일 밤 10시 30분 계엄 사태가

연합뉴스TV

정다예 기자
국회

한동훈 "국방장관 즉각 해임…관계자 책임 물어야"

09:45 ㅣ 있어" ▶日당국자 "계엄 놀랍다·생각지 못해"…EU·英 "한국 상황 예] 원/100엔 945.51 ▼1.99

기자회견에서 국방부장관 등 관계자 책임을 묻는 한동훈 대표(사진 출처: 연합뉴스)

터진 뒤 내가 집에 처음 전화한 것은 모든 것이 끝난 뒤인 4일 새벽 5시 17분이었다. 한바탕 꿈을 꾼 것 같은 시간이었다.

아침 7시 국민의힘 긴급최고위원회를 소집했다. 이제 이 사태를 어떻게 수습해야 하나 하는 생각에 한 시간 반 뒤의 긴급최고위원회 시간까지 한숨도 잘 수 없었다. 지금까지는 계엄을 막는데만 집중해서 이 사태를 어떻게 수습할지는 생각할 겨를이 없었다. 이제 더 큰 걱정이 해일처럼 밀려왔다.

09 대한민국의 일상은 계속되어야 한다

　나는 계엄이 선포된 날 밤에 상황이 끝나는 것과 다음 날까지 이어지는 것은 엄청난 차이가 있을 것이라고 생각했다. 만약 밤 사이 계엄이 해제되지 않았다면, 전국에서 수백만 명의 시민들이 계엄 반대를 외치며 거리로 나왔을 것이고 유혈사태가 났을 가능성이 크다. 우여곡절을 거쳐 결국 시민들의 손에 계엄이 저지되고 정권은 전복되었을 것이고, 국민의힘도 사실상 문을 닫았을 것이다. 거기에 더해 아침에 주식시장이 개장되지 않을 가능성이 컸다. 그렇다면 이 일이 가져올 경제에 대한 부정적 파장은 가늠할 수 없을 것이다. 물론 유혈사태를 막는 것이 1차적 목적이었지만, 주식시장 등이 개장하는 등 경제가 정상적으로 돌아가게 하려면 무슨 일이 있어도 그날 밤 계엄을 해제시켜야만 했다.

　만일 아침까지 계엄이 해제되지 못했을 경우 대한민국 경제가 입었을 타격을 생각해 보면 아찔하다. 나중에 드러난 바로는, 그 날 밤 대통령이 계엄을 선포하기 직전 국무위원들에게 알렸을 때 최상목 경제부총리도 경제에 미칠 재앙 같은 악영향 때문에 계엄 선포를 강력히 반대했다고 한다. '국뽕 정치'는 가능해도 '국뽕 경제'는 불가능하다. 경제가 무너지면 민생이 무너지는 것인데, 도대체 무슨 생각으로 그걸 감당하려 한 것인지 지금도 이해할 수 없다.

나는 이명박 정부 당시 대통령실에서 2년간 근무했다. 이명박 전 대통령은 이번 계엄 사태 이후 한 언론으로부터 2008년 봄 가짜 뉴스로 나라를 완전히 뒤집어놓았던 광우병 사태와 관련해서 '계엄을 검토하지 않았느냐'라는 질문을 받았다. 이 전 대통령의 답은 간명했다. "가능한 일이 아니다."

며칠 뒤 계엄 사태에 의하거나 타의에 의해 관여된 사람들의 선택과 행동이 하나둘씩 드러났다. 나는 젊은 세대의 단호한 태도를 인상 깊게 봤다. 한 예로 방첩사의 법무관들이 위법한 압수수색에 반발했고 자신들의 전문가적 양심을 관철시켰다는 보도가 있었다. 이들은 군인 신분이었음에도 불구하고, 잘못된 지시가 아니라 실력과 양심을 믿었던 것이다. 이런 숨겨진 이야기들은 앞으로 더 많이 드러나게 될 것 같다.

Part 2

선택의 시간

10   12월 4일 오전 7시 비상최고위원회의

아침 7시 국민의힘 비상최고위원회가 소집됐다. 계엄 해제 후 처음 여는 국민의힘 회의였다. 모두 밤을 새웠으니 오전 7시는 너무 빠르고 오전 9시나 10시에 하자는 의견이 많았다. 나는 이 절박한 상황에 맞지 않는 얘기라고 생각했다. 국민들이 아침에 일어나서 여당이 상황을 수습하기 위해 노력하고 있다는 것을 볼 수 있게 해야 했다.

계엄 사태 후 당의 첫 번째 공식회의였으니, 계엄 사태에 대한 당 대표의 의미 있는 메시지가 필요했다. 그 시간까지 남아 있던 의원들, 당직자들의 의견을 들었다. 구체적 내용은 없이 뜬구름 잡듯 계엄 사태를 비판하는 평론가 식의 메시지여서는 안 된다는 것이 다수 의견이었다. 내 생각도 같았다.

나는 박정하 당 대표 비서실장, 서범수 사무총장 등을 비롯한 의원들과 당직자들에게 내 생각을 말했다. 첫째, 이 계엄은 반헌법적이다. 둘째, 대통령이 직무수행을 계속해서는 안 된다. 셋째, 대통령과 김용현 국방부장관 등 계엄을 주도한 사람들은 반드시 법적 책임을 져야 한다. 넷째, 그 과정에서 대한민국의 안보나 질서가 흔들려서는 안 된다. 이 생각은 이때부터 12월 14일 국회의 탄핵안이 가결되기까지 한결같았다.

의원들과 당직자들은 대부분 동의했다. 다만, 어느 정도 속도로 어떤 방식으로 실현해 낼 것인지에 대해서는 생각들이 다양했다. 그건 차차 논의하기로 했다.

나는 "일단 한 시간 뒤 최고위에서 당 대표 명의로 어떤 메시지를 낼 것인지에 집중하죠"라고 말했다. "국민들은 대표가 뭔가 구체적인 스텝을 말해 주기를 기대할 겁니다." 늘 진중한 박정하 비서실장의 의견이었다.

"그래도 대통령이 직무수행을 하면 안 된다는 얘기는 지금 먼저 안 하는 게 낫지 않을까요. 차차 구체적인 스텝으로 보여주는 게 나을 것 같습니다." 전략 업무를 담당한 한 젊은 당직자의 말이었다.

"메시지가 길지 않았으면 좋겠습니다. 이런 때는 더욱 그렇죠." 서범수 사무총장의 말이었다. 나는 "총장님 혹시 '이런 때' 겪어보셨어요?" 하고 물었다. 서범수 사무총장은 "아뇨. 대표님은요?"라고 물었고 "저도 아니죠"라고 내가 답했다. 그 자리에 있던 모두가 허탈하게 웃었다.

논의 끝에 비상계엄을 막지 못한 내각의 총사퇴, 비상계엄 책임자에 대한 책임 규명, 국방부장관의 즉각 해임 요구를 첫 번째 메시지에 포함시키기로 했다. 나는 비상계엄 책임자라는 말 대신 명확하게 대통령이라고 하자고 했지만, 반대 의견이 많아 따르기로 했다. 내 생각과 주위 생각이 다를 때는 동의되지 않아도 일단 보류하고 한 번 더 생각하는 편이다. 그러면 시간의 마법이 꽤 많은 문제를 해결해 준다.

나는 우리 당이 대통령의 탈당을 요구해야 한다고 생각했다. 국민의힘을 계엄 사태로부터 분리하는 게 필요했기 때문이다. 그러나 이른바 친윤계를 중심으로 반발이 나올 수 있었다. 보통 여당의 대통령 탈당 요구는 정권 말이나 선거 직전 약속대련 식으로 해왔기 때문이다. 짧은 시간이었지만 깊은 논의들이 오갔다. 하지만 "지금 못 하면 나중에도 못 한다", "국민을 보고 가자"라는 의견이 우세했다. 나는 사태가 여기까지 이른 것이 안타까웠다.

결국 우리는 그렇게 하기로 했다. "대통령이 탈당 요구를 수용하고 탈당할까요?" 참석자 중 한 명이 말했다. "그러지 않을 겁니다. 그래도 해야죠." 내가 말했다.

비상최고위원회가 아침 7시에 시작됐다. 최고위원 중 불참자가 몇 명 있었다. 내가 당 대표로서 먼저 발언했다.

어젯밤에 대한민국에서는 있어서는 안 되는 일이 일어났습니다.

대통령께서 국회의 계엄 해제 요구안 결의에 따라서 비상계엄을 해제하기는 했지만 12월 3일 반헌법적인 계엄은 지워질 수 없는 역사가 됐습니다.

집권당 대표로서 지난밤 공포와 불안을 느끼셨을 국민 여러분께 송구하다는 말씀을 드립니다. 국민의 자유와 안전을 위협하고 자유민주주의를 훼손한 점은 용납할 수 없습니다.

첫째, 비상계엄을 막지 못한 국무위원들의 전원 총사퇴를 요구합니다.

둘째, 비상계엄을 추진하고 실행한 책임자에게는 엄중한 책임을 묻겠습니다.

셋째, 국방장관은 즉각 해임해야 하며 비상계엄 관계자들은 반드시 책임을 져야 할 것입니다.

마지막으로 5시간의 비상계엄으로 우리 대한민국이 정말 멈출 뻔했습니다.

국민들의 불신, 경제적 혼란, 대외적 불안감 조성 등 대한민국이 큰 위기에 빠질 뻔했습니다. 국민의힘은 대한민국 헌법 정신을 존중하고 국민의 자유와 민생의 활력을 최우선으로 하는 정당입니다. 어제의 비상계엄 선포는 이러한 국민의힘 정신에 명백하게 위배된 것입니다. 국민의힘이 위기를 수습하고 국민의힘의 정신을 지키기 위해서 국민의힘 당 대표로서 대통령의 탈당을 정중히 요구합니다. 국민의힘은 민생경제 회복 등을 위해서 더욱 노력하겠습니다. 또한 어제

사태로 발생한 민생 경제 외교 등의 혼란과 관련해서 국민이 우려하시는 일이 일어나지 않도록 세심하게 챙기겠습니다. 국정이 신속하게 안정화될 수 있도록 당의 모든 힘을 동원해서 대응해 나가겠습니다. 국민 여러분께서는 안심하고 기다려 주십시오.

대통령 탈당 요구에 대해 반발하는 중진 의원들과 최고위원들이 있었다. 유혈사태가 난 것도 아니고, 어쨌든 금방 정리된 것이니 시간을 벌면서 버티고 조용히 넘겨야 한다는 것이었다. 나는 "우리 현실을 직시합시다. 44년 만의 계엄입니다"라고 답했다.

11

12월 4일 총리공관회의

　비상최고위원회 몇 시간 뒤, 국민의힘 의원들 모두가 모이는 의원총회도 열렸다. 그날 의원총회에선 내가 밝힌 계엄 비판과 책임자 추궁 발언 관련해 공개적인 반발은 없었다. 대신 대통령이 무슨 생각으로 계엄을 한 것인지, 당 대표, 원내 대표, 중진들이 대통령을 만나서 듣고 오는 게 좋겠다는 의견들이 나왔다. 모두가 굉장히 불안해하고 당혹스러워하는 분위기였다. 적어도 이때까지만 해도 당내에서 계엄을 옹호하는 목소리는 하나도 없었다.

　오후 2시 총리공관에서 한덕수 국무총리, 최상목 경제부총리, 박성재 법무부장관, 대통령실 정진석 비서실장, 홍철호 정무수석, 김주현 민정수석, 신원식 국가안보실장, 주호영 국회부의장, 김기현 의원, 권성동 의원, 권영세 의원, 윤재옥 의원, 나경원 의원, 추경호 원내 대표 등이 모여 회의했다.

모인 사람들 모두 대통령의 비상계엄 선포를 사전에 몰랐다고 했다. 모두 그날 밤이 돼서야 처음 알게 됐다는 것이다. 나는 도저히 이해할 수가 없어 신원식 국가안보실장, 정진석 비서실장, 홍철호 정무수석에게 "정말 전혀 모르셨습니까?"라고 물었다. 세 사람 모두 "정말 몰랐습니다"라고 답했다. 대통령비서실장, 정무수석, 국가안보실장이 몰랐던 계엄이라니.

나는 그곳에 온 사람들 모두에게 도대체 대통령은 누구와 이 엄청난 일을 준비한 것인지 물었다. 실무를 챙긴 사람이 있지 않겠느냐고. 역시, 모르겠다는 답만 돌아왔다.

나는 국무회의도 했을 텐데 왜 말리지 못했는지를 물었다. 국무위원들은 영문을 모르는 상태에서 국무회의 최소 숫자 11명이 모였고, 반대의사를 밝힌 사람들도 많았지만 대통령이 이미 결정한 것이니 따라달라고 말한 뒤 떠났다고 해서 어쩔 수 없었다고 했다.

"몸으로라도 막았어야 하는 것 아닙니까?" 그렇게 다시 묻자 다음 같은 답변이 돌아왔다. "그럴 겨를조차 없었습니다. 대통령이 순식간에 발표했으니까요."

그 회의에서 김용현 국방부장관은 즉시 물러나야 한다는 말이 나왔는데, 물러나는 방식이 내가 아침에 요구한 것처럼 '사임'이 아니라 '해임'이어야 한다는 말에 동의하는 의원들이 있었다. 하지만 그리 되진 않았다. 김용현 국방부장관은 해임이 아니라 자진사퇴 형식으로 그날 밤 자리를 물러났다. 얼마 뒤 그는 내란죄로 구속됐다.

내가 아침에 요구한 대통령 탈당, 내각 총사퇴 등에 대해 언급하는 사람은 없었다. 비상계엄의 경위에 대해 아는 사람이 아무도 없는 상황이었기에 회의의 의미도 없었다. 최대한 빨리 대통령을 만나야 한다는 얘기가 나왔고, 그러기로 했다. 대통령은 비서실을 통해 그날 오후 우리 일행과 만나겠다고 했다..

12

12월 4일 대통령 면담

오후 5시 국무총리실에 모였던 사람들이 대통령과 만났다. 정부 측 인사들은 참석하지 않았다. 대통령은 2년 반 동안 민주당이 탄핵을 남발하는 등의 폭거를 계속한 상황 전체를 계엄령을 발동할 수 있는 '전시 또는 사변에 준하는 상황'으로 봤고, 그래서 비상계엄을 한 것이라는 취지로 말했다. 꽤 긴 시간 동안 면담이 진행되었지만 거의 대부분 대통령이 말했다. 이날 대통령은 나중에 자신이 계엄을 하게 된 중요한 이유라고 밝힌 부정선거 의혹 문제에 대해서는 말하지 않았다.

그 자리에 함께 간 중진 의원들 몇 명이 대통령의 심정에 공감한다는 취지로 말했다. 그리고 대통령이 왜 계엄을 하게 된 것인지를 민주당의 폭거를 중심으로 국민들에게 알리시라는 제안을 했다. 그러면 국민들이 공감하지 않겠느냐는 것이었다. 대통령도 그렇게 다음 날 담화를 하겠다고 했다. 그러나 다음 날 중진 의원 들이 생각을 바꿔 그런 담화가 부작용이 더 클 것이라는 의견을 내놨다. 결국 대통령 담화는 이뤄지지 않았다.

중진 의원 중 한 명이 대통령에게 김용현 국방부장관을 해임 조치하는 것이 좋겠다는 말을 했다. 그러자 대통령은 해임으로 책임을 물을 수는 없다고 했다. 대통령의 지시를 따른 사람한테 무슨 잘못이 있다고 해임을 시키느냐는 취지였다. 나는 그때 대통령이 계엄 사태에 대해 대통령 자신이나 자신의 지시에 따른 군인들이 잘못한 것이 없다고 생각한다는 것을 알았다.

그 자리에서 나는 대통령에게 계엄을 언제부터 누구와 준비한 것인지를 물었다. 대통령은 답하지 않았다. 대신 민주당의 탄핵 남발 등 국정을 발목 잡는 폭거 때문에 계엄을 할 수밖에 없었다 는 말만 반복했다. 지난 2년 반 전체를 계엄을 할 수 있는 전시나 사변에 준하는 상황이라고 본 것이라는 말도 강조했다. 정당한 행동이었다는 주장이었다.

돌이켜보면 당시 대통령의 발언 중 특이했던 점이 한 가지 있 었다. 대통령 자신이 국회를 해산할 수도 있었는데 하지 않았다 고 말한 대목이었다. 참석자 중 누가 국회 해산에 대해 먼저 말한 것도 아니었다. 하지만 대한민국 헌법에는 1987년 개헌 이후로 대통령의 국회 해산권이 없다. 나는 그 말이 무슨 뜻인지 이해할 수 없었지만 더 이상 묻지는 않았다.

대신 한 가지를 더 질문했다. 계엄 당시 정치인들 체포조가 있었다는 보도가 나왔는데 그것이 사실인지, 그리고 대통령의 말처럼 민주당의 폭거 때문에 계엄을 한 것이라면 여당 대표를 체포하려 한 이유가 무엇이었는지 물었다.

대통령은 "정치인을 체포하려 한 사실이 없다, 만약 정치인을 체포하려 했다면 방첩사를 동원했을 텐데 이번 계엄에서 자신은 방첩사를 동원하지 않았다"고 구체적인 근거를 들면서 부인했다. 방첩사령부 얘기는 아무도 묻지 않았는데 대통령이 먼저 꺼낸 내용이었다.

나중에 방첩사령부가 정치인 체포의 핵심 역할을 한 것으로 확인됐지만, 그때까지는 대통령의 충암고 후배 여인형이 사령관으로 있는 방첩사령부가 비상계엄 사태에서 핵심적 역할을 수행했다는 사실이 분명히 드러나지 않은 상태였다.

그 말을 들으며 나는 '갑자기 왜 방첩사 이야기를 하는 거지'라는 의문이 들었다. 그때 대통령은 다시 한마디를 덧붙였다. "만약 체포하려 했다면 아마 포고령 위반 혐의였겠죠." 여당 대표를 비롯한 정치인들이 포고령을 위반할지 안 할지 미래를 어떻게 미리 알고 체포조를 보낸다는 말인지 묻고 싶었다. 그러나 의미 없는 논쟁이 될 것 같아 그만두었다.

대통령은 계엄 사태 종료 이후 바이든 미국 행정부와 트럼프 당선인 측의 핵심 직위 내정자에게 대통령실에서 전화했고, 계엄에 대해 "자유민주주의 가치를 지키기 위해 한 것"이라고 설명했다고 밝혔다. 대통령은 미국도 자신의 주장에 공감했을 거라는 취지로 말했다. 그러나 미국이 계엄 상황에 대해 매우 부정적이었던 사실은 나중에 여러 경로를 통해 알려졌다.

그 면담을 통해서 대통령이 밖에서는 모르는 북한의 도발 등 특단의 안보 상황 같은 사태가 발생하여 비상계엄을 선포한 것이 아니라는 사실을 분명히 확인할 수 있었다. 계엄을 위한 계엄이었던 것이다.

대통령 측은 12월 3일의 일을 하나의 '해프닝' 정도로 넘기려는 것 같았다. 언론에 나온 '경고성 계엄'이었다는 말도 그런 차원이었다. 총선 패배 이후 줄곧 대통령과 긴밀히 소통하고 정치적으로 주거니 받거니 힘을 실어줬던 홍준표 대구시장이 이 계엄을 '해프닝'이라고 칭한 것도 같은 흐름이었다. 그러나 어떤 경우에도 군대를 동원한 비상계엄이 해프닝일 수는 없다.

대한민국은 이 정도 수준의 나라가 아니다. 이재명 대표와 민주당의 폭거는 대단히 잘못된 것이고 나는 누구보다 앞장서서 싸워왔다. 우리나라 역사상 어떤 야당도 지금의 민주당처럼 노골적으로 정부의 기능 자체를 마비시키려 한 적이 없었다. 그 동기도 자기 당 대표 범죄 혐의 수사 등을 막으려는 방탄 같은 저열한 것이었다. 그러나 그럼에도 불구하고 민주당과 이재명 대표의 문제는 헌법 질서 안에서 정치로 풀어야 하고, 근본적으로 이를 해결하기 위해서는 우리가 국민의 눈높이에 맞추고 민심을 더 얻어야 하는 것이었다. 그것이 자유민주주의다.

이재명 대표에 대한 선거법위반 1심에서 징역형의 집행유예가 선고됐고, 다른 중대 범죄 혐의들에 대한 재판도 공범들에 대해 속속 유죄가 선고되고 있었다. 조희대 대법원장은 판사들이 선거법위반 재판에 대한 법정기한을 준수해야 한다는 입장을 밝혔다.

결국 이재명 대표의 사법 리스크 타이머는 정의가 실현되는 마지막 결말을 향해 째깍째깍 돌아가고 있었다. 비상계엄만 없었다면 시간은 분명히 우리 국민의힘과 보수진영, 그리고 대한민국의 편이었다. 대통령이 갑자기 비상계엄을 선포하기 전까지는 그랬다. 하지만 비상계엄으로 모든 것이 이전과 달라졌다.

13   12월 5일 최고위원회

민주당은 계엄 사태 등을 사유로 대통령에 대한 탄핵소추안을 발의했고, 12월 7일 토요일로 국회 본회의 표결 날짜가 잡혔다. 민주당은 12월 7일 첫 번째 대통령 탄핵이 부결되면 매주 토요일마다 대통령 탄핵 표결을 하겠다고 공언했고, 실제로 그렇게 할 것이 분명했다.

방첩사 관련 보도 등 계엄의 진상 관련 충격적인 보도들이 쏟아져 나오면서 민심은 점점 더 나빠지고 있었다. 전날 면담에서 정치인 체포를 위해 방첩사를 동원하지 않지 않았느냐는 대통령의 말은 사실과 전혀 달랐다.

계엄 선포 당시부터 나는 일관되게 '불법계엄을 선포한 대통령은 직무를 수행하면 안 된다'는 생각이 확고했다. 현실적으로 가능하지도 않다고 생각했다. 이 생각은 그 이후에도 변한 적이 없다.

다만 그 시점에서 얻을 수 있는 모든 정보를 기준으로 탄핵보다 우리나라와 국민을 위해 더 나은 방법이 있는지 찾아보려 애썼다.

우리 국민은 이미 몇 년 전 대통령 탄핵을 겪었다. 동시대를 사는 우리 모두가 함께 탄핵을 경험한 것이다. 특히 보수층과 국민의힘 지지자들의 트라우마는 매우 컸다. 그러니 계엄 사태 이틀 만에 당 차원에서 대통령 탄핵 방침을 정하는 것은 불가능에 가까웠다. 나와 뜻을 같이 한다고 알려진 의원들조차 1차 탄핵안 표결은 부결시켜야 하다는 의견이 다수였다.

대통령 탄핵이나 특검이 통과된다면 최고위원직을 사퇴하는 방법으로 최고위원회를 붕괴시켜 나를 당 대표직에서 끌어내리겠다는 협박 비슷한 입장을 주위에 얘기하는 의원까지 있었다. 열흘 뒤 탄핵이 가결되자 그것은 현실이 됐고 나는 당 대표직에서 축출되었다.

이 시점에서 나는 이렇게 생각했다.

'대통령 탄핵 절차로 들어가면 탄핵을 찬성하는 쪽과 반대하는 쪽이 거리에서 극렬하게 맞붙는 상황이 계속될 것이다. 헌법재판소가 탄핵 결정을 할지 안 할지에 따른 불확실성도 지속될 것이다. 재판관이 6명뿐인 상황이라, 단 1명만 반대해도 탄핵 기각이다. 그러니 헌법재판관 충원 여부가 결과에 큰 영향을 줄 것이며, 정치적일 수밖에 없는 충원 과정에서 정치적 암투와 갈등이 벌어질 수밖에 없다. 대통령은 수사 대상자, 탄핵 대상자로서 법률·정

치적 방어수단을 최대한 사용할 것이므로 극단적 진영 대결 구도는 상상을 초월하게 심해질 것이다.'

이 책을 쓰는 동안 불행하게도 그런 예측은 현실이 됐다. 공권력과 시민들이, 시민들과 시민들이, 급기야 공권력과 공권력이 충돌하면서 무정부 상태에 가까운 상황이 한남동 대통령 관저 주변, 서울 서부지방법원 등에서 전개됐기 때문이다.

박근혜 전 대통령은 상황이 이번과 다르기는 했지만 전체적으로 보면 탄핵 심판을 개인 차원에서 대응했다. 그러나 내가 아는 윤 대통령은 자신이 가진 걸 총동원해서 싸울 것 같았다. 따라서 대통령 스스로 조기퇴진하고 승복하는 구도가 나올 수만 있으면 극단적 진영 대결로 인해 우리 사회가 겪을 피해를 줄일 수 있다고 생각했다. 불확실하고 투쟁적인 상황이 오래 계속되는 것은 이 나라의 경제나 사회 전반에, 그리고 국민의 삶에 좋지 않을 게 분명했기 때문이다.

불법적인 비상계엄에 대해 대통령이 책임을 져야 한다는 기본 전제는 확고했지만, 가능하기만 하다면 탄핵이 아닌 조기퇴진 같은 더 나은 대안을 찾고 싶었다. 노력해 볼 만한 가치가 있다고 생각했다.

대통령도 자신의 측근들인 계엄 실무자들이 내란죄로 속속 구속되고 있는 상황에서 현실을 인정하고 이 나라의 혼란을 줄이기 위해 조기퇴진 방안을 따를 수밖에 없지 않겠느냐는 기대 섞인 판단을 했다. 나중에 말하겠지만 그런 기대는 결과적으로 틀린 것이 됐다.

7일 1차 탄핵안을 받아들일 수 없었던 또 다른 중요한 이유가 있다. 민주당이 낸 1차 탄핵안에는 도저히 수용하기 어려운 심각한 문제가 있었다. 외교적으로 북한, 중국, 러시아를 적대시했다는 것을 탄핵 사유 중 하나로 주장한 것이다. 민주당과 이재명 대표의 비뚤어진 외교관과 동맹관을 적나라하게 보여준 것이었다. 이 사람들이 정권을 잡으면 정말 큰일 나겠다 싶었다.

말 같지도 않은 소리였다. 이런 사유로 탄핵을 통과시키면 심각한 외교 문제가 생길 수 있다. 내가 1차 탄핵을 반대할 수밖에 없었던 가장 중요한 이유 중 하나였다. 아울러 이재명 대표와 민주당은 비상계엄과 대통령 탄핵이라는 엄중한 상황 속에서도 국민들의 안위는 안중에 없고 오직 자기들의 정치적 이해관계만 따지고 있구나 하는 생각이 들었다.

국민의힘 지지자들은 이런 탄핵 사유가 공개되자 강력히 반발했다. 주요 언론들도 강한 우려를 표시했다. 당사국인 일본은 물론 한미일 관계를 중요시하는 미국으로서도 불쾌할 게 당연했다. 비판이 쏟아지자 민주당은 슬그머니 꼬리를 내렸다. 결국 민주당은 2차 탄핵안에선 소리 소문도 없이 이 내용을 삭제했다.

"소위 가치외교라는 미명하에 지정학적 균형을 도외시한 채 북한과

중국, 러시아를 적대시하고, 일본 중심의 기이한 외교정책을 고집하며 일본에 경도된 인사를 정부 주요 직위에 임명하는 등의 정책을 펼침으로써 동북아에서 고립을 자초하고 전쟁의 위기를 촉발시켜 국가 안보와 국민 보호 의무를 내팽개쳐 왔다."

—1차 탄핵 사유 중

뻔히 예상되는 심각한 혼란 때문에 나는 탄핵보다 더 나은 길을 찾아보기로 했다. 최선을 다해 시도해 보고 그게 실패하면 어쩔 수 없이 탄핵으로 갈 수밖에 없다는 생각이었다. 탄핵 트라우마가 큰 국민의힘 지지자들의 마음을 생각한 것이기도 했다. 고심을 거듭한 끝에 내린 결론이었다.

국민의힘 최고위원회는 매주 월, 목요일에 열린다. 회의에선 당대표가 먼저 공개발언을 하고, 그다음 원내 대표, 최고위원들, 정책위의장 순으로 말한다. 그 후에 비공개로 전환해 의제 제한 없이 논의하는 방식으로 진행된다.

나는 1차 탄핵을 이틀 앞둔 목요일 최고회의에서 이렇게 말했다. 혼란을 줄이기 위해 탄핵 대신 질서 있는 조기퇴진 방안을 추진하는 전제로, 대통령에 대한 책임 추궁, 계엄 관계자 즉각 직무 배제, 대통령 탈당 요구를 제시했다.

이미 어제 이전으로 돌아갈 수는 없습니다. 국민들께서 그걸 용납하

지 않으실 겁니다. 우리 당 의원들도, 지지자들도 엄정한 현실과 민심을 직시해야 합니다.

그럼에도 불구하고 대한민국은 발전해야 하고, 국민의 삶은 나아져야 합니다. 그러면서도, 범죄 혐의를 피하기 위해 정권을 잡으려는 세력은 막아야 합니다. 어려운 과제입니다.

계엄 당일보다 어제 오늘 더 고민하고 고심했습니다. 대표로서, 이번 탄핵은 준비 없는 혼란으로 인한 국민과 지지자들의 피해를 막기 위해 통과되지 않게 노력하겠습니다.

대통령의 위헌적인 계엄을 옹호하려는 것이 절대 아닙니다. 저는 계엄 선포 최초 시점부터 가장 먼저 이번 사태에 대한 국민의 분노와 애국심에 함께했고, 앞으로도 함께할 것입니다.

대통령을 비롯해 위헌적 계엄으로 국민을 불안하게 하고 나라에 피해를 준 관련자들은 엄정하게 책임을 져야 합니다.

어제 대통령을 면담했지만, 대통령의 이 사태에 대한 인식은 저나 국민들의 인식과 큰 차이가 있고 공감하기 어려웠습니다. 대통령은 민주당의 폭거 때문에 비상계엄을 한 것이라고 말했습니다. 민주당의 폭거에 대한 문제의식은 같습니다. 그러나 민주당의 폭거는 극심하고 반드시 심판받아야 하지만, 위헌·위법한 비상계엄을 합리화할 수는 없습니다.

일단 오늘 즉시, 이번 사태에 직접 관여한 군 관계자들을 그 직에서 배제해야 합니다. 그래서 혹시 또 이런 일이 있을지도 모른다는 국민의 불안을 덜어드려야 합니다. 이런 위헌·위법한 계엄에 관여하면 즉시 처벌된다는 것을 보여 군을 안정시켜야 합니다.

당 대표로서 대통령의 탈당을 다시 요청합니다. 어제 최고위에서도 말씀드렸지만, 이번 사태는 자유민주주의 정당인 우리 당의 정신에서 크게 벗어난 것입니다.

지지자들, 당원 동지들, 의원들께 말씀드립니다. 제가 책임지고 앞장서서 이 사태를 수습하겠습니다. 그 과정에서 대한민국의 정치인으로서 민심도 생각하고, 보수정치인으로서 지지자들의 마음도 생각하겠습니다. 저에게 그 임무를 맡겨달라는 말씀드립니다. 정말 어려운 과제이지만 국민만 바라보고 가겠습니다.

추가적으로 말씀드립니다. 의총에서 당론 결정 시, 당 대표에게 사전에 알리고, 당 대표 의견을 들어야 합니다. 매번 당 대표도 모르게 당론이 결정되는 것은 말이 안 됩니다.

당 대표로서 7일로 예정된 1차 탄핵은 준비 없는 혼란으로 인한 국민과 지지자들의 피해를 막기 위해서 통과되지 않도록 노력하겠다고 밝혔다. 예상대로 여론과 야당의 비판이 쏟아졌다. 반면 상당수 국민의힘 의원들은 크게 안도하는 분위기였다.

이날 최고위원회 발언에서 나는 대한민국의 정치인으로서 민심도 생각하고, 보수정치인으로서 지지자들의 마음도 생각하겠다고 했다. 더할 것도 뺄 것도 없는 진심이었다. 그런데 정말 어려웠다. 이 책을 쓰는 지금 이 순간, 당시의 결정을 되돌아봐도 여전히 어렵다.

당시 언론과 국민들은 대통령이 다시 2차 계엄을 시도하진 않을까 의심하면서 두려워하고 있었다. 대통령은 계엄 선포를 잘못했다고 반성하는 입장이 아니었고, 계엄에 적극적으로 관여한 여인형 방첩사령관, 곽종근 특수전사령관, 이진우 수도방위사령관 등을 경질하지 않고 있었다.

국민들의 걱정은 합리적인 것이었다. 계엄에 적극 관여한 주역들을 계엄이 실패했는데도 같은 자리에 그대로 둔다는 것은 또다시 계엄을 할 수도 있다는 의사표시로 받아들여질 수 있기 때문이다.

그래서 최고위원회에서 이번 사태에 직접 관여한 군 관계자들을 곧바로 그 직에서 배제시키고 이런 위헌·위법한 계엄에 관여하면 즉시 처벌된다는 것을 보여 군을 안정시켜야 한다고 강조했다.

이에 대해 일각에선 내가 대통령에게 공개 요구가 아니라 물밑으로 비공개 요구를 했어야 한다는 비판이 있었다. 사실은 그 전날을 포함해 비공개 요구를 했지만 대통령이 수용하지 않았다. 하지만 대통령이 비공개 요구를 수용하지 않는다고 그냥 넘길 수는 없지 않은가. 대한민국의 미래가 걸린 문제였기 때문에 더욱 강하게 공개 요구를 할 수밖에 없었다.

계엄 사태 이전에 내가 김건희 여사 문제나 의료사태 해결, 정치 브로커 명태균 사건 등에 대해 공개발언을 했던 것도 과정이 비슷했다. 그 당시에도 공개발언이 아니라 대통령에게 물밑 요구를 했어야 한다고 나를 비판하는 사람들이 있었다. 그러나 그때도 다양한 방식을 동원해 비공개로 문제 해결을 요청했지만 대통령이 거부해 수용되지 않았던 것이었다.

물론 여러 번 이야기해도 안 되면 그냥 넘어갈 때도 있었다. 하지만 나라와 국민을 위해 그냥 넘길 수 없는 중요한 문제들은 공개발언으로 한 번 더 이야기할 수밖에 없었다. 내가 비판을 감수하면서도 공개발언을 했기 때문에 그나마 브레이크 역할을 해서 김건희 여사 문제, 이종섭 대사 문제, 황상무 수석 문제, 명태균 사건 문제, 의료사태 문제 등에서 조금이나마 궤도 수정이 이뤄졌다고 생각한다.

이 문제에 대한 내 생각은 분명하다. 국민과 나라를 위한 중요한 이슈에 대해 최고 권력자가 명백히 판단을 잘못하고 충언을 받아들이지 않으면 어떻게 해야 할까. 비공개로 의견을 내보고 받아들이지 않으면, 기본은 다한 셈치고 그냥 그러려니 좋은 게 좋은 거라며 포기하고 넘어가야 하나.

좋은 게 좋은 거라는 식으로 정치하면 세상은 안 좋아지고 정치인만 좋아진다. 권력자에 불편한 말 안 하고 적당히 지내는 게 여당 정치인으로서 편한 길이라는 걸 나도 잘 안다. 그렇게 하는 걸 정치력이라고 말하는 사람도 있다. 나는 그렇게 생각하지 않는다. 정치인이 아니라 국민을 위해 편하고 좋은 결과를 어떻게든 만들어내는 것이 정치력이다.

김건희 여사 문제, 의료사태, 이종섭·황상무 이슈, 김경수 전지사 드루킹 사건 사면복권, 명태균 사건, 특별감찰관 문제 등 내가 비공개로 해도 안 되니 부득이하게 공개적으로 대통령과 다른 생각을 드러낸 사안들 중에서 내용이 잘못되었다는 비판이나 지적은 별로 들어보지 못했다. 말은 맞는데, 왜 공개적으로 언급해서 대통령과의 갈등을 보이느냐는 것이 비판의 대부분이었다.

비공개로 해도 해도 안 되니 공개적으로 한 것이고, 그냥 넘어갈 수 없을 만큼 나라와 국민에게 중요한 문제라고 생각할 경우에만 그렇게 한 것이다. 매번 대통령과 갈등할 수 없으니 중요도가 떨어지는 문제들에 대해서는 비공개로 의견을 내서 받아들여지지 않으면 그냥 넘어간 경우가 적지 않았다.

나는 권력자의 기분을 맞추는 것보다 나라와 국민을 위해 좋은 결과를 내는 것이 훨씬 중요하다고 생각한다. 100년 인생 중에 짧은 기간을 나라와 국민을 위해 중요한 위치에서 일할 기회가 주어졌으니, 대통령도 나도 거기에만 집중해야 한다고 생각했다.

나의 비공개와 공개 요구에도 불구하고 대통령은 그날까지도 계엄에 관여한 핵심 군인들을 직무배제하지 않았다. 국민들은 불안해하고 있었고, 계엄에 핵심적으로 관여한 군인들을 즉각 직무에서 배제하여 2차 계엄의 우려를 불식시켜야 하는 것은 상식적인 요구였다.

이날 발언 말미에서 나는 국민의힘의 당론 결정 과정에 대해 문제를 제기했다. 국민의힘은 국회의원만의 정당이 아니고, 당헌 당규상 최고의사결정기구는 최고위원회다. 그럼에도 국회의원만으로 구성된 의원총회에서 대부분 공개 박수나 거수로 당론을 정하고, 그렇게 당론으로 정할 수 있는 범위도 무제한인 것처럼 운용되고 있었다.

당론이 당 대표나 최고위원회와 상의 없이 의원총회에서 공개 박수나 거수로 정해지고, 그렇게 정한 당론을 의원총회에 관여하지 못한 당 대표나 최고위원회에 무조건 따르라고 하는 것은 불합리하니 개선이 필요하다는 문제 제기였다.

14 당원들에게 계엄 사태 수습 메시지를 보내다

12월 5일 오후, 국민의힘 당원들 한 명 한 명에게 당 대표로서 최선을 다해 상황을 수습하겠다는 메시지를 보냈다.

당원들이야말로 혼란스럽고 억울한 마음일 것이다. 얼마 있으면 이재명 대표의 범죄 혐의들에 대해 유죄가 확정될 것이고, 정치판에서 퇴출될 것이 정해진 미래처럼 예정된 상황이었다.

당도 대통령과의 종속적 관계에서 점차 벗어나 국민의 눈높이를 따르려 노력하고 있었다. 그런 노력을 국민들로부터 인정받아 예상을 깨고 부산 금정과 인천 강화 재보궐선거에서 압승했다. 대통령에게 민심을 따르라고 건의해 미흡했지만 대국민 사과도 있었고, 그에 따른 국정기조 전환도 기대됐다.

그렇게 지난 연말 임기 반환점을 돌면서 그동안 쌓였던 문제들이 하나씩 하나씩 해결되는 과정처럼 보였다. 그런 상황이었는데 대통령은 당과는 한마디 논의도 없이 비상계엄을 했다. 대한민국을 사랑하고, 국민의힘을 사랑하는 당원들에게는 매우 큰 충격이고 상처였을 것이다.

> 사랑하는 당원 동지 여러분, 당 대표 한동훈입니다. 어려운 상황에도 불구하고 대한민국은 발전해야 하고, 국민의 삶은 나아져야 합니다. 그러면서도 범죄 혐의를 피하기 위해서 헌정사에 유례없는 폭거를 일삼으며 정권을 잡으려는 세력을 반드시 막아야 합니다. 어려운 임무이고 난관이 많을 것입니다. 그래도 꼭 해내겠습니다.
> 존경하는 당원 동지 여러분, 제가 책임지고 앞장서서 이 사태를 수습하겠습니다. 믿고 맡겨주십시오. 민심도 살피면서 당 대표로서 당원과 지지자들의 마음도 생각하겠습니다. 우리는 여러분과 함께, 여러분을 위해서 이 어려움을 이겨낼 것입니다. 감사합니다.
>
> —당 대표 한동훈

나는 민주당의 폭거를 막겠다는 각오를 우선 분명히 하고 사태 수습에 대한 입장을 밝혔다. '민심도 살피면서 당원과 지지자들의 마음도 헤아리겠다.' 비상계엄 사태 수습에 나서면서 그렇게 결심했다. 쉽지 않으리라는 건 알았다. 막상 해보니 생각했던 것보다도 참 어려웠다. 지나고 보니 내가 부족했고, 비상계엄 수습 과정에서 국민들과 지지자들께 답답함과 아쉬움을 드린 부분이 적지 않았다. 죄송스럽게 생각한다.

비상계엄 사태를 수습하면서 국민의힘 의원들과 계엄에 대해 많은 얘기를 나눴다. 대통령과 술자리를 함께했던 의원들 상당수가 "대통령이 사적인 자리에서 '계엄' 얘기를 화풀이하듯 하곤 했다"라는 말을 했다. 하지만 구체적인 얘기는 아니었기 때문에, 다들 화가 나서 그러는가 보다 하고 생각했다는 것이다. 그게 진심일지 몰랐다면서 씁쓸해했다.

계엄 주요 관련자들에 대한 수사는 매우 속도감 있게 진행되고 있었다. 민주당이 검수완박과 공수처 도입 등으로 마구 헤집어 망쳐놓은 수사 시스템 때문에, 검찰, 경찰, 공수처가 서로 뒤섞이며 경쟁 중이었다. 계엄군 주요 지휘관들이 방송과 국회에서 공개적으로 자신이 받은 불법적인 계엄 지시에 대해 속속 털어놓고 있었다.

어깨에 여러 개의 별을 단 장군들이 계엄 관련해서 상관으로부터 받은 불법적인 지시들을 국회 증언으로, 언론 인터뷰로, 심지어 야당 의원이 하는 유튜브에 군복을 입고 출연해서 털어놓고 있었다. 국민들에게 얼마나 한심하게 보일지 걱정스러웠다.

수사 상황이 빨라질 수밖에 없었다. 계엄의 밤 몇 시간 동안을 재현해 내는 것이 핵심인데, 그날 밤 상황은 사실상 전 국민에게 생중계되었다. 수년간 진행된 은밀한 진실을 파헤쳐야 하는 수사가 아니라 전 국민이 실시간으로 본 하룻밤을 재구성하면 되는 것이니 난이도가 아주 높은 수사라고 보기 어렵다.

주요 관련자들이 모두 폭로하듯 앞 다퉈 윗선의 불법적 지시를 털어놓는 보기 드문 상황들은 내란죄의 법정형이 어마어마하게 높다는 것과 관련이 깊다. 중요 임무에 종사한 사람과, 부화뇌동한 사람의 형량 차이도 매우 크기 때문에 다른 사람을 감싸줄 처지가 못 되는 것이다.

형법 제87조(내란)

대한민국 영토의 전부 또는 일부에서 국가권력을 배제하거나 국헌을 문란하게 할 목적으로 폭동을 일으킨 자는 다음 각 호의 구분에 따라 처벌한다.

1. 우두머리는 사형, 무기징역 또는 무기금고에 처한다.

2. 모의에 참여하거나 지휘하거나 그 밖의 중요한 임무에 종사한 자는 사형, 무기 또는 5년 이상의 징역이나 금고에 처한다. 살상, 파괴 또는 약탈 행위를 실행한 자도 같다.

3. 부화수행(附和隨行)하거나 단순히 폭동에만 관여한 자는 5년 이하의 징역이나 금고에 처한다.

형법상 내란죄 형량이 이례적으로 높기 때문에, 다른 사람을 위해 대신 죄를 뒤집어써주기 어렵다. 내란죄로 유죄가 확정되면 사실상 인생이 끝나는 것과 같다. 거칠게 말해 내란죄는 스치기만 해도 치명상이다. 그렇다 보니 각자도생하듯 적극적으로 자기방어에 나설 수밖에 없는 상황이고, 이런 상황들이 앞으로 수사, 재판, 탄핵 절차에서 중요한 변수로 작동할 것 같다는 생각을 했다.

이 책을 쓰는 동안 내란죄로 법원에서 구속영장이 발부된 사람들이 열 명을 훌쩍 넘기고 있다. 평생 군인과 경찰로 살아온 사람들이 잘못된 지시를 거부하지 못해 이렇게 추락하게 된 것이 마음 아프다. 그 사람들의 가족들을 생각하면 더욱 그렇다.

15   CNN 인터뷰

계엄의 밤 이후 개별 언론과의 인터뷰는 하지 않고 있었다. 언론의 취재경쟁이 심해지는 상황이어서 특정 언론과 인터뷰할 경우 다른 언론들이 불편할 수 있고, 예민한 시점이니 무엇보다 당대표로서 가급적 준비된 발언을 꼭 필요한 경우에만 해야겠다고 생각했기 때문이다.

외국에서 대한민국의 계엄 사태를 대단히 심각하게 보고, 일제히 주요기사로 다루고 있었다. 선진국 대한민국에서 계엄령이 발동됐다는 사실 자체만으로 큰 주목을 끌었고, 세계 경제에 미치는 영향에도 관심이 높을 수밖에 없었다. 그렇다 보니 팩트를 잘못 보도하거나 대한민국 경제 상황에 대해 실제보다 과장되게 비관적인 보도를 하는 경우가 많아지고 있었다.

그런 상황에서 CNN, 블룸버그, BBC, 마이니치, 아사히 등 외국 언론들의 인터뷰 요청이 쇄도했다. 처음에는 국내 언론과 마찬가지로 인터뷰에 응하지 않으려 했다. 하루하루 계엄 사태 수습을 위한 일정이 빠듯해서 시간을 내기 어렵기도 했다.

내가 함께 근무했던 국민의힘 당 대표실 동료 당직자들은 경험 많고 사려 깊은 사람들이었다. 나는 당심과 민심 모두 63퍼센트의 압도적인 지지를 받아 당 대표가 되긴 했지만, 대표가 된 이후에도 지속적으로 대통령과 대통령 측근들로부터 공격받았다. 임기가 많이 남은 현직 대통령의 영향권에서 벗어나기 어려운 당내 다수 의원들의 지원도 받지 못했다.

그런 상황이다 보니 의원이든 당직자든 내 옆에 있는 것이 이익이 되는 것이 아니라 불이익당할 걱정을 해야 하는 형편이었다. 당직자들은 평생직장으로 당에서 일하는 생활인이기 때문에 이런 상황에서 나를 위해 전력을 다하는 것이 나중에 손해로 돌아올 수 있어 꺼림칙할 수도 있었다.

하지만 이들은 당에서 이루고자 하는 목표가 나와 같았다. 당을 개혁해서 승리하는 당으로 만들고, 국민들에게 더 사랑받는 당이 되는 게 목표였다. 이들은 헌신적이었고, 그래서 더욱 유능했다. 그들과 함께 일했던 것을 고맙고 자랑스럽게 생각한다.

동료 당직자들이 내게 외국 언론과 인터뷰를 하는 게 좋겠다는 의견을 냈다. 외신들의 계엄 보도를 분석해 보니 잘못된 정보나 비약이 많다는 것이다. 국회에 특수부대가 유리창을 깨고 진입하는 장면이 주로 보도됐고, 마치 유혈 쿠데타라도 벌어져 여행하기 위험하거나 경제사회적으로 혼돈 상태처럼 보일 수 있어 걱정된다는 것이었다.

정부 관계자들은 계엄 문제에서 자유롭기 어려우니, 비상계엄을 막기 위해 제일 먼저 앞장섰던 당 대표가 나서서 설명하는 것이 필요한 상황이라고 했다. 맞는 말이었다. 나 또한 계엄 사태를 정확히 설명해 우려를 불식시키는 게 필요하다고 느꼈다. 대한민국이 큰 걱정 없이 안정을 찾아가고 있다는 것을 외국 언론을 상대로 이야기할 필요가 있었다. 주한미군을 주둔시키고 있는 가장 중요한 우방인 미국 언론과 먼저 하기로 했다.

12월 5일 저녁 무렵, CNN과 인터뷰했다. 인터뷰 시작 전 나는 CNN 측에 "한국이 계엄을 겪었지만, 몇 시간 만에 바로잡았고 회복되었다. 그러니 한국이 다시 안정을 되찾았고, 한국에 대해 마음 놓고 투자해도 된다는 사실을 세계에 알리고 싶다. 그것이 아직 어느 언론과도 계엄 관련 단독 인터뷰를 하지 않았지만 CNN과 인터뷰하는 이유"라고 설명했다.

나는 외국 언론의 경우 아무래도 국내 사정을 정교하게 알기 어려울 터이므로 지금의 계엄 사태에 대해 수박 겉 핥기 식으로 질문과 답변이 이루어지지 않을까 지레짐작했다. 하지만 그렇지 않았다. 외신들은 계엄 사태에 대해 예상보다 훨씬 더 세세하게 관심을 갖고 있었다.

　미국인 기자는 내가 12월 3일 계엄의 밤에 국민의힘 의원들과 함께 행진하듯이 국회로 간 것, 경찰의 저지를 뚫고 들어간 것에 대해서까지 구체적으로 알고 질문했다. 그 장면이 매우 인상적이었다고 했다. 다른 나라의 사례들과 비교하면서 자신들이 가장 놀랐던 부분이 여당에서 먼저 나서서 계엄을 막은 것이라고 했다.

　CNN은 다음과 같이 보도했다.

As the leader of the ruling party, he felt the responsibility to "set things right," he said.
Han rushed to his party's office, gathered about ten lawmakers and raced to the National Assembly before the military took full control, pushing through police officers who tried to stop him and appeared at a loss of what to do with the spiraling situation.
In the end, Han and his colleagues were able to join the parliamentary vote that struck down Yoon's martial law order unanimously.
집권당 대표로서, 그는 '상황을 바로잡아야 한다'는 책임감을 느꼈다고 말했다.
한 대표는 10여 명의 국회의원들을 당사로 불러모은 다음, 군대가 국회를 완전히 장악하기 전에 국회로 갔다. 그는 요동치는 상황 속에서 그를 막으려는 경찰관들을 돌파하고 국회로 들어간 것이다. 결국, 한 대표와 그의 동료들은 윤 대통령의 계엄령을 저지하는 국회의 결의에 만장일치로 참여할 수 있었다.

CNN은 무엇보다 대통령이 2차 계엄을 또 시도할 수 있다는 우려에 대해 자세히 물었다. 대한민국 상황의 안정성이 가장 큰 관심사인 외국 입장에서는 2차 계엄 가능성을 국내 언론보다 더욱 진지하게 접근했다. 대한민국이 예측 가능한 상황인지에 대해 의문을 제기하는 듯했다. 나는 "걱정하는 점도 알고 있지만 단언컨대 2차 계엄은 막겠다"고 자신 있게 말했다.

이 인터뷰에서 나는 대한민국 민주주의의 성숙함을 강조하려 했다. 'Maturity of South Korea's democracy(한국 민주주의의 성숙함)'라는 중간제목으로 CNN에서 보도되었다.*

계엄 당일과 현재의 수습 상황에 대해 객관적으로 설명하되, 짧은 시간에 여당이 나서 헌법 절차를 통해서 유혈사태 없이 계엄을 막아냈고 그것은 대한민국 민주주의의 성숙함과 저력을 보여주는 것이란 점을 부각했다. 나는 "외국 기업과 투자자의 걱정

---

* https://edition.cnn.com/2024/12/05/asia/south-korea-ruling-party-leader-suspension-presidential-power-intl-hnk/index.html

World / Asia

South Korea's ruling party leader calls for suspension of president's powers in dramatic reversal

By Yoonjung Seo, Ivan Watson, Ava Ko, Alex Stambaugh and Nectar Gan, CNN

🕐 4 minute read

Updated 8:23 AM EST, Fri December 6, 2024

CNN에 실린 한동훈 대표 인터뷰

이 많은 것을 알고 있다"면서 "하지만 우리는 바로 문제를 해결했다"고 강조했다. 그러면서 "걱정하지 말고 한국에 투자하고 머물러달라"고 했다.

Despite the political turmoil Yoon's martial law decree had unleashed, Han said its swift reversal speaks to the strength of the country's democracy.

"South Korea has a strong tradition of resolving crises democratically and through solidarity. As you've seen, we managed to address the issue of martial law quickly, which demonstrates the maturity of South Korea's democracy," he said.

한 대표는 정치적 혼란에도 불구하고 윤 대통령의 계엄령이 신속하게 해제된 것은 이 나라 민주주의의 힘을 보여주는 것이라고 말했다.

"대한민국은 연대를 통해 위기를 해결하는 강한 전통을 가지고 있다. 보셨다시피, 우리는 계엄을 신속하게 해제했고, 이것은 대한민국의 민주주의의 성숙함을 보여주는 것이다"라고 그는 말했다.

인터뷰를 진행한 미국 기자와 인터뷰 중간중간 편하게 대화했다. 그는 처음 계엄령 소식을 듣고 "맙소사. 선진국 한국에서 martial law(계엄령)라니"라고 놀랐다고 했다. 나는 "We stopped the martial law in just a few hours. Let's focus keenly on that fact. This would not be remotely possible in most other countries.(우리는 그 계엄령을 단 몇 시간 만에 막

아냈다. 그걸 깊이 봐주시라. 그렇게 할 수 있는 나라가 과연 많을까.)"
라고 했다. 그 기자도 개인적으로 그걸 대단하게 생각한다고 했
다. 여당 대표로서 의원들과 함께 국회로 가서 계엄을 막아낸 것
을 흥미롭게 봤고, 그래서 인터뷰하고 싶었다는 말도 했다.

16   12월 5일 밤의 제보

12월 5일 늦은 밤, 신뢰할 만한 당 관계자로부터 다급하게 연락이 왔다. 홍장원 국정원 1차장이 계엄 관련해 대통령으로부터 불법적인 지시를 받은 사실을 정치권과 언론 등에 공개적으로 폭로할 것이라는 내용이었다.[*]

12월 5일 시점에서는, 언론에 의혹 보도가 나긴 했어도 계엄 당시 정치인 등 체포 계획이 있었다는 구체적인 근거들이 나오기 전이었다. 전날인 12월 4일 면담에서 대통령은 정치인 체포 시도 자체가 없었고, 대통령이 관여한 사실도 당연히 없다고 여당 대표인 나와 중진 의원들 앞에서 분명히 말한 바 있었다.

---

[*] 일각에서는 홍 차장이 12월 3일 밤 나에게 체포계획을 고지해 주었다는 허위 주장을 하지만 전혀 사실이 아니다. 나는 그와 일면식도 없고, 이후에도 연락한 사실이 없다.

그 당 관계자로부터 상세한 내용을 들어봤다. 홍 차장의 주장
은 대체로 이랬다.

12월 3일 계엄 당일 대통령으로부터 전화로 국정원이 방첩사령부
를 도우라는 지시를 받았다. 대통령으로부터 계엄 선포 전에 밤에
전화할 테니 받으라는 것이었고, 계엄 선포 직후에 실제로 전화로
지시를 받았다. 그 후 여인형 방첩사령관으로부터 우원식 국회의
장, 한동훈 국민의힘 대표, 이재명 더불어민수당 대표, 박찬대 더
불어민주당 원내 대표, 김명수 전 대법원장, 김어준 유튜버 등 체
포 대상자들의 명단을 구체적으로 전달받았고, 체포 대상자의 위
치 추적 등을 해달라고 요구받았다. 체포 후 군 수감시설에 수감
할 계획이라고 했다. 자신은 윤석열 대통령의 지시와 여인형 방첩
사령관의 요구를 이행하지 않았다. 자신에게 체포 명단을 알려주
고 위치 추적을 요청한 여인형 방첩사령관조차 대통령이 경질하
지 않는 것과 그간의 진행 상황으로 볼 때, 앞으로 2차 계엄이 있
을까 봐 걱정된다.

나중에 공개된 수사 결과에 따르면 제보와 같이 방첩사에서 우
원식, 한동훈, 이재명 등을 체포하기 위해 체포조를 구성하고, 체
포를 시도했던 사실이 방첩사 군인들 단체대화방, 체포조 관련
군경 인사들의 진술, 조지호 경찰청장의 진술 등을 통해 확인되

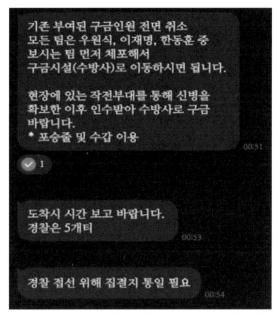

기존 부여된 구금인원 전면 취소
모든 팀은 우원식, 이재명, 한동훈 중
보시는 팀 먼저 체포해서
구금시설(수방사)로 이동하시면 됩니다.

현장에 있는 작전부대를 통해 신병을
확보한 이후 인수받아 수방사로 구금
바랍니다.
* 포승줄 및 수갑 이용
00:51

✓ 1

도착시 시간 보고 바랍니다.
경찰은 5개티
00:53

경찰 접선 위해 집결지 통일 필요
00:54

검찰이 공개한 방첩사 출동조 단체대화방,
한동훈 등 3명 최우선 체포 지시 전달

었다. 또한 선관위 관계자 등에 대한 강압적 신문을 위해 야구 방
망이 등 고문도구를 준비했다는 등 그 이상의 내용들이 속속 드
러났다.

체포한 정치인 등을 군 수감시설에 수용하려 했다는 얘기는 그
동안 전혀 알려지지 않았던 구체적 내용이었다.

이런 사실을 알게 된 이상 우리는 여기에 상응하는 대응을
해야만 했다. 이런 제보를 받고도 공당인 국민의힘이 문제 제
기하지 않고, 조치를 안 한다면 훗날 계엄을 옹호하려 했다는

비판에 직면하게 될 것이라 생각했다. 만약 이런 제보를 묵살했는데, 2차 계엄이 일어난다면 정말 역사에 죄를 짓는 것이 된다.

체포조의 존재와 대상자들의 명단에 대해 직관적으로 '이건 해도 해도 너무 이상하다'고 생각한 부분이 있었다. 여당 대표가 최우선 체포 대상 명단에 있는 것도 이상하지만, 그래도 나는 공인이다. 그런데 김명수 전 대법원장, 권순일 전 대법관 등은 현재 공직자도 정치인도 아니다. 이 부분을 이해하기가 정말 어려웠다.

보수진영의 많은 사람들이 싫어할 만한 사람들이었고, 나도 공개적으로 비판해 온 사람들이지만, 이들을 계엄을 이용해 체포하겠다는 것은 전혀 차원이 다른 문제다.

김명수 전 대법원장은 대법원장 재직 당시 사법부의 정치화 등에 대해 책임이 있다는 비판을 받지만, 변호사 등록도 안 된 퇴직 공무원일 뿐이다. 정치적 발언을 하고 있지도 않고, 뭘 하고 지내는지도 알려진 게 없다.

권순일 전 대법관은 이재명 민주당 대표의 재판거래 의혹 등으로 비판받고 수사받았던 사람이지만, 역시 현재 공직자도 아니고 정치인도 아니다.

김어준 유튜버는 법무부장관 재직 당시 내가 국회에서 '직업적 음모론자'라고 직설적으로 비판했을 정도로 논란이 많은 사람이지만 민간인이다.

만약 이 사람들이 범죄를 저질렀다면 사법 시스템을 통해 수사와 재판을 통해 처벌해야 하는 것이다. 나는 지탄받는 악인을 응징할 때에도 절차적 정당성이 지켜지느냐 아니냐가 그 사회가 문명사회인지 아닌지를 가르는 기준이라 생각한다. 그것이 자유민주주의다.

자유민주주의에서는 개인의 권리와 자유를 제한하는 권력 작용이 '법의 지배 원칙(rule of law)'에 의해 통제된다. 그것이 자유민주주의의 핵심이다. 그런데 이 계엄은 그걸 무시했다. 법의 지배 원칙이 가장 엄격히 적용되어야 할 영역이 사람의 신체적 자유를 제한하는 인신 체포 구속이다. 이 계엄은 명분을 자유민주주의를 지키기 위한 것이라고 내걸면서 자유민주주의를 정면으로 훼손한 것이다.

제보가 사실이라면 계엄의 위헌·위법성과 그 강도를 대단히 심각하게 하는 것이었다.

전직 대법원장을 포함해 평소 감정이 나빴던 사람들과 정적들을 제거하기 위해 계엄을 하고, 계엄에 국정원까지 동원하는 상황이라면, 2차 계엄 같은 과격한 행동도 얼마든지 실행할 수 있을 것이라는 우려가 커졌다.

무엇보다 대통령은 여러 차례 공개, 비공개 요구에도 불구하고 계엄의 핵심인 여인형 방첩사령관조차 경질하지 않고 있었다. 계엄 핵심 실행자들이 언제든 2차 계엄을 실행할 수 있는 직위를 유지하고 있다면, 무거운 형사처벌을 앞두고 있는 코너에 몰린 위기상황을 타개하기 위해 한 번 더 계엄을 시도할 수도 있을 것이다. 이러다가 대한민국은 정말 망하겠다 싶었다. 그렇게 되면 국민의힘도 보수정치도 망한다고 생각했다.

많이 고심했다. 원래 성격이 낙관적인 편이어서 걱정 때문에 잠을 못 자는 일은 평생 별로 없었다. 네 번을 좌천당하고도, 두 번의 압수수색까지 당했을 때도 잠은 잘 잤다. 그런데 이날은 못 잤다. 이런 내용을 알고도, 2차 계엄을 우려하면서도 필요한 조치를 하지 않으면 두고두고 후회할 일이 생길 수 있었다.

방첩사가 계엄의 핵심 역할을 수행했던 사실이 이후 관련자들의 진술과 증거들로 속속 드러났다. 계엄 다음 날, 나와 중진들에게 "체포 시도 같은 건 없었고, 체포하려 했으면 방첩사를 동원했을 텐데 방첩사를 동원하지 않았다"고 했던 대통령의 말은 사실이 아닌 걸로 드러난 상황이었다. CNN을 비롯한 국내외 언론들은 2차 계엄에 대한 국민들의 우려를 심각하게 보도하고 있었다.

2차 계엄 같은 사태를 막기 위해서는 특단의 조치가 필요하다고 생각했다. 하지만 몇몇 중진의원들이 내가 계엄 당일 밤 신속하게 계엄 반대 메시지를 낸 것조차 부적절했다고 할 정도였으니 이른바 친윤계 등 상당수 우리 당 의원들의 생각은 많이 다를 것이 분명했다. 어쩔 수 없이 당 대표로서 내가 책임감을 가지고 강하게 나설 수밖에 없는 상황이라고 봤다.

이런 내용을 놓고 주요 당직자들과 상의했다. 모두들 설마 하면서 충격을 받았다. 원래 예정에 없던 긴급최고위원회를 다음 날 아침에 소집했다.

17 **12월 6일 긴급최고위원회의**

긴급최고위원회를 시작하기 전 나는 최고위원들을 비롯한 참석자들에게 우리가 받은 제보 내용과 그에 대한 신빙성 및 심각성에 대해 설명했다. 모두들 굳은 표정으로 내 얘기를 들었다. 충격적이고 심각한 내용이라는 데 반론을 제기하는 사람은 없었다. 긴급최고위원회 당 대표 발언에서 다음과 같이 말했다.

대한민국 국민 여러분, 어젯밤 지난 계엄령 선포 당일에 윤석열 대통령이 주요 정치인들 등을 반국가세력이라는 이유로 고교 후배인 여인형 방첩사령관에게 체포하도록 지시했던 사실, 대통령이 정치인들 체포를 위해서 정보기관을 동원했던 사실을 신뢰할 만한 근거를 통해서 확인했습니다.

여인형 방첩사령관이 그렇게 체포한 정치인들을 과천의 수감장소에 수감하려 했다는 구체적인 계획이 있었던 것도 파악되었습니다. 앞으로 여러 경로로 공개될 것이라고 생각합니다.

저는 어제 준비 없는 혼란으로 인한 국민과 지지자들의 피해를 막기 위해서, 이번 탄핵에 대해서는 통과되지 않게 노력하겠다고 말씀드 렸습니다만, 새로이 드러나고 있는 사실 등을 감안할 때 대한민국과 국민을 지키기 위해서 윤석열 대통령의 조속한 직무집행 정지가 필요합니다.

윤석열 대통령은 이번 사태에 불법적으로 관여한 군 인사들에 대한 인사조치조차 하고 있지 않고, 여인형 방첩사령관조차 인사조치하고 있지 않습니다. 그리고 이번 비상계엄이 잘못이라고 인정하지도 않고 있습니다.

그렇기 때문에 윤석열 대통령이 대한민국의 대통령직을 계속 수행할 경우에는 이번 비상계엄과 같은 극단적인 행동이 재연될 우려가 크고 그로 인해서 대한민국과 대한민국의 국민들을 큰 위험에 빠트릴 우려가 크다고 생각합니다.

지금은 오직, 대한민국과 대한민국의 국민만을 생각해야 할 때라고 저는 믿습니다.

제보 내용을 설명하고, 대통령이 여인형 방첩사령관 등 계엄 핵심 관련자들에 대한 직무배제조차 하지 않고 있으니 2차 계엄 위험을 막기 위해서 조속히 대통령에 대해 직무정지를 해야 한다고 말했다. 판단의 기준이 오직 대한민국과 대한민국 국민이어야 한다고도 했다. 고통스럽지만 그래야 했다.

회의가 비공개로 전환되자 한 최고위원이 "대통령이 직무수행하면 왜 안 되나요"라고 따져 물었다. 나는 불법계엄을 실행한 대통령이 계속 군 통수권을 행사하는 것을 국민들이 용납하지 않을 것이며, 무엇보다 2차 계엄에 대한 국민들의 우려를 불식시켜야 한다고 했다.

그날 우리 당 소속 신성범 국회 정보위원장이 홍 차장을 국회로 불렀다. 국회 정보위에서는 현직 국정원 간부에게 얼마든지 증언을 요구할 수 있기 때문이다. 낮 12시가 좀 안 됐을 때 그는 국회에 도착했고, 정보위 여야 간사들 앞에서 제보 내용에 대해 진술했다. 나는 2차 계엄에 대한 국민들의 우려를 불식시키기 위해 계엄 핵심 군인들인 방첩사령관 등에 대한 직무배제를 어떻게든 이끌어내야 한다고 생각했다.

일각에서는 내가 이 제보 때문에 대통령 탄핵을 가결시킨 것이라고 주장하지만 전혀 사실이 아니다. 이 제보 이후에 있었던 1차 탄핵에서 나는 탄핵에 찬성하지 않았고 탄핵은 부결되었다. 나는 그 이후에도 상당 기간 동안 탄핵이 아니라 탄핵을 대신할 질서 있는 조기퇴진 방안을 추진했으나 대통령의 약속 번복으로 인해 이루지 못했던 것이다.

언론은 긴급최고회의에서 2차 계엄을 막기 위해 대통령이 국정에서 손을 떼야 한다고 주장한 나의 발언 등을 언급하며 7일에 탄핵이 통과될 수도 있다는 전망을 내놓기 시작했다.

얼마 뒤 대통령실에서 오늘 나와 독대하고 싶다는 연락이 왔다.

18 12월 6일 대통령 독대와 방첩사령관 등 직무배제

정오 무렵 용산 대통령실에서 대통령과 배석 없이 마주 앉았다. 처음엔 정진석 대통령 비서실장이 참석했지만, 내가 자리를 비켜달라고 요청했다. 대통령과 단둘이 마주 앉은 것은 비상대책위원장, 당 대표가 된 후 처음이었다. 그동안 여러 차례 요청했지만 결국 이런 자리에서 마주 앉게 되니 만감이 교차했다.

대통령은 내게 홍장원 국정원 1차장의 정치인과 법조인, 민간인 등 체포 관련 제보에 대해 자신의 입장을 설명했다.

정치인들을 체포하려 한 사실 자체가 없다. 홍 차장의 말은 거짓말이다. 그는 민주당과 관련 있는 사람이고 좌파와 가까운 사람이고, 그러니 믿을 수 없는 사람이다.

나중에 김용현 국방부장관 공소장 등 수사 결과에 따르면, 대통령은 직접 홍 차장에게 여인형 방첩사령관을 도우라고 지시했다고 한다.

　대통령이 체포 시도 자체를 부인하니 그에 대해서는 더 묻지 않았다. 나는 2차 계엄이 있을 것이라는 국민들의 우려가 적지 않으니, 그 우려를 불식시키려면 인사조치를 해야 한다고 말했다. 여인형 방첩사령관 등 계엄에 관여한 군인들을 즉시 직무에서 배제할 것을 요청했다. 대통령이 계엄 실무 담당 군인들을 직무에서 배제하지 않고 있으니, 대통령이 2차 계엄을 준비하고 있는 것이라는 추측이 국민들 사이에 퍼지고 있는 것이라고 직무배제의 필요성을 설명했다.

　그러나 대통령은 군 인사는 그런 식으로 하면 안 되고 순차적으로 정상적으로 해야 하는 것이라고 했다. 김용현 장관의 후임을 지명했으니 그 후임자가 청문회를 거쳐 임명되고 나면 그때 순차적으로 군 인사를 검토하게 될 것이라고 했다. 그러니 여인형 방첩사령관 등 계엄에 핵심적으로 관여한 군인들에 대해서도 지금 바로 직무배제 인사를 할 수는 없다는 것이었다.

　불법계엄의 핵심인 여인형 방첩사령관 경질조차 즉시 하지 않겠다는 말을 듣고, 나는 상황의 심각성에 대한 인식이 크게 다르다는 생각을 했다.

　나는 요청이 받아들여지지 않으면 탄핵을 대신할 질서 있는 조기퇴진 방안은 물 건너가는 것이고 결국 탄핵 외에 다른 길이 없겠다고 생각했다. 나는 독대를 마치고 나오면서 방첩사령관 등 계엄 핵심 관여 군인들에 대한 직무배제 필요성을 대통령실 관계자에게도 강력히 전달했다.

독대를 끝내고 돌아온 지 1시간 정도 지나 여인형 방첩사령관, 곽종근 특수전사령관, 이진우 수도방위사령관의 직무를 배제한다는 발표가 났다. 발표 직전에 대통령실 관계자로부터 내 요청대로 방첩사령관 등을 직무배제 하겠다는 연락이 왔다. 대통령이 입장을 바꾼 것에 나는 안도했다.

결국 2차 계엄을 막기 위한 최소한의 요구는 어렵사리 받아들여졌다. 다음 날 예정된 탄핵 가결을 피할 수 있는 최소한의 명분이 생긴 것이기도 했다. 나중에 파악한 바로는, 계엄 핵심 관여자인 방첩사령관, 특수전사령관, 수도방위사령관이 직무에서 배제된 것이 군에는 계엄 상황이 진짜 종료됐다는 중요한 시그널을 준 것이었다고 한다. 더 늦었으면 안 될 조치여서 그나마 다행스러웠다.

며칠 뒤, 이날 직무배제된 세 명의 군인들은 모두 내란죄로 구속되었다.

19   12월 6일 대통령에 대한 3대 요청사항

용산에서 대통령 독대를 마치고 국회로 돌아오니 국민의힘 의원총회가 마라톤처럼 계속되고 있었다. 다음 날 예정된 대통령 탄핵안 표결을 앞두고 당 차원에서 대통령에게 요청할 내용을 정하기로 했다.

다음 날 대통령 탄핵안 본회의 표결이 예정되어 있는 상황에서, 당에서는 대통령에게 탄핵을 대체할 만한 조기퇴진 절차에 동의할 의향이 있는지를 확인할 필요가 있었다.

추경호 원내 대표가 초안을 잡았고 내가 몇 가지 핵심내용을 추가하고 수정했다. 대통령이 임기를 포함한 거취를 당에 일임해야 하고, 계엄 관련 수사에 적극 협조해야 하며, 조기퇴진 전까지 국정운영에서 사실상 손을 떼고 국무총리에게 국정을 맡길 것이라는 내용이 반드시 들어가야 한다고 주장했다.

특히 '임기', '일임'이라는 단어가 반드시 들어가 조기퇴진 의사를 해석의 여지없이 분명히 해야 한다는 입장을 굽히지 않았다. 거기에 더해 2차 계엄을 하지 않겠다는 약속도 들어가야 한다고 주장했다.

당초 추 원내 대표가 만든 초안에는 '임기'라는 말이 없었고, 당에 '일임' 대신 당과 '협의'라는 문구로 돼 있었다. 하지만 그렇게 할 경우 구체적인 약속으로 볼 수 없는 레토릭에 그칠 수 있었다. 결국 '임기', '일임'으로 대통령에게 가져가기로 했다.

대통령이 조기퇴진에 분명히 동의하고, 조기퇴진 전까지 국정에서 손을 떼는 것까지도 동의해야 비로소 탄핵 아닌 다른 절차를 추진해 볼 수 있다고 생각했기 때문이다. 만일 대통령이 동의하지 않으면 결국 다음 날 있을 탄핵 절차를 통해 직무를 정지하는 것이 우리나라와 국민을 위해 불가피해 보였다.

저녁 무렵 추경호 원내 대표, 박정하 당 대표 비서실장, 주진우 의원 등이 대통령에게 직접 요구사항을 전달하기로 했다. '임기' 문제를 당에 '일임'한다는 것은 언제든 당이 정하는 대로 조기퇴진하겠다는 것이어서 윤 대통령이 동의할지 자신이 없었다. 만약 대통령이 동의하지 않을 경우 탄핵이 아닌 질서 있는 조기퇴진 모색은 불가능한 것이 되니, 그 문구는 타협할 수 없다는 점을 대통령을 만나러 가는 의원들에게 다짐받았다.

그런데 윤 대통령이 모든 내용에 쉽게 동의했다. 용산 대통령실에 갔던 의원들에 따르면, 애초에 대통령실 고위관계자가 A4 용지 6장 분량의 문건을 제시했지만, 결국 당에서 준비한 내용으로 대통령에게 보고되었다. 대통령이 내용을 한번 훑어보더니 곧바로 좋다고 동의를 했다고 한다. '임기', '일임' 문구에도 그대로 동의했고, 다만 '당에 일임한다'는 부분을 '우리 당에 일임한다'로만 바꾼 정도였다는 것이다.

대통령이 이렇게 자신의 조기퇴진 문제를 당에 일임하고, 조기퇴진 이전에도 국정에서도 손 떼겠다고 약속한 이상, 질서 있는 조기퇴진 추진을 위해 다음 날 탄핵 표결을 부결시킬 명분이 커졌다.

그런데 대통령을 만나고 온 박 비서실장이 의구심을 표시했다. "윤 대통령이 너무 쉽게 임기 일임, 국정배제, 수사협조 요청에 대해 금방 다 오케이했어요. 이건 다 내려놓겠다는 건데요. 설마 내일 탄핵이 가결되는 걸 막기 위해 마음에 없는 말 하시는 건 아니겠죠?"

며칠 뒤 박 실장의 우려가 맞았다는 것이 드러났다. 대통령은 국민들에게 공개적으로 발표한 조기퇴진, 국정배제, 수사협조 약속을 지키지 않았다.

20   12월 7일 대통령 담화 및 1차 탄핵안 부결

12월 7일 토요일은 오후에 대통령 탄핵안 표결이 예정되어 있었다. 그날 오전 대통령은 그 전날 당에서 요청한 내용이 포함된 단 2분 동안의 대단히 짧은 대국민 담화를 발표했다. 담화의 핵심은 임기를 당에 일임하겠다는 것, 국정운영에서 손을 떼겠다는 것, 그리고 수사에 협조하겠다는 것이었다. 2차 계엄을 하지 않겠다는 약속도 있었다. 계엄에 대해 사과하고 책임을 인정하면서 많은 것을 내려놓겠다는 대국민 약속이었다. 전날 우리 당에서 요청한 대부분을 수용하는 내용이었다.

존경하는 국민 여러분. 저는 12월 3일 밤 11시를 기해 비상계엄을 선포했습니다. 약 2시간 후 12월 4일 오전 1시경 국회의 계엄 해제 결의에 따라 군에 철수를 지시하고 심야 국무회의를 거쳐 계엄을 해제하였습니다.

이번 비상계엄 선포는 국정 최종 책임자인 대통령으로서의 절박함에서 비롯되었습니다. 하지만 그 과정에서 국민들께 불안과 불편을 끼쳐드렸습니다. 매우 송구스럽게 생각하며 많이 놀라셨을 국민 여러분께 진심으로 사과드립니다.

저는 이번 계엄 선포와 관련하여 법적 정치적 책임 문제를 회피하지 않겠습니다.

국민 여러분 또다시 계엄이 발동될 것이라는 이야기들이 있습니다만 분명하게 말씀드립니다. 제2의 계엄과 같은 일은 결코 없을 것입니다.

국민 여러분 저의 임기를 포함하여 앞으로의 정국 안정 방안은 우리 당에 일임하겠습니다. 향후 국정운영은 우리 당과 정부가 함께 책임지고 해나가겠습니다.

국민 여러분께 심려를 끼쳐드린 점 다시 한번 머리 숙여 사과드립니다.

나는 공개적으로 한 대통령의 약속이 지켜지길 진심으로 바랐다. 그리고 윤 대통령에게 고맙게 생각했다. 하지만 결과적으로 그 약속들이 지켜지지 않았다. 나중에 이 담화는 이날 오후 표결이 예정된 탄핵안 가결을 막기 위한 목적이었던 것 같다는 분석들이 나왔다.

1차 탄핵안 표결에 참여하지 않고 본회의장을 나가는 국민의힘 의원들
(사진 출처: 연합뉴스)

　대통령이 저렇게 당의 요청사항을 받아들이고 다 내려놓겠다는 담화를 한 이상, 국민의힘 의원 대부분이 탄핵에 반대할 것으로 예상됐다. 그러니 굳이 탄핵안 표결에 집단으로 불참하지 않고 참여했더라도 1차 탄핵안은 부결됐을 것이라 생각한다. 특히 민주당의 탄핵안에 앞서 말한 것과 같은 북중러에 대한 외교정책 관련한 사유 등 어처구니없는 내용들이 포함돼 있었기 때문에 부결 가능성은 더욱 높았다. 나도 그런 이유에서 부결에 힘을 실었다.

　그렇지만 원내 지도부는 더 확실한 부결을 위해서 국민의힘 의원들 전원이 표결 자체에 아예 참여하지 않는 것을 의원총회에서 당론으로 정했다. 결국 야당 의원들만 참석한 가운데 1차 탄핵안은 부결됐다. 그에 대한 거센 비판이 일기 시작했다. 부결도 부결이지만, 국민의힘 의원들이 집단으로 표결에 불참한 모양새 자체가 국민들 보시기에 굉장히 안 좋았던 것이다.

탄핵 부결과 집단적 표결 불참에 대한 여론이 갈수록 악화됐다. 특히 우리 당 수도권 정치인들에 대한 비판이 거셌고, 서울에 지역구를 둔 김재섭 의원 등이 사무실과 자택 등에서 항의 시위로 어려움을 겪었다. 그 와중에 윤상현 의원이 김재섭 의원에게 '1년 지나면 유권자들이 다 잊고 다 찍어준다'는 식으로 조언했다는 것이 알려져 여론이 더 나빠졌다.

나는 이날 국무총리 공관에서 국무총리와 만나 대통령이 담화에서 한 약속들을 실행하는 방법을 논의했다. 대통령이 국정에서

국무총리 공관에서 한덕수 총리와 만나 대통령의
질서 있는 조기퇴진 방안을 논의하는 모습

2선 후퇴하고 손을 떼기로 약속한 상황에서, 국무총리가 중심이 되어 국정을 차질 없이 챙기고, 여당이 당정협의 방식으로 충실히 지원하기로 했다. 당시 나는 대통령이 국정에서 2선 후퇴하고 손을 뗀다는 약속을 지키도록 하려면 최대한 빨리 국무총리 중심의 국정운영을 기정사실화하는 것이 필요하다고 생각했다.

1차 탄핵안이 부결된 후 나는 탄핵보다 더 나은 질서 있는 조기퇴진 방안을 구체적으로 검토하도록 당 대표실 동료들에게 요청했다. 다음 탄핵 표결까지 1주일이 남았으니, 그동안 국민들이 공감할 만한 합리적인 조기퇴진 방안을 만들어야 했다. 대통령의 대국민 약속으로 그 가능성은 살아났다.

21

질서 있는 조기퇴진 방안을 만들다

앞서 말한 것처럼 나는 불법비상계엄을 한 이상 대통령은 퇴진해야 하고, 퇴진 전까지 직무집행은 정지되어야 한다고 생각했다. 그것은 우파니 좌파니 하는 진영과 상관없는 국익과 공공선의 문제라 확신했다. 제대로 된 전례를 만들지 않으면 앞으로 누가 대통령이 되든, 계엄령을 함부로 활용하고 싶은 유혹을 받게 될 것이다.

직무집행 정지의 방법은 탄핵 절차와 조기 자진사퇴뿐인데, 두 가지 방안 모두 장점과 단점이 있었다.

탄핵 절차는 즉각 법적으로 논란의 여지없이 대통령의 직무를 정지시킬 수 있다는 장점이 있다. 대신 탄핵 절차 과정에서 국민들 사이의 반목과 갈등이 심해지고, 헌법재판소에서 언제 결정을 내릴지 그리고 어떤 결정을 내릴지에 대한 불확실성이 커서 정국과 사회 불안정이 오래 지속될 수 있다는 것이 단점이다.

반면 조기퇴진은 대통령이 언제 퇴진하는지와 그 후 정치일정에 대해 예측 가능성이 크고, 탄핵 절차보다 국민들 사이의 반목과 갈등을 줄일 수 있다는 장점이 있다. 대신 직무배제와 조기퇴진 약속을 대통령에게 법적으로 강제할 방법이 없다는 단점이 있다. 대통령이 나중에 약속을 어기면 어쩔 것이냐는 우려가 남는 것이다.

당시 시점에서 나는 탄핵 절차보다 더 빠른 시간 내에 조기퇴진 일정을 정하고 즉시 대통령이 스스로 직무에서 배제된다면 그것이 탄핵보다 이 나라와 국민들에게 더 나은 방안일 수 있다고 생각했다.

2017년 박근혜 전 대통령은 탄핵 절차를 개인 차원에서 대응했다. 당을 직접 끌어들이지도 않았고, 진영 간 내전사태를 조장하지도 않았다. 그런데 내가 최근 1년 동안 보아온 대통령은 탄핵 절차로 가면 당을 끌어들일 것이고, 강성 지지층을 결집시키는 방식으로 자기방어를 할 가능성이 컸다.

반면 조기사퇴를 할 경우, 윤 대통령 본인이 동의한 것이니 대통령 지지자들의 동요도 적어 국민들 간의 반목도 최소화될 것이고, 수사 절차 외에 별도의 사법 절차가 없기 때문에 절차 변수도 사라지게 되는 것이다.

그래서 당시 나는 탄핵 절차보다 불확실성과 그에 따른 갈등 가능성이 훨씬 적은 질서 있는 조기퇴진 방안이 나라와 국민을 위해 더 나은 길이라고 봤다. 문제는 질서 있는 조기퇴진 방안은 대통령의 약속이행을 전제로 한다는 점이었다.[*]

1차 탄핵은 부결됐고 대통령은 2선 후퇴와 조기퇴진을 약속했으니 대통령의 말대로 조기퇴진 전까지 사실상 국정수행에서 손을 떼는 것을 빨리 기정사실화해야 한다고 참모들이 제안했다. 탄핵이 부결돼 급한 불을 껐다고 생각해 말을 바꿀 수 있으니, 대통령이 다른 말을 하지 못하도록 해야 한다는 것이었다.

대통령을 대신해 국정수행을 담당해야 할 한덕수 국무총리와 함께 기자들 앞에서 대통령의 2선 후퇴 약속을 확실히 기정사실화해야 국민들도 안심하고, 대통령도 담화에서 한 세 가지 약속들을 어길 수 없게 된다는 논리였다. 대통령이 임기 문제를 당에 일임하기로 했으니 당이 역할을 하지 않을 수는 없었다. 나도 공감했다.

국민들에게 국정은 차질 없이 돌아가는구나 하는 안정감을 신속히 드릴 필요성도 컸다. 대통령의 직무배제를 신속히 기정사실화해서 대통령이 군 통수권을 이용해 또 다른 계엄을 하거나 고의로 북한과의 갈등을 유발할지도 모른다는 국민들의 불안을 해소해야 했다.

---

[*] 나중에 말하겠지만 대통령이 조기퇴진 약속을 지키지 않겠다고 했고, 조기퇴진 방안은 결국 무산됐다.

그런 이유에서 1차 탄핵 부결 바로 다음 날인 12월 8일 일요일 오전 11시에 서둘러 국무총리와 당 대표의 공동 간담회를 했다. 평상시에도 당정협의는 늘 있어왔으니, 대통령 2선 후퇴로 국정을 책임지게 된 국무총리의 국정수행을 당에서 철저히 지원한다는 정도의 상징적인 의미였다. 그러니 공동담화 이후의 액션 플랜도 통상적인 당정협의를 더 강화하는 것 말고는 없었다.

'탄핵은 부결되었지만 대통령이 사실상 국정수행에서 배제되었다. 총리가 국정을 책임지고 수행한다. 그러니 2차 계엄 같은 극단적 행동을 걱정하지 않으셔도 되고, 국정은 안정적으로 관리될 것이다.'

한편으로 국민을 안심시키는 메시지를 드리려는 의도였고, 다른 한편으로 약속한 대로 총리에게 국정을 맡기고 손을 떼도록 대통령을 압박하려는 의도이기도 했다.

특히 국정에 손을 떼겠다는 대국민 약속에도 불구하고, 대통령이 국무회의를 소집할 계획이라는 것이 알려지는 등 대국민 약속과 달리 2선 후퇴하지 않고 대통령 직무를 계속 수행하려 하는 움직임이 있었다. 그렇게 되면 탄핵을 대신할 질서 있는 조기퇴진 방안은 물 건너가 버리는 것이 된다. 그래서 국무회의가 실제로 소집되기 전에 국무총리와의 공동담화를 더 서두른 면도 있었다.

전날 국무총리 공관에서 회동을 했기 때문에 이날은 장소를 국회로 잡았는데, 국회에서 계엄을 막지 못한 국무총리를 국회에 출입하지 못하도록 할 것이라는 얘기가 있어 당직자들의 의견에 따라 장소를 당사로 바꿨다. 실제로 대통령이 계엄 다음 날 의원총회에 참석하려고 국회로 온다는 말이 돌았을 때, 국회의장이 국회 출입을 금한다는 입장을 내기도 했다.

이런 경위로 이날 총리와의 공동담화가 이뤄진 것인데, 이것이 민주당과 당내 이른바 친윤 그룹으로부터 집중포화를 받게 될 것이라고는 미처 생각하지 못했다.

발언 순서가 총리보다 당 대표가 먼저여서 문제였다느니, 장소가 당사여서 문제였다느니, 내가 이 상황을 이용해 권력을 잡으려 한다느니 하는 비난까지 나왔다. 당정협의에서는 언제나 당 측이 정부 측보다 먼저 발언해 왔으니 그렇게 했던 것이었고, 내가 권력을 잡으려 한다는 얘기는 얼토당토않은 소리였다. 장소를 당사로 바꾼 사정은 이미 말한 대로다.

민주당 등 야당과 친윤 그룹에서는 내가 '대통령 놀이'를 하고 있다, '건방지다, 네가 대통령이냐'는 식의 프레임으로 집요하게 공격했다. 양측이 똑같은 주장을 하는 건 참 드문 경우였지만 적어도 나를 공격한다는 측면에서 서로의 이해관계가 맞아떨어진 것 같았다.

민주당은 한 발 더 나아가 대통령이 국정에서 손을 떼고, 총리가 국정을 책임지고 수행하는 것이 불법이라고 공격하기도 했다. '제2의 내란'이라는 표현까지 썼다.

그런데 지난 2016년 박근혜 대통령 시기에 민주당은 대통령이 국정에서 손 떼고, 통수권을 비롯한 모든 국정을 총리가 수행하라고 강력하게 공개 요구했다. 당시 민주당이 지금 우리가 하려는 것과 완전히 똑같은 요구를 했다는 사실이 보도된 뒤 야당의 공격은 흐지부지되었다.

계엄 사태에서 나는 자주 눈에 띌수록 정치인으로서 손해이니 해결 과정에서 비켜 있으라는 조언을 참 많이 받았다. 하지만 나에게는 여당 대표로서 어떻게든 상황을 수습해야 한다는 절박함이 있었고, 그래서 개인적인 손익 따위는 아랑곳하지 않고 열심히 뛰었다. 계엄의 밤부터 당 대표에서 쫓겨나는 날까지 그 마음은 한결같았다.

그렇지만 급할수록 더 신중하게, 그리고 어떻게 비칠지 더욱 생각했어야 했다. 공적 영역에서는 what it is(본질) 못지않게 what it looks like(보이는 것)도 중요하다는 말을 내 스스로 자주 해왔다.

하지만 서두르다 보니 이때 내가 그러지 못했고 부족했다. 처음에는 억지로 트집 잡는 '억까'라고 생각했는데, 조금 시간이 지나니 그렇게 보일 수도 있겠다 싶어 '아차' 하는 생각이 들었다. 취지는 좋았어도 결과가 나빴다.

우리 당에서는 탄핵보다 질서 있는 조기퇴진 방안을 선호했고, 야당에서도 계엄을 막는 데 앞장선 나의 선의를 어느 정도 알아줄 것이라고 기대했던 점이 있었다. 그런데 각각의 정치 주체들 입장에선 나의 제안이 성사될 경우 내 개인의 공으로 비치게 되어 반감을 불러일으킬 수 있다는 데까지는 생각이 미치지 못했다.

정치는 참 역동적이어서 이 일로 인해 계엄 사태를 수습하던 나의 입지는 약해졌다. 비싼 교훈을 얻었다.

우리는 총리와 공동담화 후 여야정이 협의하는 시스템을 제안하려 했다. 대통령 직무정지를 기정사실화했으니 정해진 조기퇴진 시한 등을 두고 야당의 동의를 구하는 것은 필요한 수순이었다. 그러나 대통령이 조기퇴진 약속을 뒤집어 질서 있는 조기퇴진 방안이 무산되면서 그 단계까지 가지 못했다. 내가 사퇴한 후, 이때 추진하려던 여·야·정 협의체가 결성됐는데, 그걸 보면 내가 하려던 방향 자체에 대해서는 친윤계와 야당도 공감했겠구나 하는 생각이 든다.

나는 의원총회에서 탄핵이 아니면 질서 있는 조기퇴진 방안이 필요하다고 역설했다. 앞으로 김용현 장관이 구속되면 범죄 혐의가 공개될 것인데(이 시점은 김 장관이 구속되기 전이었다), 그러면 그 최종 책임자인 대통령의 직무수행은 현실적으로 불가능하다고 설명하면서 대통령의 조기퇴진에 대해 국민의힘 다수 의원들의 공감을 이끌어내기 위해 노력했다. 다만, 질서 있는 조기퇴진 방안은 대통령의 약속이행을 전제로 한다는 한계가 있다는 점도 설명했다.

많은 우리 당 의원들도 대통령이 임기를 정상적으로 마치는 것은 현실적으로 불가능하다는 점에 대해 공감했다. 다만 국민의힘 의원 다수는 대통령의 사퇴 시기를 2026년 지방선거 때나 1년 뒤인 2025년 연말로 하자는 등 오랜 기간이 경과한 뒤로 미루는 방안을 선호했다. 여기에 임기단축 개헌까지 하고 물러나게 하자는 의견도 있었다.

주된 이유는 민주당 이재명 대표의 재판 일정을 감안해야 한다는 것이었다. 이 대표 유죄 판결 확정 후여야 한다는 것이다. 특히 우리 지지층에서도 이런 바람이 컸다. 당 대표로서 당원들이 바라는 대로 가능하기만 하다면 그렇게 하고 싶었다. 그렇지만 44년 만의 불법계엄에 분노하고 있는 민심이 그렇게 오랜 기간 대통령직 유지를 허용할 것이라고 생각할 수 없었다.

최대한 시간을 끌어야 한다는 의견들이 나올 때마다 나는 "시간을 더 벌 수 있으면 당연히 좋다. 하지만 민심이 그걸 받아들일 수 있는지, 어떻게 실현할 것인지도 같이 말해 달라"고 요청했다. 대통령이 권위를 상실했지만 법적인 권력을 유지하는 불안정한 상황이 장기간 지속될 경우 주식과 외환시장, 미국을 비롯한 우방국과의 관계를 어떻게 관리할 것이냐는 내 질문에 대한 답은 없었다.

"어쨌든 이재명은 막아야 하는 것 아니냐"는 얘기가 반복되었다. 나는 "같은 생각이고, 바로 그렇기 때문에 더 적극적으로 불법계엄 사태를 바로잡아야 한다. 이 불법계엄 사태를 해결하지 않고 무작정 버티기만 하면 이재명을 막을 수 없다. 계엄의 바다를 건너야 이재명을 막을 수 있다"고 호소했다.

나는 여의도 당사에서 언론과 만나 조기퇴진 방안에 대해 다음과 같이 밝혔다.

"시기를 정한 대통령의 조기퇴진과 그 이전 직무배제는 분명한 예측 가능성을 국민들에게 구체적으로 드릴 수 있는 것이라 생각합니다. 탄핵은 조기퇴진 방안과 비교했을 때 실제로 가결될지, 가결되더라도 헌법재판소 결정이 나올 때까지 불확실성이 상당히 오랜 기간 진행될 것이고, 극심한 진영 간 대결과 혼란이 예상되는 점이 있습니다. 그렇기 때문에 질서 있는 조기퇴진 방안이 더 나은 방안이라고 생각합니다."

12월 9일 질서 있는 조기퇴진의 구체적 방안을 마련하고 의원들의 동의를 구하기 위해 국민의힘 '정국안정화 TF'를 만들었다. 3선의 이양수 의원에게 위원장을 맡아줄 것을 부탁했다. 이양수 의원은 평소 나와 같은 정치적 입장을 낸 적이 적은 편이었다. 그런데 이양수 의원은 계엄 사태에 관한 대화에서 긴 시간 이후의 조기퇴진은 우리의 희망사항일 뿐, 현 상황에서 가능하지 않다는 현실적이고 정확한 의견을 내게 들려줬다. 이양수 의원이라면 현실적이고 실용적인 방안을 만들어줄 것이라 생각했다.

TF를 구성한 또 다른 이유는 내가 직접 의원들을 설득하는 것보다, 객관적인 TF의 연구를 통해 나온 방안으로 TF가 주체가 돼 설득하는 것이 더욱 효과적일 것이라고 생각해서였다. 정희용 의원, 서지영 의원, 김소희 의원, 안상훈 의원, 박수민 의원 등이 TF에 참여했다. 누가 보더라도 계파에 치우치지 않은 구성이었다.

결정해야 할 핵심내용은 간명했다. '언제' 윤 대통령이 조기퇴진할 것인지의 문제였다. 대통령은 이틀 전 대국민 담화를 통해 임기 등 문제를 당에 일임했다. 나는 이양수 의원에게 "다수 국민이 원하는 탄핵보다 우리가 제시한 질서 있는 조기퇴진 방안이 국민들 눈에 더 합리적으로 보여야 합니다", "그러려면, 탄핵으로 갔을 때 소요되는 기간과 비슷하거나 더 짧아야 하지 않을까요? 그렇지 않으면 국민들이 거들떠보지도 않을 겁니다"라는 의견을

2월 또는 3월 조기퇴진 방안을 설명하는 이양수 정국안정화 TF 위원장
(사진 출처: 연합뉴스)

제시했다. 이 의원은 "대표님 의견 참고해서 잘 논의해 볼게요"라고 답했다.

12월 10일 아침, 이 의원이 나에게 '정국안정화 TF'에서 만든 질서 있는 조기퇴진안을 제시했다. 1안은 '2월 대통령 퇴진 4월 대통령 선거', 2안은 '3월 대통령 퇴진 5월 대통령 선거'였다. 임기단축 개헌을 통한 조기퇴진에 대해서는, 현 상황에서 현실적인 방안이 되기 어렵다는 의견도 같이 냈다.

그 방안을 의원총회에서 이양수 의원이 직접 연단에 서서 의원들에게 발표했다. 발표를 들은 여러 의원들이 발언대에 나와서 그러면 이재명 재판이 확정되기 전에 대통령 선거를 하게 되니 더 뒤로 미뤄야 한다는 주장을 했다. 1년 이상 뒤로 미뤄야 한다는 의견들이 많았다.

나는 회의장에서 옆에 앉아 있던 박정하 실장과 서범수 사무총장에게 "여기 뒤로 미루고 싶지 않은 사람 아무도 없다"고, "더 뒤로 미루고 싶다"는 희망사항이 아니라 "어떻게 뒤로 미룰 것인지를 말해야 하는 것 아니냐"고 했다.

열 번이고 백 번이고 탄핵을 부결시키면, 결국 주도권이 여당으로 넘어오게 되리라는 것이 의원총회에서 나온 방법론이라면 방법론이었다. 그런데 그게 현실세계에서 어떻게 가능하겠는가. 이건 대통령 측근이 비위를 저지른 지난 2016년 상황이 아니라, 대통령이 군을 동원해서 불법계엄을 한 상황이었다.

2월 퇴진, 3월 퇴진 방안에 대해 야당은 즉각적 반응을 내놓진 않았다. 탄핵 절차가 가진 불확실성을 생각하면 야당 입장에서도 충분히 검토해 볼 만한 방안이었고, 일부 야당 의원은 예상했던 것보다 훨씬 파격적인 방안이라고 언론에 말하기도 했다.

일부 야당 의원들은 개인 의견이라면서도 이 정도면 해볼 만하다, 오히려 불확실성이 큰 탄핵 절차보다 낫다는 말을 하기도 했다. 그렇지만 민주당은 모든 이슈에서 주도권 다툼 차원으로 상대의 제안을 다뤄왔다. 결국 이 방안에 대해서도 민주당은 부정적인 반응을 보였다.

이 책을 쓰는 시점에는 작금의 혼란 상황보다 그때 우리가 낸 질서 있는 조기퇴진안이 더 나았겠다고 공개적으로 밝히는 사람들도 많은 것 같다. 만약 이때 여야가 정치공학적 계산을 하지 말고 힘을 모았다면 대통령도 따를 수밖에 없지 않았을까 하는 생각도 든다.

22

미국 측과의 대화

그 무렵, 나는 미국 측과 면담했다. 누구를 만났는지는 구체적으로 밝히지 않으려 한다. 이 관계자는 나에게 계엄 당일 여당 대표로서 계엄을 막기 위해 한 행동에 대해 "인상 깊었다(impressive)"고 했다. 그러면서 우리 당이 추진 중인 질서 있는 조기퇴진안이 실행되는 도중, 북한의 도발사태 등 유사시 미국은 대한민국의 누구와 소통해야 하느냐고 물었다.

조기퇴진 방안 실행 중 북한의 도발이 있을 경우 군 통수권자(Commander-in-Chief)가 윤석열 대통령이냐, 한덕수 국무총리냐는 것이다. 내정간섭을 하려는 게 아니라, 자국민 수만 명을 주한미군으로 대한민국에 보낸 미국 입장에선 중요한 문제라고 했다.

조기퇴진 방안에 따르면 대통령이 군 통수권 같은 권한행사를 한덕수 국무총리의 뜻에 따라 해주는 것이니, 순전히 법적으로 보면 군 통수권은 대통령에게 남아 있는 것 아니냐는 것이다. 쉽게 말해 대통령이 약속을 안 지키고 본인이 직접 군 통수권을 행사해 버리면 그만 아니냐는 얘기였다. 대통령이 약속을 지킨다는 것을 어떻게 보장할 수 있느냐는 뜻이다.

맞는 말이었다. 앞서 말했듯 그것이 질서 있는 조기퇴진 방안의 분명한 맹점이고 한계였다. 앞으로 질서 있는 조기퇴진 방안이 성공하려면 우방국들에 대한 충분한 설명도 필요하겠다고 생각했다. 당내 외교 전문가 등과 이 문제에 대해 논의했다.

미국 측 관계자는 계엄 선포 이전은 물론이거니와, 계엄 당일조차도 정부가 제대로 된 설명을 해주지 않은 점에 대해 큰 문제의식을 가지고 있었다. 이에 더해 오물풍선 원점 타격을 준비했다거나 무인기를 북에 보냈다는 등의 언론보도에 대해서도, 만약 사실이라면 동맹국인 미국과 협의하지 않은 점에 대해 부정적인 것 같았다.

만약 계엄 사태가 조속히 종료되지 않았다면 미국과의 관계를 비롯해서 외교 안보에서 큰 문제가 발생했을 것 같았다. 그날 밤 계엄 사태가 일찍 종료되어 그나마 다행이라는 생각이 또 한 번 들었다.

나는 미국 측 관계자에게 대한민국 상황은 안정적으로 관리될 것이라는 점을 적극적으로 설명했다. 그리고 단 몇 시간 만에 유혈사태 없이 헌법적인 방법으로, 그것도 여당이 앞장서서 계엄을 해제해 상황을 종료시킨 것은 대한민국의 민주주의가 건강하다는 것을 보여주는 것이라고 설명했다. 미국 측 관계자는 그 점에 대해서는 공감했다.

23 대통령의 조기퇴진 방안 거부

'정국안정화 TF'에서 만든 2월 또는 3월 퇴진안은 탄핵 절차와 비슷한 속도이거나 약간 빠르니, 이성적으로 판단하면 갈등 유발 소지가 크고 여러 변수가 있는 탄핵보다 더 나은 방안일 수 있었다.

그러나 불법계엄을 한 대통령을 탄핵으로 속 시원하게 강제로 그만두게 하고 싶어 하는 상당수 국민들이 감성적으로 수용할 수 있을지가 미지수였다. 한마디로 질서 있는 조기퇴진 방안은 실속은 있지만 인기는 없는 방안이었다.

그런 와중에 12월 10일 저녁 대통령실 관계자로부터 아무래도 대통령이 자진사퇴할 의사가 없어 보인다는 말을 들었다. 사퇴하지 않고 탄핵 절차를 통해 끝까지 다퉈보겠다는 것이었다. 이건 대통령이 12월 7일 전 국민을 상대로 공개적으로 한 약속을 뒤집겠다는 의미였다. 총리와의 공동담화 등을 통해 대통령의 약속이행을 압박하려 했을 정도로 걱정했던 것이 현실화된 것이다. 이렇게 되면 질서 있는 조기퇴진 방안은 물 건너가는 것이다.

직간접적으로 대통령실 관계자에게 대통령의 진의를 물었다. 그 관계자가 전한 대통령의 진의는 '마지막 기회를 갖고 싶다, 자진사퇴할 생각 없다, 결국 탄핵으로 가겠지만 당이 도저히 막을 수 없을 때까지 몇 번이고 탄핵을 계속 부결시켜 달라'는 것이었다.

그럴 수는 없었다. 그러는 동안 보수정치가 죽고, 국민의힘이 죽는다. 무엇보다 대한민국이 망가질 것이다. 대국민 약속 이후 대통령이 입장을 바꿀 만한 사정 변경은 없었다. 대통령은 처음부터 조기퇴진할 생각이 없었거나, 아니면 며칠 만에 생각을 바꾼 것이다.

우리는 대통령 측에, 어차피 탄핵 절차로 가기로 마음을 정한 것이라면, 대통령이 선제적으로 우리 당에게 탄핵 절차에서 법적으로 당당하게 다툴 테니 탄핵 절차로 가달라고 요청하는 것이 어떻겠느냐는 뜻을 전달했다. 그러면 우리 당과 보수진영의 내부 갈등 소지를 줄일 수 있다고 봤기 때문이다. 그러나 답을 듣지 못했다.

대통령이 약속했던 것과 달리 조기퇴진할 의사가 없는 것이 확인된 이상, 2월 퇴진이든 3월 퇴진이든 질서 있는 조기퇴진 방안은 의미가 없어졌다. 주변 의원들에게 대통령의 입장 변화 상황을 설명하니 굉장히 허탈해했다. 결국 지난 토요일 오전의 대국민 약속은 그날 오후 탄핵안이 가결되지 않게 하기 위해 당과 국민을 속인 것 아니냐고들 했다. 대통령의 조기사퇴 약속 번복으로 그 약속을 전제로 활동한 정국안정화 TF도 흐지부지되었다.

논의 끝에 나는 대통령의 조기사퇴 거부 의사로 인해 질서 있는 조기퇴진 방안이 무산됐고, 결국 직무정지를 위해 탄핵 표결로 갈 수밖에 없다는 입장을 발표하기로 했다.

얼마 뒤 나는 대통령이 공석이 된 국방부장관에 국민의힘 한기호 의원을 지명하려 하고, 절차가 상당 부분 진행되고 있다는 사실을 알게 되었다. 김용현 장관 후임으로 지명된 최병혁 주사우디 대사가 김 장관 측근이라는 공격 등을 받았다. 결국 최 대사가 국방부장관직을 고사하자 대통령이 또다시 새로운 국방부장관을 지명하려 한다는 것이었다.

2선으로 물러나겠다고 스스로 약속해 직무배제돼야 할 대통령이 다른 자리도 아니고 국방부장관을 임명하려 하는 것은 군 통수권을 다시 행사하는 것이기 때문에 대단히 부적절하고 위험하기까지 했다.

한기호 의원은 3성 장군 출신이고, 실력 있고 합리적인 분이니 능력으로만 보자면 국방부장관 역할을 잘해 낼 수 있는 사람이었다. 그렇지만 군을 동원해 불법계엄을 한 대통령이, 다시 국방부장관을 임명하려 하는 것은 아무리 생각해 봐도 부적절했다.

대통령이 직무수행을 하지 않겠다고 한 약속과도 다른 얘기였다. 게다가 이런 상황에서 우리 당 소속 의원이 대통령의 지명으로 국방부장관으로 간다면 우리 당의 계엄에 대한 입장은 국민들에게 오해받을 수밖에 없었다.

나는 한기호 의원에게 직접 전화를 걸어 지금 상황에서 국방부장관 지명을 수락하면 안 된다고 간곡히 의견을 전했다. 한기호 의원은 결국 국방부장관직을 수락하지 않았다.

    대통령이 약속과 달리 조기퇴진하지 않겠다는 입장이 확고함을 확인한 12월 10일 저녁부터 12월 11일까지 나는 당 대표실 등에서 계파와 관계없이 많은 의원들을 만나고 통화했다. 상임고문 등 당의 원로분들과도 이야기를 나눴다.

    약속을 어긴 대통령이 계엄을 또다시 실시하는 등의 상황을 막기 위해 2차 탄핵 표결이 예정된 토요일까지 기다릴 게 아니라 하루라도 빨리 탄핵으로 직무정지가 필요하다는 의견도 있었다. 직무정지 필요성은 크지만 탄핵에 대한 지지층의 반감이 강하니 당 대표가 직접 나서지 말고 조용히 가결만 시키자는 제안도 나왔다. 또 대통령이 머지않아 체포·구속되어 자연스럽게 사실상 직무가 정지될 테니 탄핵으로 당이 정치적 부담을 질 필요 없다는 전망도 있었다. 욕먹더라도 버틸 때까지 버티면서 우리 강성 지지층을 지키는 게 낫다는 이야기도 했다.

나는 하루 종일 의견들을 듣고 또 들었다. 당초 12월 11일에 입장을 내려 했으나, 여러 의견을 충분히 더 듣기 위해 미루기로 했다.

12월 12일 오전 9시 최고위원회를 하던 중 그동안 출근하지 않았던 대통령이 관저에서 대통령실로 출근을 한다는 소식이 전해졌다. 예상은 하고 있었다. 아침 조간신문 톱으로 대통령의 조기 퇴진 의사가 없다는 입장이 보도됐기 때문이다.

이날 오전 오세훈 서울시장, 김태흠 충남지사, 김영환 충북지사, 유정복 인천시장 등 당초 대통령의 2선 후퇴안을 요구했던 광역단체장들이 입장을 바꿔 탄핵이 필요하다는 강경한 입장을 밝혔다. 오 시장 등의 탄핵 찬성 메시지는 오히려 나의 탄핵 찬성 메시지보다도 빨랐다.

최고위원회를 마치고 당 대표실로 돌아와 입장 발표를 준비했다. 대통령이 대국민 약속을 깨겠다는 의사가 분명한 이상, 탄핵 대신 질서 있는 조기퇴진을 추진해 왔던 당 대표로서 국민께 그동안의 경과와 상황 변화, 그리고 앞으로의 계획에 대해 설명해야 할 필요가 있었다. 오전 9시 반, 나는 다음과 같은 입장을 발표했다.

> 저는 집권 여당 대표로서 존경하는 국민 여러분께 깊이 사죄드립니다. 우리 당은 위헌·위법한 비상계엄을 사전에 미리 막지 못했습니

여당 대표로서 국민들에게 사과 발표를 하는 모습(사진 출처: 연합뉴스)

다. 비상계엄 후, 국정 혼란을 최소화하는 길을 찾으려 노력했지만,
그 과정에서 국민들께 답답함을 드렸습니다. 죄송합니다.

국방장관이 내란죄로 구속됐습니다. 대한민국 사법부에 의해 발부
된 구속영장에 대한민국 대통령이 주도적 공범으로 적시됐습니다.[*]
그제 국회에 나온 군 장성들은 대통령이 직접 국회의 계엄 해제 요
구 결의를 물리적으로 저지하라고 지시했다, 여러 불법지시를 받았
다고 증언했습니다. 사안의 심각성이 시간이 갈수록 더 확인되고 있
습니다.

---

* 김용현 국방부장관은 이틀 전인 12월 10일 내란혐의 등으로 구속되었다.

최근 대통령이 우리 당의 요구와 본인의 일임에 따라 논의 중인 조기퇴진에 응할 생각이 없다는 것을 확인했습니다. 임기 등 문제를 당에 일임하겠다는 대국민 약속을 어긴 것입니다.

우리 당은, 계엄 직후 비상계엄에 대해 반대하고 국민과 함께 목숨 걸고 막겠다는 입장을 밝혔습니다. 군경의 국회 진입이 시작되자 군경에게 지시에 따르지 말라고 호소했습니다. 국회 계엄 해제 요구에도 앞장섰습니다. 그리고 계엄 선포 당시부터 지금까지 일관되게, 대통령을 포함하여 위헌·위법한 계엄에 관여한 사람들을 강력하게 처벌해야 한다는 확고한 입장입니다.

우리 당은 집권 여당으로서 이번 사태로 인한 혼란을 최소화할 책임이 있고, 계엄 종료 후 엄정하게 책임을 물으면서도 혼란을 최소화할 방안에 대해 국민들과 원로들, 많은 정치인들의 고견을 들었습니다.

그 과정에서, 저는 과거 탄핵의 경험상 탄핵은 여러 혼란과 반목으로 인한 피해가 크고 그 점에 대한 국민들의 우려가 크시기 때문에 더 신속하고, 더 예측 가능성 있고, 질서 있는 조기퇴진 등 국민과 이 나라에 더 나은 길을 찾으려 백방으로 노력했지만 역부족이었습니다. 탄핵 시기보다 더 조기퇴진하는 것이 탄핵보다 더 예측 가능성이 크고 신속한 방안이라고 보았지만, 그런 방안은, 대통령이 당에 자신의 거취를 전적으로 일임하는 것을 전제조건으로 하는데, 그렇지 않다는 것이 확인되었습니다.

당 대표로서 제 뜻을 말씀드립니다. 대통령은 군 통수권을 비롯한 국정운영에서 즉각 배제되어야 합니다. 대통령이 조기퇴진 의사가 없음이 확인된 이상 즉각적인 직무정지가 필요합니다. 더 이상의 혼란은 막아야 합니다. 이제 그 유효한 방식은 하나 탄핵 절차뿐입니다. 다음 표결 때는 우리 당 의원들이 회의장에 출석해 자신의 소신과 양심에 따라 표결에 참여해야 합니다. 그래 줄 것이라 생각합니다. 저는 나라가 잘되고 국민이 편안했으면 좋겠습니다. 그 생각뿐입니다. 나라를 위해, 국민을 위해 우리 당 의원들이 투표해 줄 거라 믿습니다.

나는 계엄 사태에 대해 다시 한번 여당 대표로서 국민들께 사과했다. 비상계엄 후 국정 혼란을 최소화하는 길을 찾으려 노력했지만, 그 과정에서 탄핵 찬반에 대해 고민하는 모습을 보여드려 국민들께 답답함을 드렸다고 인정하고 고개를 숙였다.

이 시기에 내가 했던 각각의 고민, 판단과 행동은 그 시점의 정보를 기준으로 국익에 맞는 판단을 하겠다는 선의에 의한 것이었다. 그러나 내가 부족한 탓에 시행착오가 있었다. 대통령이 국민들에게 공개적으로 한 약속을 닷새 만에 깨버릴 것이라고는 생각하지 못했다.

대통령이 대국민 약속을 어기고 조기퇴진을 거부한 이상 대통령의 직무를 정지시키기 위해 탄핵 절차로 가야 한다는 선명한 입장을 국민들께 말씀드렸다. 이번 탄핵 표결에는 모든 국민의힘 의원들이 참여해야 한다는 것도 분명히 했다. 덧붙여, 입장 발표 직후 당 대표로서 대통령 제명 또는 출당을 위한 윤리위원회 소집을 요구했다. 이날 밤 윤리위원회가 열렸다.

내가 입장을 낸 바로 직후 윤 대통령의 대국민 담화가 나왔다. 12월 7일의 2분짜리 모든 것을 내려놓는 대국민 담화와는 너무나도 다른 내용이었다.

윤석열 대통령 12일 대국민 담화

(중략)

국민 여러분, 여기까지는 국민 여러분께서도 많이 아시고 계실 것입니다.

하지만 제가 비상계엄이라는 엄중한 결단을 내리기까지, 그동안 직접 차마 밝히지 못했던 더 심각한 일들이 많이 있습니다.

작년 하반기 선거관리위원회를 비롯한 헌법기관들과 정부기관에 대해 북한의 해킹 공격이 있었습니다. 국가정보원이 이를 발견하고 정보 유출과 전산 시스템 안전성을 점검하고자 했습니다.

다른 모든 기관들은 자신들의 참관하에 국정원이 점검하는 것에 동의하여 시스템 점검이 진행되었습니다.

그러나 선거관리위원회는 헌법기관임을 내세우며 완강히 거부하였습니다.

그러다가 선관위의 대규모 채용 부정 사건이 터져 감사와 수사를 받게 되자 국정원의 점검을 받겠다고 한발 물러섰습니다.

그렇지만 전체 시스템 장비의 아주 일부분만 점검에 응하였고, 나머지는 불응했습니다. 시스템 장비 일부분만 점검했지만, 상황은 심각했습니다.

국정원 직원이 해커로서 해킹을 시도하자 얼마든지 데이터 조작이 가능하였고 방화벽도 사실상 없는 것이나 마찬가지였습니다.

비밀번호도 아주 단순하여 '12345' 같은 식이었습니다.

시스템 보안 관리 회사도 아주 작은 규모의 전문성이 매우 부족한 회사였습니다.

12월 12일 계엄 선언을 정당화하는 대국민 담화를 발표하는 윤석열 대통령
(사진 출처: 연합뉴스)

저는 당시 대통령으로서 국정원의 보고를 받고 충격에 빠졌습니다.

민주주의 핵심인 선거를 관리하는 전산 시스템이 이렇게 엉터리인데, 어떻게 국민들이 선거 결과를 신뢰할 수 있겠습니까? 선관위도 국정원의 보안 점검 과정에 입회하여 지켜보았지만, 자신들이 직접 데이터를 조작한 일이 없다는 변명만 되풀이할 뿐이었습니다.

선관위는 헌법기관이고, 사법부 관계자들이 위원으로 있어 영장에 의한 압수수색이나 강제수사가 사실상 불가능합니다.

스스로 협조하지 않으면 진상 규명이 불가능합니다.

지난 24년 4월 총선을 앞두고도 문제 있는 부분에 대한 개선을 요구했지만, 제대로 개선되었는지는 알 수 없습니다.

그래서 저는 이번에 국방장관에게 선관위 전산 시스템을 점검하도록 지시한 것입니다.

(중략)

대통령의 비상계엄 선포권 행사는 사면권 행사, 외교권 행사와 같은 사법심사의 대상이 되지 않는 통치행위입니다.

(중략)

저는 마지막 순간까지 국민 여러분과 함께 싸우겠습니다.

짧은 시간이지만 이번 계엄으로 놀라고 불안하셨을 국민 여러분께 다시 한번 사과드립니다.

국민 여러분에 대한 저의 뜨거운 충정만큼은 믿어주십시오.

감사합니다.

예상했던 대로였다. 대통령은 야당의 폭거 때문에 계엄을 선포했고, 부정선거 의혹 문제를 확인하기 위한 목적이 있었다고 상세히 밝혔다. 부정선거 의혹에 대해서는 추후 공개한 자필편지에서 더 강노 높게 말했다. 마지막 순간까지 싸우겠다면서 자진사퇴하지 않겠다는 뜻도 분명히 했다. 임기를 당에 일임하겠다는 약속을 뒤집은 것이다. 아울러 대통령이 담화에서 밝힌 계엄 관련 이야기들은 상당 부분 나중에 수사 결과로 드러난 내용과 달랐다.

대통령의 담화를 보고 우리나라가 오랫동안 극단적인 생각을 가진 사람들 때문에 혼란과 어려움을 겪게 될 거라는 절망감이 들었다. 이 담화는 지지층에게 자신을 구해 달라고, 자기를 구하기 위해 극단적 진영싸움에 나서달라고 선동하는 것 같았다. 안타까웠다.

12월 10일 김용현 국방부장관이 내란죄로 구속되는 등 계엄 수사는 속도를 내고 있었다. 대통령에 대한 체포·구속 전망이 나오고 있었다. 그런 상황에서 대통령이 조기퇴진 약속을 뒤집고 대통령직을 유지한 채 끝까지 싸우겠다는 입장을 밝힌 것이다.

이런 상황에서 대통령에 대한 체포·구속 등 시도가 이뤄질 경우, 군 통수권과 같은 대통령의 막강한 권한을 이용해 공권력끼리 내전처럼 충돌할 가능성도 높다고 생각했다. 더 나아가 새로운 계엄 같은 극단적 행동 가능성도 배제할 수 없었다. 담화를 보니 신속한 직무정지가 더 절실해졌다. 법적으로 가능한 방법은, 고통스럽지만 탄핵뿐이란 결론을 내렸다. 어떻게든 피하려고 했지만 결국 이 길밖에 없다는 생각에 괴로웠다.

25   12월 12일 국민의힘 의원총회

12월 12일은 오전 10시에 추경호 원내 대표 사퇴로 인하여 공석이 된 국민의힘 원내 대표 선거가 예정돼 있었다.

원내 대표 후보로 나선 권성동 의원에 대한 언론의 질문에 "지금 이 시점에 원내 대표로서 적절하지 않다"고 답했다. 권 의원 개인의 자질 문제가 아니라, 대통령의 불법계엄으로 당이 큰 위기를 맞은 상황에서 대표적인 친윤 인사로 인식되는 권 의원이 원내 대표를 맡는 것은 당에 도움이 되지 않을 거라는 판단이었다. 하지만 경험 많은 정치인이니 당선되면 원내 대표로서 존중하고 협력해서 어려운 상황을 함께 수습하려 했다.

원내 대표 선거를 위한 의원총회에서 당 대표로서 발언했다. 탄핵에 대한 당 대표의 입장을 의원들에게 분명히 설명하기 위해서였다.

제가 오늘 오전에 윤 대통령의 직무정지를 위해서 탄핵에 찬성해야 한다는 말씀을 국민들께 드렸습니다. 그 이유는 윤석열 대통령이 당초 당과 국민에게 얘기했던 것과 달리 조기퇴진 등 거취와 관한 사항을 일임할 생각이 전혀 없다는 것을 확인했기 때문입니다. 더 나아가 방금 대통령이 대국민 담화를 했습니다.

저는 이런 담화가 이루어진다는 사실 자체를 사전에 내용은 물론이거니와 전혀 들은 바가 없습니다. 그 내용은 지금의 상황을 반성하는 것이 아니라 지금의 상황을 합리화하고, 사실상 내란을 자백하는 취지의 내용이었습니다.

저는 당론으로써 탄핵을 찬성하자는 제안을 드립니다. 저는 윤석열 대통령을 제명 또는 출당시키기 위한 긴급 윤리위 소집을 지시했습니다.

저는 분명히 우리의 생각과 입장을 이제는 정해야 될 때라고 생각합니다. 지금 못 보신 분은 그 담화 내용을 다시 한번 처음부터 끝까지 보십시오.

대단히 엄중한 상황이고, 민주주의의 관점에서도 용납하지 못할 만한 대통령의 담화가 나왔습니다. 그렇기 때문에 대통령의 직무를 조속히 합법적으로 정지시키는 데 우리 당이 나서야 한다는 말씀을 당 대표로서 드립니다.

내 발언에 대해 좌석에 앉아 있던 몇몇 의원들이 반말로 고성

12월 12일 의원총회에서 한 대표에게 항의하는 국민의힘 의원
(사진 출처: 연합뉴스)

을 지르며 강하게 반발했다. 주로 대통령과 가까운 것으로 알려진 의원들이었다. '사실상 내란을 자백하는 취지'라는 부분에 대한 격앙된 비난이었다. 그 부분은 사전에 준비한 발언이 아니었다. 돌아보니 어차피 차차 법적 판단이 이루어질 텐데 그 시점에서 내가 말하지 않았으면 좋았을 것이라는 생각이 든다. 국민과의 약속을 깨는 대통령의 담화를 보고 좌절감을 크게 느껴서 성급해졌던 것 같다. 내가 부족했다.

일반 국민들은 내란이라는 말에 조선 시대의 반란이나 군 장성들의 쿠데타를 떠올리기 쉽다. 그러나 법률적 용어로 내란은 국헌을 문란하게 할 목적으로 폭동하기만 하면 성립되는 개념이다. 국헌문란의 목적이란 '헌법에 의하여 설립된 국가기관을 강압에 의하여 전복 또는 그 기능행사를 불가능하게 하는 것'을 말한다. 그런 의미에서 내란의 법률적 요건에 해당하는 말을 대통령 스스로 담화에서 밝혔다는 것을 대단히 안타깝게 생각한다고 말했던 것이다. 그래도 굳이 내가 그때 그렇게 말하지는 말았어야 했다.

놀랍게도 대통령은 담화에서 부정선거 의혹을 풀기 위해 계엄을 한 것이라는 취지로 말했다. 나중에 공개한 자필 편지에서는 부정선거 의혹에 대한 상세한 입장과 외국 개입설까지도 직접 거론했다.

부정선거 의혹이 정말 실체가 있으면 사법 시스템 안에서 수사와 재판으로 밝힐 일이다. 부정선거 의혹을 확인하기 위해 대통령의 직접 지시로 계엄을 했다고 말한 것은 역설적으로 불법계엄이라는 점을 자인하는 결과가 된다. 무장군인을 동원해 헌법기관인 선관위와 국회, 국회의원의 권한행사를 불가능토록 하는 것은 명백한 국헌문란 행위이기 때문이다.

그런 목적으로 계엄을 활용하는 것은 헌법상의 국민주권제도, 의회제도, 정당제도, 사법제도, 선거관리제도 등 자유민주주의적 기본질서를 파괴하는 것이다. 그런 목적으로 군경을 동원해 국회, 선관위, 당사 등의 유리창을 깨고 강제로 침입·통제하거나 특정인을 체포·구금하는 것은 자유민주주의 국가에서 결코 허용될 수 없다.

다층적인 지휘체계에서 벌어진 일을 수사하고, 증거로서 사실을 밝히는 데 가장 어려운 지점이 최고 책임자의 인지 여부다. 즉, 어디까지 알고 지시했는지 알아내야만 최고 책임자에게 법적인 책임을 물을 수 있다. 하지만 그런 지시는 대개 충성스런 극소수 사이에서만 공유되고 증거도 많이 남지 않기 때문에 밝히기가 어렵다.

대기업 오너가 개입한 기업 비리 사건에서 오너의 인지 사실을 증명할 수 없어 무죄 판결이 종종 나오곤 한다. 그런데 대통령은 본인이 전 국민 앞에서 자신이 부정선거 의혹을 확인하기 위해 계엄을 선포한 것이라고 밝혔다. 증거로 밝혀내기 가장 어려운 지점을 스스로 연결한 면이 있고, 나는 그 점을 말한 것이었다.

우리 국민의힘은 민주주의와 공화주의를 지키는 것을 사명으로 하는 정당이다. 보수주의의 근본도 다르지 않다. 불법계엄을 일으킨 대통령은 우리 국민의힘의 정신과 보수주의의 정신과 맞지 않는다는 것이 내 생각이었다.

그래서 안타깝지만 첫날부터 탈당을 요구했고, 대통령이 탈당 요구에 답이 없으니 이날 윤리위원회를 통해 출당이나 제명을 요구했다. 대통령 제명, 출당을 위한 윤리위원회 소집에 대해 중진의원들 반발이 심했다.

대통령 탈당 요구나 제명, 출당에 반대하는 의원들의 논리는 이재명 대표가 대통령 되는 것은 막아야 하고, 그러려면 분열해서는 안 된다는 것이었다. 나는 누구보다 이재명 대표와 맞서 싸웠다. 그리고 그걸 누구보다 잘할 수 있다. 지금도 그렇고 앞으로도 이 대표가 사법적·정치적 책임을 모두 지도록 만들 것이다.

그렇게 하려면 우리가 떳떳해야 한다. 대통령에게 책임을 묻지 않으면서 이재명 대표에게만 책임을 묻자는 것을 국민들은 용납하지 않을 것이다. 반대로 우리가 고통스럽더라도 대통령의 잘못에 책임을 물으면 이 대표의 잘못에 대한 책임을 더 확실하게 더 강도 높게 물을 수 있다. 그래야만 국민들이 "이제는 이재명과 민주당 차례다"라고 하실 것이다. 불법계엄을 비판하고 확실히 단절하는 것은 분열이 아니라 잘못을 바로잡는 최소한의 출발점이다. 계엄의 밤 이후 계엄 사태 내내 나는 그런 취지로 의원들을 계속 설득했다.

분명한 것은 이재명 대표의 잘못은 이재명 대표의 잘못이고, 대통령의 잘못은 대통령의 잘못이다. 한쪽이 다른 쪽을 상쇄할 수도 없고, 그래서도 안 된다. 우리는 둘 다 극복하는 길로 가야 한다.

탄핵 트라우마

국민의힘과 보수진영에는 탄핵에 대한 뿌리 깊은 트라우마가 있다. 탄핵 과정에서 보수진영과 당이 무너지는 것을 직간접적으로 경험했기 때문이다. 그에 더해서 이재명이라는 사람이 이 나라의 대통령이 되면 나라와 국민에 해롭다는 강한 공감대도 가지고 있다. 정도의 차이가 있을 뿐이다.

여러 가지 중범죄를 저지른 혐의로 재판 중인 데다가 극단적인 포퓰리즘 정책을 반복해 온 이재명 대표가 대통령이 되면 나라와 국민이 불행해질 것이다. 그러니 그걸 막는 것이 앞으로 내가 해야 할 일 중 하나라고 생각한다.

하지만 단지 '이재명은 안 된다'는 말뿐으로는 이길 수 없다. 캐스팅 보트를 가진 중도층은 계엄을 한 대통령도 탄핵을 29번 남발한 이재명 대표도 모두 문제 있다고 생각할 것이다. 결국 계엄 문제를 단호하게 끊어내야만 우리는 앞으로 갈 수 있다. 그래야만 중도층에게 '이재명은 안 된다'는 말을 설득력 있게 할 수 있다. 그러면 이길 것이다.

우리 당이 배출한 대통령 탄핵에 찬성하는 것은 나에게도 굉장히 고통스러운 결정이었다. 윤 대통령과의 오랜 인연을 생각하면 더욱 그랬다. 특히, 지지자들이 입게 될 마음의 상처를 잘 알기 때문에 정말 힘들었다. 이 결정으로 내가 당 대표직에서 축출되는 등 개인적으로도 큰 부담이 될 것이란 사실도 잘 알고 있었다.

일부 중진 의원들은 '탄핵은 무조건 안 돼, 너희들이 몰라서 그래. 탄핵되면 다 죽어'라는 식의 말을 했다. 그런데 2017년 탄핵은 그리 오래된 일이 아니다.

동시대인인 우리 국민 모두가 각자의 입장에서 생생하게 탄핵을 경험했다. 그럼에도 불구하고 상당수 국민들이 왜 또다시 탄핵이 필요하다고 요구하는지 생각해 봐야 한다. 그래야 이 어려운 상황을 극복할 수 있다.

불법계엄을 해도 조기퇴진도 거부하고 탄핵도 당하지 않으면서 대통령직을 유지할 수 있는 전례를 만든다고 가정해 보자. 이재명 같은 사람이 대통령이 되면 전례를 내세워 사법부를 통제하고, 자신의 유죄 판결을 막으려고 몇 번이고 계엄을 할 수 있다. 지금 계엄을 엄정히 단죄하지 않으면 이재명의 계엄을 막을 명분이 없다.

과거에는 언급하는 것조차 조심했던 탄핵을 29번 한 정치집단이 이재명 대표의 민주당이다. 선례도 없던 29번의 탄핵을 정부기능을 마비시키기 위한 목적으로 자행했던 그들인 만큼, 실패해도 그냥 넘어간 선례가 있는 계엄은 그들에게 얼마든지 써먹을 수 있는 흉기가 되지 않겠는가.

헌법상 계엄으로 국회는 통제할 수 없지만 사법부는 통제할 수 있다. 오히려 이번 계엄보다 위헌 요소가 덜하다고 우길 수도 있다. 아울러 이번처럼 국회를 통제할 필요도 없을 것이다. 어차피 거대 의석으로 입법부를 좌지우지하고 있지 않은가. 만약 이 대표가 대통령이 돼 계엄을 선포하면, 내가 여당 대표로서 모든 것을 걸고 했던 것처럼 민주당 대표가 나서서 위헌·위법을 선언하고 앞장서서 막을 것 같은가. 계엄 해제 요구 결의를 위한 151명의 국회의원이 모아질 것인가. 절대 그러지 않을 거라는 것을 우리 모두 알고 있다. 나는 이재명 대표가 대통령이 될 경우, 자신에 대한 유죄 판결 확정을 막기 위해 무슨 일이든 할 것이라고 생각한다. 여기서 말한 계엄 외에도, 공직선거법 등 처벌 규정을 다수 의석으로 개정하여 자신에 대한 처벌 자체를 무효화시키는 방법 등을 쓸 수도 있다고 본다. 그때는 거부권으로 막을 수도 없다.

게다가 이미 이재명 대표 일극 체제인 민주당이 집권하게 된다면 행정권에 더해 사법권까지 장악하려 할 것이다. 비교할 수 없을 정도로 위험한 세상이 오는 것이다. 상식과 합리를 갖춘 대다수의 시민들은 그걸 잘 알기 때문에 이재명 대표를 지지하지 않는다. 비상계엄과 탄핵 정국이라는 초유의 상황 속에서도 이 대표가 반사이익을 얻지 못하고 지지율이 정체되고 있는 건 앞서 말한 이야기들을 민주당과 강성 지지자들 빼고는 다 알고 있기 때문이다.

우리 국민은 적어도 1980년 이후 계엄이나 쿠데타 같은 건 이미 극복한 지 오래라는 자부심이 있다. 다들 다른 나라에서 쿠데타나 계엄이 발발했다는 얘기를 들으면 '저 나라가 저런 수준이었어?'라고 혀를 차곤 했다. 그런 상황이었는데 12월 3일의 비상계엄으로 그 믿음이 배신당했다. 많은 국민이 모욕감을 느낀 이유다.

특히 청년층이 기겁했다. 기성세대와 달리 청년층은 태어날 때부터 대한민국이 선진국이었다. 그런데 후진국에서나 있을 법한 계엄 사태가 벌어졌다. 무엇이 옳고 그른지에 대한 분명한 역사적 경험을 청년세대가 공통으로 하게 됐다. 이번에 형성된 청년층의 정치적 코호트(cohort)는 쉽게 사라지지 않을 것이다.

그렇기 때문에 우리는 계엄 반대 입장을 더욱 일관되고 강력하게 견지해야 한다. 이 책을 쓰고 있는 지금, 우리 국민의힘이 충분히 그러지 못하고 있는 것 같아 참 안타깝다.

탄핵 반대를 외치는 중진 의원들 중 결국은 탄핵될 것이라는 생각을 가진 분들도 많았다. 다른 것도 아니고 국회에 총을 든 군인들을 보내지 않았나. 그래놓고 어떻게 대통령직을 수행할 수 있겠는가. 이 상황이 길어지면, 그 역사적 경험이 더 공고해질 것이고 그러면 보수에 아주 긴 혹한기가 올 수밖에 없다. 나는 이제 탄핵 가결을 더 끌면 안 된다고 생각했다.

나와 같은 생각을 나누던 의원들 상당수가 나에게 면담을 신청하거나 전화로 비슷한 조언을 했다. 탄핵이 가결되면, 내가 친윤 그룹에 의해 희생양으로 쫓겨나게 될 것이라는 이야기였다. 나도 그럴 것이라고 생각했다. 누군가 그렇게 노래를 부르던 한동훈 축출계획인 '김옥균 프로젝트'가 자동적으로 완성되는 상황이 될 것이다.

그렇기 때문에 나를 아끼던 분들도 이런 조언을 했다. 최대한 탄핵을 부결시키면서 버티다가 몰리고 몰려서 손에 피 묻히지 않고 탄핵되도록 하는 게 나를 위한 길이라고 말이다. 그렇게 일단 내가 살아남아야 우리 당의 개혁도 가능하지 않겠느냐고도 했다. 살아남아야 명태균 같은 브로커가 설치지 못하도록 보수정치를 바꿀 수 있지 않겠느냐는 것이다.

하지만 난 그렇게 생각하지 않는다. 죽는 길인 줄 알면서도 가야 할 때가 있다. 나는 지금이 그런 때라고 생각했다. 나의 선택으로 인해 감당해야 할 일이 생기면 겸허히 받아들이면 된다. 대통령은 조기사퇴, 2선 후퇴 약속을 어겼다. 이제는 눈치 보지 않고 적극적으로 대통령 권한을 사용할 것이다. 지금 직무집행을 정지하지 않으면 대통령 권력을 이용해 수사에 대한 자기방어를 하고 그 과정에서 군을 동원하거나 계엄 같은 극단적 행동을 재차 벌일 수 있다. 내가 사랑하는 이 나라와 국민이 그런 위험을 감수토록 하면서 내가 정치적으로 사는 길을 선택할 순 없었다.

나는 탄핵안 가결의 필요성을 묻는 언론에 "지금은 탄핵으로 대통령의 직무집행을 정지시키는 것이 문제를 해결할 유일한 방법이다. 가능하면 국민의힘 당론으로 탄핵에 찬성해야 한다"고 선명하게 답했다.

12월 13일 밤 새로 선출된 권성동 원내 대표와 외부에서 만났다. 나는 그를 정치력 있는 정치인이라고 생각해 왔다. 그는 한번 더 탄핵을 부결시키자고 했다. 나는 탄핵 가결 필요성에 대한 나의 뜻을 명확히 밝혔다. 대통령은 어차피 탄핵 국면으로 갈 것이란 점을 알고 있지만, 일단은 막아달라며 무리한 요구를 당에 하고 있었다. 당에 큰 상처를 입히고 보수를 망가뜨리는 일인데도 말이다. 난 그럴 수 없다고 했다. 나는 내가 어려운 상황에 처하리라는 것을 알지만 어쩔 수 없다고도 했다. 권 원내 대표는 내 뜻이 확고하다는 걸 알고 더 이상 나를 설득하려 하지는 않았다.

나는 지난 1차 탄핵 표결 때처럼 우리 국민의힘 의원들이 한군데 모여서 본회의장에 모두 가지 않는 모습은 보여서는 안 된다고 강조했다. 우리 당 모든 의원들이 본회의장에 가서 당당하게 표결해야 한다고 했다. 다행히 권 원내 대표도 동의했다.

다만 권 원내 대표는 탄핵에 찬성하려는 의원들을 개별적으로 설득하겠다고 했다. 나는 강압적인 방법이 아니라면 자유민주주의 정당에서 그런 설득은 해도 되는 것 아니냐고 답했다. 대신 우리 당 의원들 전원이 표결에 참여해야 한다는 점을 거듭해서 강조했다.

나에게 오랫동안 조언해 주던 경험 많은 한 분께서 탄핵 표결 전에 꼭 통화를 하고 싶다고 문자를 보냈다. 국정 경험, 정치 경험이 많고, 치우치지 않는 균형감각을 가진 분이었다.

"윤 대통령은 결국 탄핵될 겁니다. 그러니 내일 당신이 하지는 마세요. 그러면 대표직에서 축출될 거예요. 당신을 위해서가 아니라 보수진영과 나라를 위해 하는 말입니다. 계엄을 막고 탄핵을 찬성한 이유로 축출되면, 당은 극단주의자들의 놀이터가 될 거고 결국 보수진영과 나라가 어려워질 겁니다."

그분은 호소하듯 내게 말했다. 이 책을 쓰는 동안 그 말이 마치 실현이라도 되는 듯한 사건이 여러 번 있었다. 군사정권 폭압과 인권침해의 상징인 '백골단'이라는 이름의 단체가 국민의힘 의원과 함께 국회에서 회견을 한 것처럼 말이다. 당이 극단주의자들의 놀이터가 되면 국민의 마음을 얻을 수 없는 건 자명한 일이다. 안타깝다. 그러면 뭉칠 수는 있어도 이길 수는 없다.

어쨌든 그분의 말씀은 나와 보수진영을 위한 애정에서 나온 것이었다. 나 역시 내가 대표직에서 쫓겨날 거라는 점은 이전부터 충분히 인지하고 있었다. 나는 이렇게 답했다.

"탄핵 가결로 직무정지가 안 되면, 대통령이 군 통수권을 비롯한 국가권력을 그대로 행사할 겁니다. 대통령은 포기할 생각이 없어요. 대통령은 권력을 유지하려 하고, 그 권력으로 자기방어를 하려 할 겁니다. 공권력끼리 충돌하는 내전 비슷한 상태로 갈 수 있어요. 나라를 위해 그런 위험을 그냥 두고 볼 수 없습니다. 대통령이 조기사퇴 약속을 지키지 않겠다고 한 이상 막을 방법은 탄핵 가결뿐입니다. 제가 어려움을 겪게 될 거라는 점 알지만, 그건 감당해야 할 문제입니다."

탄핵에 반대하는 몇몇 국민의힘 의원들과도 개별적으로 만났다. 난 그분들을 최대한 설득하려고 애썼다. 우리 당에서는 탄핵 반대 정서에 관한 한 동료압력(peer pressure)이 워낙 크다는 걸 잘 알고 있다. 그래서 나는 의원들이 동의는 못 해도 이해해 주길 바라면서 다음과 같이 말했다.

"지금 검찰, 공수처, 경찰의 수사 진행 상황을 보면 김용현 국방부장관을 비롯해, 여인형 방첩사령관 등 대통령을 제외한 핵심 관련자들이 예외 없이 전부 구속되고 있습니다. 그 결과 대통령도 사법 처리될 수밖에 없습니다. 우리 당의 반대로 탄핵이 부결되고, 직무정지조차 되지 않은 현직 대통령의 체포·구속 영장이 발부되면 군 통수권을 가진 대통령 측과 사법당국의 무력 충돌이 날 수도 있습니다. 그렇게 되면 나라가 망할 정도의 혼돈 상태가

Opposition Grows to South Korea's President as He Faces Impeachment

The leader of President Yoon Suk Yeol's own party has backed impeachment, on which the National Assembly is set to vote on Saturday.

Share full article   ⌕   🔖   💬 34

South Korea's governing People Power Party leader, Han Dong-hoon, center, leaving his room at the National Assembly in Seoul on Friday. Jung Yeon-Je/Agence France-Presse — Getty Images

뉴욕타임스에 실린 탄핵 가결 예상 기사

될 것입니다. 당론으로 탄핵을 가결해서 국민의힘이 계엄의 늪에서 빠져나와야 합니다. 우리는 계엄을 막은 당이어야지, 계엄을 옹호한 당이 되선 안 됩니다."

중진 의원들도 대통령이 결국 구속될 것이라는 점에는 대부분 동의했다. 그러면서도 "어차피 구속될 것인데, 우리의 손으로 탄핵을 가결시키면 정무적 부담이 크니 탄핵을 부결시켜야 합니다.

우리 손에 피를 묻히지 맙시다. 그러면 한 대표 대선 가도에도 안 좋습니다"라는 주장을 폈다.

그러나 나는 이들의 의견에 반대했다. 대통령이 구속될 가능성이 높다는 것을 뻔히 알면서도, 정치공학적 이유로 탄핵을 부결시킨다는 것은 동의할 수 없다고 했다. 정치공학적으로도 보수진영에 전혀 도움이 되지 않는다고 말했다. 다시 말하지만, 우리는 계엄을 막은 당이어야 한다. 계엄을 옹호한 당이 돼서는 미래가 없다. 먼 미래뿐 아니라 가까운 미래도 없다.

27 대통령 탄핵 가결

12월 14일 토요일 오후 두 번째 대통령 탄핵 표결이 예정돼 있었다. 아침에 국회로 출근하는데, 본관 정문 앞에서 우리 당 김상욱 의원이 탄핵을 가결시켜야 한다는 1인 피켓시위를 하고 있었다. 날씨가 꽤 추웠다. 내가 두르고 있던 붉은색 머플러를 풀어 김상욱 의원에게 걸어줬다. 붉은색은 우리 국민의힘의 상징색이다. 따로 말은 하지 않았다. (이 머플러는 당 대표 취임 100일 되는 날 지지자분들이 주신 선물이었는데, 나중에 김 의원이 그걸 알고 되돌려줬다.)

국회로 들어가면서 탄핵 표결을 앞둔 소회를 묻는 언론에 "제 뜻은 이미 분명하게 말씀드렸습니다. 오늘은 우리 모두 대한민국과 대한민국 국민만 생각해야 합니다. 저도 그러겠습니다"라고 답했다. 담담한 마음이었다.

나와 여러 사안에서 뜻을 같이 해온 의원들이 당 대표 사무실로 찾아왔다. 그중 상당수 의원들이 오늘 탄핵이 가결되면, 장동혁 최고위원 등이 최고위원직을 사퇴해 최고위원회를 붕괴시킬 것이니 대비해야 한다고 했다. 국민의힘 당헌 당규에 따르면 선출직 최고위원 4명이 사퇴하면 비상대책위원회 체제로 전환된다. 김민전, 김재원, 인요한 최고위원, 그리고 장동혁 최고위원이 사퇴하면 한동훈 지도부가 무너지는 상황이었다.

의원들은 장동혁 의원을 여러 경로를 통해 설득했고, 정 사퇴해야 하겠거든 탄핵 가결 당일 말고 며칠이라도 시간 여유를 두어서 당 대표가 대비할 수 있게 해달라고 요청했고, 장 의원이 그에 동의했다고 전했다. 일부 의원은 장 의원 본인에게 확인해 보니, 사퇴할 것이라는 소문은 낭설이고 사퇴하지 않을 것이라고 말하기도 했다.

나는 당 대표실을 찾아온 의원들과 당직자들에게 "오늘은 우리 모두 대한민국과 대한민국 국민만 생각합시다"라고 말했다. 대통령이 조기사퇴 약속을 어긴 이상 탄핵은 불가피하고, 오늘 탄핵이 부결되면 혼란이 커져서 이 나라와 국민들에게 큰 해가 될 것이니 오늘은 탄핵이 가결되어야 한다고 말했다. 오히려 나는 탄핵이 부결되면 책임지고 사퇴할 것이라고 했다.

중진 의원들이 오후에 있을 표결을 앞두고 나를 만나자고 했다. 중진 의원들은 탄핵 가결을 막기 위해, 내게 앞장서서 탄핵에 찬성할 것으로 보이는 의원들을 설득하는 작업을 해달라고 요구했다. 그러면 탄핵 가결을 막을 수 있다고 했다.

내가 탄핵 찬성 입장을 이미 공개적으로 냈으니 내 입장을 바꿀 필요는 없다고, 안 그래도 된다고 했다. 겉으로 드러나지 않게 탄핵 부결을 위해 뛰어달라는 이야기였다. 국민들에게 탄핵을 가결시켜야 한다고 말해 놓고는, 뒤에서 의원들에게 탄핵 반대하게 한다? 그럴 수는 없는 일이었다. 나는 그러지 않았다.

본회의를 앞두고 국민의힘 의원 108명 전원이 표결에 참석하는 것으로 의원총회에서 결정됐다. 대신 탄핵에 찬성하는 것으로 보이는 개별 의원들에 대해 탄핵에 반대하라는 다양하고 강한 압박이 있었다.

몇 시간 동안 같은 당 의원들끼리만 한군데 모여 회의하는 의원총회는 기본적으로는 좋은 토론의 장이지만, 어떤 경우에는 일종의 가스라이팅처럼 이견을 막는 바람직하지 않은 역할을 하기도 한다. 장시간 중진 의원들 위주로 비슷한 발언들을 반복하고, 다른 의견이 나오면 공격받는 분위기이기 때문에 잘못된 확증편향이 생기기 쉽다. 계엄과 탄핵 이슈에 대해서는 특히 그랬다.

그런데 2차 탄핵안에는 추경호 원내 대표의 계엄의 밤 당일 행동에 대한 부분이 추가돼 있었다. 이 추가된 탄핵 사유 때문에 국민의힘 의원들 입장에서는 민주당이 대통령뿐 아니라 국민의힘도 함께 엮어서 책임을 추궁하고 궤멸시키려 한다는 거부감을 충

국회 본회의장에서 2차 탄핵안이 가결된 순간(사진 출처: 연합뉴스)

분히 가질 만했다. 민주당의 이간질 의도였는지는 정확히 알 수 없지만, 만약 이 부분이 없었다면 탄핵 찬성표는 훨씬 많았을 것이라 생각한다.

국민의힘 의원들 전원이 표결에 참여했다. 가결을 위해서는 국회 재적 의원 3분의 2 이상, 즉 200명 이상의 찬성이 필요하다. 300명 중 찬성 204명, 반대 85명, 기권 3명, 무효 8명. 결국 4표 차이로 대통령 탄핵안이 가결되었다. 가결표를 던진 것으로 추정되는 우리 당 의원 수는 12명. 외부의 예상보다 적었다. 무효표와 기권표까지 합치면 23명의 의원이 있었다.

나는 표결 과정을 국회 당 대표실에서 혼자 TV로 지켜봤다. 창 밖에서 국회 주변으로 몰려든 탄핵 찬성, 반대 시민들의 함성이 들려왔다.

탄핵이 가결된 것에 대해 실망하는 국민의힘 의원들과 당원들, 지지자들이 많이 계신 것을 알고 있다. 탄핵으로 인해 마음 아픈 분들을 생각하면 지금도 가슴이 저민다. 당과 보수, 대한민국을 위해 불가피한 결정이라고 판단했지만 매우 고통스러웠다. 비판은 감당하겠다.

내가 당내 상당수 의원들의 반발이 예상됨에도 불구하고 탄핵 가결에 나선 것을 두고 정치적 리더십이 부족했기 때문이라고 비판을 하는 분들이 꽤 있다. 물론 아직 채워야 할 점이 많고 그걸 채우기 위해 노력하고 있다.

그러나 정치적 리더십이란 무엇인가. 내가 생각하는 정치적 리더십은 '국가의 이익을 위해서라면 지지층의 요구에 반하는 행동도 할 수 있는 용기'이다. 슈뢰더 전 독일 총리가 2018년 한국 언론과의 인터뷰에서 했던 말이다. 정치적 리더십은 리더 개인의 손해를 감수하고라도 자신이 속한 나라와 조직을 위해 필요한 행동을 하는 것이다. 불법계엄을 한 대통령을 탄핵하는 것은 나의 정치적 손해를 감수할 만큼 이 나라와 국민의힘을 위해 반드시 필요했다.

같은 인터뷰에서 슈뢰더는 한 가지를 더 말했다. '자기도 늘 그러지는 못했지만, 그러기 위해서는 지지층과 긴밀하게 소통해야 한다'라는 것이었다. 탄핵 트라우마에 관한 한 의원들과 지지자들을 단기간 내에 설득하기는 어려웠다. 지금 다시 그때로 돌아가도 설득은 어려웠을 것이다. 내가 그럴 수 있었으면 좋았을 것 같다.

불편한 현실에 대해 진실하게 설명하고, 정교한 해결책을 제시하고, 그걸 신속히 집행하고, 결과에 책임을 져야 하는 것이 당 대표로서 할 일이었다. 나는 그러고 싶었다.

Part 3

진퇴의 시간

탄핵안 가결 후 사퇴 요구를 받다

대통령 탄핵안이 가결된 후, 국민의힘 의원총회가 열렸다. 탄핵이 가결된 것 때문에 분위기가 아주 험악하다고 의원총회에 있던 의원들이 알려왔다. 그러면서 내가 오지 않는 것이 좋겠다고 했다.

얼마 후 의원들이 당 대표인 나를 의원총회장으로 불러오라고 난리를 치고 있다는 문자 메시지가 왔다. 박정하 당 대표 비서실장은 지금 의원총회에 오면 크게 봉변당하고 모욕당할 테니 오지 않는 게 좋겠다고 했다. 얼마 후 박 비서실장이 나를 대신해 의원들로부터 심하게 닦달을 당하고 있다는 얘기가 들렸다. 가지 않을 수 없었다.

나는 의원총회장으로 가면서 가급적 조용하게 의원들의 말을 많이 들어야겠다고 마음속 다짐을 여러 번 했다. 도착해서 연단에 선 나를 향해 처음부터 심한 야유와 고성이 이어졌다. 나중에 여러 의원들이 그 정도로 적대적인 분위기의 의총은 처음 겪어봤다고 했다.

탄핵은 모두 나의 책임이니 사퇴하라는 얘기부터 나왔다. 대통령의 탄핵 사유인 비상계엄조차 그동안 내가 대통령에 맞춰주지 못해서 그런 것이니 나더러 책임지라는 식이었다.

내가 서 있는 연단을 향해 달려들듯 뛰어나오는 의원도 있었다. '돌아이'라는 둥, '저런 놈을 데려다가 법무부장관을 시킨 윤석열은 제 눈 지가 찌른 거야'라고 하는 둥 노골적인 욕설이나 비하하는 말들도 있었다. 물병을 바닥에 던지는 의원도 있었다.

A 의원은 "한동훈 당 대표를 끌어내리는 데 정치생명을 걸겠다"고 했다. B 의원은 "한동훈 대표가 대표직을 수행하는 것은 불가능하고 부적절합니다. 이 자리에서 그만둬야 합니다. 이 생각을 아주 오래전부터 해왔습니다. 탄핵이 누구 때문입니까?"라고 소리쳤다.

내가 당 대표직을 수행하면서 대통령이 하라는 대로 하지 않았기 때문에 탄핵에 이른 것이고, 오래전부터 대표직에서 내려와야 한다는 생각을 해왔다는 이야기였다. 몇몇 의원들이 웅성이며 동조했다. 나는 최대한 말을 아끼다가 나지막하게 "비상계엄을 제가 한 게 아닙니다"라고 답했다. 불법계엄을 비판하진 못할지언정, 마치 옹호하듯 해선 안 된다는 취지로 말한 것이었다.

C 의원이 "왜 탄핵 반대 당론을 어겼느냐"고 따져 물었다. 나는 앞서 말한 것처럼 당 최고 의사결정기구인 최고위원회가 아니라 의총에서 일방적으로 정식 투표도 아닌 거수 방식으로 당론을 정하고 강요하는 것은 부적절하다고 생각해 왔다. 국민의힘은 의원들만의 당이 아니고, 나를 포함해 의총에서 투표하지 못하는 원외 당원들이 훨씬 많다. 그런 의미에서 "제가 투표를 한 것이 아닙니다"라고 답했다.

다음 날 '한동훈, 비상계엄 내가 했나, 투표 내가 했나'라는 기사가 나왔다. 앞뒤 맥락을 잘라내고 논지를 오해한 보도였다. 마치 내가 의원들을 자극해 의총 분위기가 나빠졌다는 식으로 책임을 전가하는 내용이었다. 계엄을 반대하고 탄핵을 찬성해서 당 대표를 내쫓는 게 아니라 마치 태도가 나빠서 내쫓을 만해서 내쫓는 것이라는 식으로.

나중에 그날 현장에 대한 상세한 보도로 그 취지와 맥락이 전혀 달랐다는 것이 알려졌다.

D 의원은 연단 앞으로 나와 물리적 충돌이라도 할 기세로 당 대표가 책임지라고 소리쳤다. 평소 대통령의 국정수행에 비판적인 목소리도 내던 의원이었는데, 이날은 매우 흥분한 상태로 연단 앞까지 나와서 달려들 듯한 태도를 보였다. 친윤계 의원들 몇 명이 일어서서 욕설에 가까운 고성을 지르며 거들었다.

그 의원들도 탄핵 가결로 인해 혼란스러운 마음일 것이라고 이해했기 때문에 나는 감정적으로 대응하거나 언성을 높이지 않았다. 그저 차분하게 탄핵이 필요했다는 입장만 재차 설명했다. 그러자 연단을 향해 집어치우고 그만 내려오라는 고성이 여기저기서 나왔다. 결국 나는 연단에서 내려왔다.

내가 의원총회에서 나온 뒤, 이른바 친윤계 의원들이 당 대표 사퇴가 필요하다고 분위기를 조성했고, 즉석에서 당 대표 사퇴 촉구 결의를 하자고 나섰다.

탄핵안에 찬성했을 것으로 추정되는 의원들, 특히 비례대표 의원들을 상대로 '십자가 밟기' 식으로 비밀투표에서 탄핵에 찬성했는지 반대했는지를 공개적으로 밝히라는 압박이 이어졌다. 비례대표 의원들을 당에서 내쫓자는 모욕적인 발언이 당사자들이 모두 듣는 그 자리에서 공개적으로 나왔다.

돌이켜 생각해 보면, 그날 내가 험한 말을 들어도 내 입장을 설명하려 하지 말고 그냥 듣기만 했으면 좋았겠다는 생각이 든다. 모두에게 힘든 날이었다. 국민들은 더 힘드셨을 것이다.

계엄의 밤부터 이날까지 열흘 남짓 동안 내가 한 일은 일관된다. 계엄을 앞장서 막았고, 수습을 위해 탄핵보다 나라와 국민을 위해 더 나은 질서 있는 조기퇴진 방안을 찾아보려 애썼으며, 그것이 대통령의 약속 번복으로 불가능해지자 탄핵 가결 의견을 냈다. 불법계엄이니 막아야 한다, 불법계엄을 한 대통령은 직무수

의원총회에서 나와 기자들과 문답하는 한동훈 대표(사진 출처: 연합뉴스)

행을 하면 안 된다. 그것이 자유민주주의와 공화주의를 지키는 길이다. 늘 한결같은 입장이었다. 내가 해야 할 일을 했으니 그 뒤에 돌아오는 공격과 인간적인 고뇌는 내가 감당할 몫이었다.

의원총회장에서 나와 기다리고 있던 기자들을 만났다. 앞으로 당 대표직을 계속할 것인지 물었다. 나는 할 일을 하겠다고, 당 대표직을 계속하겠다고 말했다. 국민과 함께 헌법과 민주주의를 지키겠다고 했다. 그러나 내가 의원총회장을 나온 직후, 장동혁 최고위원이 즉각 최고위원직을 사퇴하겠다는 신상발언을 했다. 진종오 최고위원도 사퇴의사를 밝혔다. 나는 탄핵 찬성 의원에 대한 색출시도까지 벌어진 압박감 속에서 버티기 어려울 수 있었 겠다고 생각했다.

예상했던 대로 김재원, 김민전, 인요한 최고위원도 사퇴했다. 그렇게 지난 7월 내가 63퍼센트의 당원과 국민의 지지를 받아 당 대표가 된 뒤 구성된 최고위원회가 붕괴되었다. 나는 그렇게 대 표직에서 쫓겨났다. 당시 한 기자가 탄핵 가결로 대표직에서 쫓 겨나게 됐는데, 탄핵 찬성을 후회하느냐고 물었다.

나는 후회하지 않는다고 답했다.

29 국민의힘 당 대표직을 사퇴하다

다음 날인 12월 15일 일요일, 그동안 함께해 온 분들로부터 많은 의견들을 들었다. 최고위원회가 붕괴되고 국민의힘 당헌 당규상 비상대책위원회 체제로 전환돼야 했다. 그런데 새로운 비상대책위원장을 임명하는 권한이 당 대표인 내게 있으니 그 권한을 가지고 비상대책위원장 임명을 거부하면서 끝까지 버티며 싸워야 한다는 의견이 있었다.

반면 최고위원회 붕괴로 대표직 유지는 아무리 버텨도 비상대책위원회 출범 전까지만 가능하니, 이미 되돌릴 수 없는 결과라는 얘기도 있었다.

나는 사퇴하기로 했다.

국민의힘 당 대표직을 내려놓습니다.

최고위원들 사퇴로 최고위가 붕괴되어 더 이상 당 대표로서의 정상적 임무 수행이 불가능해졌습니다.

이번 비상계엄 사태로 고통받으시는 모든 국민들께 진심으로 죄송합니다. 2024년 선진국 대한민국에 계엄이라니, 얼마나 분노하시고 실망하셨겠습니까.

탄핵으로 마음 아프신 우리 지지자분들께 많이 죄송합니다. 그런 마음도 생각하며 탄핵이 아닌 이 나라에 더 나은 길을 찾으려 백방으로 노력했지만 결국 그러지 못했습니다. 모두 제가 부족한 탓입니다. 미안합니다.

여러분. 우리 국민의힘은 12월 3일 밤 당 대표와 의원들이 국민과 함께 제일 먼저 앞장서서 우리 당이 배출한 대통령이 한 불법계엄을 막아냈습니다. 헌법과 민주주의를 지켰습니다.

저는 그것이 '진짜 보수의 정신'이라고 생각합니다. 제가 사랑하는 진짜 국민의힘의 정신이라고 생각합니다.

우리가 부정선거 음모론자들, 극단적 유튜버들 같은 극단주의자들에 동조하거나 그들이 상업적으로 생산하는 공포에 잠식당한다면 보수에 미래가 없을 겁니다.

그날 밤 계엄을 해제하지 못했다면 다음 날 아침부터 거리로 나온 우리 시민들과 우리 젊은 군인들 사이에 유혈사태가 벌어졌을 수도 있습니다. 그날 밤 저는 그런 일을 막지 못할까 봐 너무나 두려웠습니다.

12월 16일 당 대표직 사퇴를 발표하는 한동훈 대표(사진 출처: 연합뉴스)

아무리 우리 당에서 배출한 대통령이 한 것이라도, 우리가 군대를 동원한 불법계엄을 옹호하는 것처럼 오해받는 것은 산업화와 민주화를 동시에 해낸 이 위대한 나라와 그 국민을, 보수의 정신을, 우리 당의 빛나는 성취를 배신하는 것입니다.

그제 의총장에서 일부 의원들의 격앙된 사퇴 요구를 받고 나올 때, 젊은 기자 한 분이 제가 당 대표에서 쫓겨나는 이유가 된 이번 탄핵 찬성을 후회하느냐고 물었습니다. 잠깐 동안 많은 생각들이, 제 인생의 많은 장면들이 스쳐갔습니다.

마음 아프신 우리 지지자분들 생각하면 참 고통스럽지만, 여전히 후회하지 않습니다. 저는 어떤 일이 있어도 대한민국과 주권자 국민을 배신하지 않겠다고 약속했기 때문입니다.

하지만, 계엄이 잘못이라고 해서, 민주당과 이재명 대표의 폭주와 범죄 혐의가 정당화되는 것이 절대 아닙니다. 이 대표 재판의 타이머는 멈추지 않고 가고 있습니다. 얼마 안 남았습니다.

국민들께 감사드립니다. 비판해 주신 국민들께도 감사드립니다. 당원 동지들과 우리 당직자들께도 감사드립니다. 나라가 잘됐으면 좋겠습니다.

2024.12.16. 국민의힘 당 대표 한동훈 올림

12월 3일 계엄의 밤 이후, 14일 대통령의 직무정지를 위한 탄핵에 이르기까지 매 순간 공공선에 맞는 최선의 길을 찾으려 노력했지만 되돌아보면 부족했던 점도 많았다. 거기에 대해 국민들에게 사과했다. 탄핵으로 마음 아픈 지지자들에게도 진심으로 사과했다.

나는 탄핵 가결이 되면 오래 버티지 못하고 대표직에서 쫓겨날 거라 생각했고, 내가 대표직을 떠나면 우리 국민의힘이 계엄을 옹호하고 부정선거 음모론자와 극단적 유튜버들에게 휘둘리는 정당이 될 것 같아 걱정스러웠다.

나는 부정선거 음모론을 믿지 않는다. 그렇지만 엄정한 선거관

국민의힘 의원들과 악수 나누는 한동훈

사퇴 기자회견 후 국민의힘 의원들과 악수를 나누며 국회를 떠나는 모습
(사진 출처: MBN)

리가 대단히 중요하며 선관위의 선거관리에 부실했던 점이 많이 있었고, 지금도 보완해야 할 점이 많이 있다고 생각한다. 그래서 나는 지난 총선 때 더욱 엄정한 선거관리를 위해 사전투표 용지에 투표 관리관이 직접 날인하라는 주장을 누구보다 앞장서서 했다. 수개표 관철을 위해 목소리를 냈다. 사전투표를 폐지하고, 본투표 기간을 늘리자는 주장을 지난 총선 이래 줄기차게 해왔다.

사실 부정선거 음모론은 좌우 진영을 가리지 않고 존재해 왔다. 유튜버 김어준 씨가 자기 말을 믿는 사람들의 쌈짓돈을 모아 부정선거 음모론을 주장하는 영화까지 제작했고, 이재명 대표도 2012년 민주당 대선 패배 후 부정선거 음모론을 직접 주장했다. 그렇다. 부정선거 음모론은 원래 민주당의 것이었다. 부정선거 음모론뿐 아니라 이 사회를 혼란스럽게 한 대부분의 음모론은 민주당의 것이었다. 민주당이 마치 자기들은 음모론을 배격해 온 합리적인 정치세력인 것처럼 구는 것이 전혀 공감을 얻지 못하는 이유다.

나는 부정선거가 있었다고 믿는 사람들도 국민의 한 사람으로서 최대한 이해하고 포용해야 한다고 생각한다. 법무부장관, 비상대책위원장, 당 대표를 하면서 언론과 야당에서 부정선거를 믿는 분들에 대한 비판을 기대하고 곤란한 사상검증하듯이 질문하면, 공정한 선거에 대한 열망이 매우 큰 분들이라는 정도로 말해 왔다. 실제로도 그분들의 마음을 선의라고 이해하려 노력한다. 공정선거를 보장할 제도적 개선에 더욱 힘써야 한다. 내가 적극적으로 앞장서왔고 앞으로도 최선을 다할 것이다.

하지만 공당이 거기에 휘둘려서는 안 된다. 부정선거 음모론으로 비즈니스를 하는 사람들이 정부와 집권 여당의 주류를 차지하거나 큰 영향력을 갖게 되면 그 해악이 너무나 크다. 역사 속에서 극단주의자들은 언제나 존재해 왔고 그 존재 자체가 위험은 아니다. 주류 정치인들이 극단주의자들을 용인하고 굴복하는 순간부터 공동체에 심각한 위기가 시작되는 것이다.

어쩌면 우리 국민의힘의 일부 정치인들은 그런 부정선거 음모론자들이나 극단적 유튜버 세력을 당권을 잡는 데 유용한 도구 정도로 생각하고 있을지 모르겠다. 하지만 그것은 큰 착각이다. 그런 세력들은 도구에 그치지 않고 거꾸로 주인이자 조종자로 행세하게 될 것이다. 그러면 보수정치는 망한다. 과거 통합진보당이 경기동부연합이라는 극좌세력에 잡아먹히는 과정도 비슷했다.

국민의 스펙트럼은 넓고 그 양쪽 끝은 매우 어둡다. 계엄 사태가 더 그렇게 만들 것 같아 두렵다. 극단주의자들은 자신들만이 공동체를 위한 가치를 지킨다고 말하지만, 사실은 공동체를 위한 가치를 파괴한다. 진짜 민주주의자는 정치적으로 손해 보더라도 극단주의와 확실히 선을 그어야 하는 것이다. 그래서 난 사퇴 회견 당시 이 말을 꼭 하고 싶었다. 많은 보수정치인들이 속으로는 우려하지만 극단주의자들의 집단적 린치가 두려워 공개적으로 하지 못하는 말이었다.

"우리가 부정선거 음모론자들, 극단적 유튜버들 같은 극단주의자들에 동조하거나 그들이 상업적으로 생산하는 공포에 잠식당한다면 보수에 미래가 없을 것입니다."

　지금의 모든 일들이 끝나고 난 뒤 보수는 어떻게 기억돼야 하는가. 보수는 계엄을 옹호한 사람들이어야 하는가. 아니면 자신이 배출한 대통령이 불법계엄을 한 데 대해 '선민후사(先民後私)[*] 정신으로 계엄을 막은 사람들이어야 하는가.

　내가 축출된 후 국민의힘은 점점 계엄을 옹호하는 듯한 모습을 보였다. 그러나 나는 상식적인 국민들에게 진짜 보수의 정신, 진짜 국민의힘의 정신은 그것이 아니니 절망하지 말라는 말씀을 드린다. 어려운 상황 속에서도 계엄의 밤 나와 함께 본회의장에 있었던 18명을 비롯해 진짜 보수의 정신을 지키기 위해 노력한 많

---

[*]　나는 2023년 12월 국민의힘 비상대책위원장으로 취임하면서 그동안 정치권에서 많이 써오던 말인 사적인 이익보다 당을 우선시하자는 '선당후사(先黨後私)' 하지 말고 사적인 이익보다 국민을 우선시하자는 '선민후사(先民後私)' 하자고 말했다. 국민이 먼저라는 이 책 제목도 같은 뜻이다.

은 사람들이 있었다.

그날 계엄 해제 의결을 함께하지 못했어도 마음만큼은 같이 있고 싶었던 의원들이 더욱 많다는 것도 안다. 나에게 원색적인 비난을 했던 의원들도 어쩌면 두려움이 매우 컸기 때문이었을 수 있다고 생각한다. 그러나 우리는 한마음이다. 대한민국이 자유민주주의 선진국가로 우뚝 서는 것. 지금껏 그래 왔듯 우리는 또다시 길을 찾을 것이다.

나에 대한 오해 몇 가지를 짚고 넘어가려 한다. 일각에선 내게 배신자 프레임을 씌운다. 이번이 처음도 아니다. 문재인 정권 당시 조국 수사를 할 때에는 나보고 검사장 승진을 시켜준 민주당 정권을 배신했다고 했고, 윤석열 대통령에게 김건희 여사 문제, 의료 문제, R&D 문제, 이종섭 대사 문제, 황상무 수석 문제, 명태균 문제, 김경수 복권 문제 등에서 바른말을 하니 나더러 윤 대통령을 배신했다고 한다.

누가 옳고 그른지, 무엇이 나라와 국민을 위해 좋고 나쁜지를 따지는 것이 아니라 특정인을 배신했냐 아니냐는 식으로 몰아가는 정치는 나라와 국민에 해롭다. 개인적으로 친분이 있는 권력자가 명백히 잘못된 결정을 해서 나라와 국민을 어렵게 한다면 권력자에게 바른말을 하는 게 쉬울까 눈감고 입을 열지 않는 게 쉬울까. 힘들어도 직언하는 것이 충정인가, 그렇다. 권력자의 비위를 맞추는 것이 의리인가, 아니다.

국민이 먼저다. 공직자와 정치가가 배신하지 말아야 할 대상은 오직 나라와 국민뿐이다. 권력자가 잘못된 길을 갈 때 바른길로 이끌지 않고 권력자 기분을 맞추는 것이야말로 국민을 배신하는 일이다. 난 대한민국의 자유민주주의적 헌법 질서와 우리 동료 시민들의 뜻을 결코 배신하지 않을 것이다. 사적 인연보다 공공선을 앞에 둘 것이다. 나는 대통령에 대한 고마운 마음이 크고, 대통령과의 사적 인연으로 괴로움이 컸지만 그건 공적 임무를 수행하는 사람으로서 내색할 일이 아니었다.

2023년 12월 말 국민의힘 비상대책위원장을 맡게 된 것은 대통령의 부탁 때문이었다. 당시 국민의힘은 총선에서 크게 고전할 것이 예상되는 상황이었고, 강서구청장 선거 참패와 김기현 대표 체제 붕괴로 크게 흔들리고 있었다. 총선 80석 예상이 나오던 때였다.

총선 결과가 좋지 않을 것이라는 예상이 지배적이었으니 주위에서 모두 말렸다. 다들 지금은 아니라고, 이건 죽으러 가는 자리라고 했다. 처음엔 나도 고사했지만, 어려운 상황에서 보수를 구하고 대한민국을 구하겠다는 마음으로 비상대책위원장직을 수락했다. 나는 총선에서 우리 당과 보수를 위해 좋은 결과를 내겠다는 것에 집중했고, 최선을 다했다.

비상대책위원장 취임 첫날 총선 불출마를 선언한 것은 내가 희생해야 다른 사람들의 희생을 요구할 수 있다고 생각했기 때문이다. 하지만 지금까지도 그때 내가 배지를 달았어야 했다고 말하는 사람들이 많다. 그게 맞았을지도 모른다.

나는 총선 승리를 대한민국과 보수, 그리고 우리 당을 위해 정말 절실하게 바랐다. 그걸 위해서라면 내가 손해 봐도 상관없었다. 지금도 후회 없다. 돌아보니 2024년 12월 계엄과 탄핵의 국면에서도 그때와 같은 마음이었다.

지금까지도 전혀 사실과 무관한 프레임으로 나를 좌파라고 몰아가는 이들이 있다. 내가 어떤 좌파 단체를 후원했다느니 중국과 밀착돼 있다느니 하는 허무맹랑한 거짓말들을 메신저를 통해 조직적으로 돌린다. 근거가 없는 데다 나와 어울리지 않는 거짓말들이니 처음에는 다들 안 믿다가도 나중엔 혹시 그런 거 아닌가 하는 사람들도 생겨나게 마련이다.

간첩법의 적용 범위를 북한만이 아니라 중국 등 외국으로 확대하자는 것을 이슈화한 것이나 외국인 투표권 요건을 상호주의로 강화해 중국처럼 우리 국민에게 투표권을 인정하지 않는 국가의 국민들에 대한 투표권을 제한해야 한다는 것 모두 내가 먼저 나서서 주도적으로 주장하고 이슈의 전선을 만들었다. 국정원 대공수사권 복원도 내가 주장했다. 물론 나와 내 가족이 좌파 단체에 후원금을 낸 적도 전혀 없다.

나는 경쟁을 장려해야 하고 경쟁의 룰을 지켜야 한다고 믿는다. 다만 경쟁에서 탈락하거나 경쟁에 참여하고 싶지 않은 사람에게도 최소한의 인간적 삶을 보장해야 한다고 생각한다. 아울러 범죄에는 강력히 대응해야 하고, 안보를 굳건히 해야 한다고 믿는다. 특히 자유민주주의라는 가치 질서 아래 한미 관계는 더욱 굳건히 해야 한다. 늘 그렇게 생각했고 실천하기 위해 행동하는 보수정치인이나.

계엄 사태를 겪으며 현행 헌법상 대통령제를 바꿀 때가 됐다는 것도 실감했다. 1987년 헌법의 5년 단임제는 목표를 잃은 대통령이 이판사판 정치를 할 수 있게 만든다. 이제는 바꿔야 한다. 다만 오늘날 이재명 대표의 민주당에서 보듯 비대해진 의회 권한에도 견제가 필요하다. 사생결단 식 전쟁이 벌어지는 소선거구제의 맹점도 개선할 필요가 있다.

조지 워싱턴은 세계 최초의 대통령이었다. 그러나 지금 같은 대통령제가 만들어진 것은 워싱턴이 취임했을 때가 아니다. 그에게 종신 대통령을 맡기려는 여론에도 불구하고 스스로 물러난 순간 진정한 대통령제가 시작됐다. 그 말은 대통령제의 가장 큰 전제는 권력자가 상식을 따르고 절제할 수 있어야 한다는 것이다. 그렇지 못할 경우 얼마나 많은 위험과 혼란, 갈등이 있는지 역사가 보여준다.

나는 큰 결정은 과감하고 명분 있게, 작은 결정은 소심하게 하자는 생각으로 살아왔다. 이번 계엄의 밤 이후 격랑 속의 열나흘도 마찬가지였다.

당 대표 사퇴 후 국회를 떠나며 지지자들을 향해 손 흔드는 한동훈 대표
(사진 출처: 연합뉴스)

계엄 저지와 탄핵 찬성이 진영 내에서 내 정치적 생명을 위협할 것이고, 현재의 극단적 진영정치 아래에서 나에게 크게 불리하게 작용할 것이라는 점은 잘 알고 있었다. 그런데 어쩌겠는가. 군대를 동원해 불법계엄을 한 대통령에게 군 통수권과 국민의 안전을 맡길 수 없는 건 분명하고, 내가 그걸 막을 수 있는 위치에 있었던 상황인 것을.

그동안 나는 무엇이 되고 싶어서 정치하는 것이 아니라, 무엇을 이루고 싶어서 정치하는 것이라고 말해 왔다. 그 말을 지킬 때였다.

꽤 많은 사람들이 나에게, 보수정치를 지키고 당을 지키기 위해 올바른 결정을 했는데 당에서 쫓겨난 것이 억울하지 않느냐고 묻는다.

공직에 있을 때, 늘 피해자들의 편에 서려고 애썼다. 초임 검사 시절 그런 이유로 상사와 의견 충돌이 생겼을 때 "그렇게 하면 이 사람이 너무 억울하지 않습니까"라며 반발했던 적이 있다. 그때 그 상사는 이렇게 말했다. "세상에 억울한 사람 많데이." 살다 보면 별거 아닌 말이 인생을 관통하는 경우가 종종 있다. 그 상사가 어떤 심오한 뜻을 가지고 한 말은 분명 아니었겠지만, 이 말이 내겐 그랬다.

세상엔 억울한 사람이 참 많다. 그런 억울한 사람을 도와야지 어떤 일이 있어도 내가 징징대지 말자고 생각했다.

역사의 질문을 받고, 할 일을 했다. 결과적으로나 과정에서나 아쉬운 부분들은 있었지만, 그건 내 능력이 부족해서였지 공공선을 향한 내 의지가 부족해서는 아니었다고 분명히 말할 수 있다. 그렇게 말할 수 있어서 참 다행이다.

2023년 12월 26일 법무부장관을 그만두고 국민의힘 비상대책위원장으로 정치를 시작했다. 그때로부터 꼭 1년에서 열흘 빠진 날이었다. 당 대표직 사퇴 발표를 하고 국회를 떠나는데, 오랫동안 뜻을 같이하면서 응원해 주던 많은 동료 시민들이 배웅하러 나와주셨다. 고마웠다.

"추운 날 와주셔서 고맙습니다. 저는 괜찮습니다. 이 나라가 잘 되게 하는 데 끝까지 최선을 다할 겁니다"라고 인사했다.

와주신 지지자들에게 인사하고 떠나려는데, 많은 인파로 차량 이동이 어려웠다. 그래서 나는 다시 차에서 내렸다. "걱정 마시라. 저를 지키려 하지 마시라, 제가 여러분을 지키겠다", "저는 포기하지 않는다"는 말을 하고 떠났다. 그리고 이제 나는 그 말을 지키려고 한다.

한동훈의 생각

너와 나, 오늘이 행복한 나라

인터뷰어 │ 윤석만

언론인이자 미래학자. 20년간 국회·청와대·총리실 등을 출입하고 사회에디터·논설위원을 지냈다. 고려대에서 사회학을 전공하고 경희대에서 박사과정을 마쳤다. 디지털소사이어티 발기인, 미래학회 회원 등으로 활동 중이다. 《리라이트》, 《미래인문학》, 《보통의 과학》 등 10여 권의 책을 냈다.

고통을 통한 깨달음

한국은 세계 10위권의 경제대국이며 글로벌 시민이 인정하는 문화강국으로 우뚝 섰다. 그러나 유독 정치만큼은 후진성을 벗어나지 못하고 있다. 오히려 지난 10여 년간 한국 정치는 계속 후퇴하고 있다.

무엇이 문제일까. 본질은 정치가 비전과 철학을 잃었기 때문이다. 그 대신 권력을 얻기 위한 맹목적 신념과 그 이후 주어질 전리품에 대한 탐욕만 남았다. 간혹 그렇지 않은 정치인도 있지만 현실의 벽에 부딪혀 깨지기 일쑤다.

보수와 진보의 차이도 운동회 때 팀 구분의 용도로 쓰이는 청군·백군의 표식과 다르지 않다. 싸우기 쉽도록 피아 식별을 위해 만든 구호일 뿐 철학과 비전, 정책과 공약은 보이지 않는다. 극우·극좌가 준동하며 진영 논리와 극단갈등만 커지고 있다.

이를 압축해 보여주는 것이 비상계엄과 대통령 탄핵을 놓고 벌어지는 오늘날의 정치 풍경이다. 대통령이 국회 활동을 금지하고 언론·집회의 자유를 제한하며 위반자 처단을 선언했다. 아이러니하게도 그 목표는 자유민주주의 수호였다.

국민의힘 주류는 보수정당의 책임을 다하기는커녕 '내란동조당'이란 오명을 뒤집어썼다. 거야인 민주당은 사사건건 국정을 발목 잡으며 다수의 횡포를 부리고 마치 사당이라도 된 듯 당 대표 방탄에 여념이 없다.

국가주의 시대가 끝나고 보수정당의 시초가 된 김영삼 전 대통령이 오늘의 현실을 봤더라면 2024년의 비상계엄과 여당의 극우화를 따끔하게 비판했을 것이다. 진보진영의 대부인 김대중 전 대통령도 지금의 더불어민주당은 열린사회를 해치는 민주주의의 적이라고 생각했을 것이 틀림없다.

그나마 다행인 것은 합리적 상식과 바른 소양을 가진 시민들의 존재다. 이들은 운동으로서 민주화가 아닌, 제도로서 민주주의를 교육받고 체화했다. 계엄 명령을 받은 군·경은 자유민주 사회의 주체적 시민으로서 위헌적 명령을 거부했다. 계엄군을 맨몸으로 막아선 시민들은 공화국의 가치 질서를 지키기 위해 직접 행동에 나섰다.

한밤중 최고 권력의 비상계엄 선포를 바라보던 다수의 국민도 위기에 동요치 않는 조용한 항거로 권력의 폭주에 제동을 걸었다. 의회 또한 민주적 절차에 따라 2시간여 만에 계엄 해제를 의결하며 위기를 극복했다. 이 모든 것은 일상의 삶 속에 자유·민주·공화의 가치가 유유히 흐르고 있기 때문에 가능한 일이었다.

이처럼 다수의 시민들은 올바른 소양을 바탕으로 합리적이고 상식적인 판단을 내린다. 제도권 정치조차 양극단에 선 극단주의자들에게 흔들리고 있지만 시민들은 여전히 건강한 의사결정으로 한국 사회의 중심을 잡고 있다. 다만 이들을 대변할 수 있는 국민의 대표자가 부족했을 뿐이다.

정치인 '한동훈'의 인터뷰를 하게 된 건 그 때문이다. 정권의 2인자로도 불렸지만 대통령이 잘못된 길로 들어설 때 이를 눈감지 않았고, 비상계엄 해제와 탄핵소추안 가결을 이끌며 자유민주적 가치 질서를 몸소 실천했다. 당의 얼굴로 1년 동안 밀도 높은 축적의 시간을 보내며 보수정치에 희망의 불씨도 만들었다.

진중권 교수는 그가 "늘 논쟁에서 이기는 입장에 서 있다"고 했는데, 이는 그의 말이 대부분 국민 상식에 부합하기 때문이었다. 하지만 진영 논리에 잠식된 한국의 정치 현실에서 합리적 목소리를 내는 건 쉽지 않다. 윤석열 대통령의 불통과 김건희 여사의 비선 문제를 지적해 궁지로 몰렸던 상황처럼 말이다. 비상계엄 해제와 대통령 탄핵 과정에서도 마찬가지였다. 여당 의원들 주류가 성찰과 숙고 대신 극우 유튜버와 아스팔트 정치세력의 품으로 달려갈 때 제일 먼저 이를 경고했다. 이 또한 바른 소리였지만, 결국엔 대표직에서 축출됐다.

민주당의 횡포에 가장 앞서 싸운 사람도 그였다. 법무부장관 시절부터 이재명 대표의 방탄 국회와 국정 발목 잡기를 정제된 논리와 깔끔한 언변으로 비판했다. 그 결과 정권의 여러 실책에도 불구하고 합리적 보수와 중도층의 지지를 이끌어냈다.

부정선거 음모론과 극단적 유튜버에 빠진 윤 대통령의 잘못이 정치적 순

진함에서 비롯된 것이라면, 공당을 사당화한 이 대표는 영악하기 그지없다. 진보적 삶을 살지 않았으면서 진보의 가치를 내건다는 점에선 위선적이고 몰염치하기까지 하다.

양극단에 선 두 사람 모두 자유민주 사회가 원하는 리더의 모습에선 거리가 멀다. 두 사람의 인식처럼 '자유'가 진영 논리로서 자유세계만을 뜻하진 않으며, '민주'가 선거에 승리한 정당이 제멋대로 해도 된다는 의미는 아니기 때문이다.

중간에 서 있는 시민들이 한동훈에게 기대를 거는 것은 그 때문이다. 정치인으로서 보인 그의 행보는 시민의 상식과 합리에 가장 근접해 있고, 정치적 이해나 친소 관계가 아닌 국민 눈높이에서 의사결정을 해왔다. 양극단의 정치 환경과 각종 불법 리스크에서도 자유롭다.

인터뷰는 다섯 차례 진행했다. 대화의 농도가 짙어지며 예상보다 회차가 늘었다. 주말 아침마다 한국 정치와 그의 삶 전반을 이야기했다. 무슨 질문에든 진심으로 답하려 애쓴다는 걸 느꼈다. 말을 글로 옮기다 보면 문법과 어투를 고치기 마련인데, 그럴 필요가 없었다. 다소 겹치는 부분도 있지만 최대한 구어체 답변 그대로 살렸다.

새로움은 익숙해지면 매력을 잃는다. 성숙해져야 오래간다. 당 대표에서 쫓겨나고 두 달. 그는 얼마나 깊고 단단해졌을까. 고대 그리스 문학에선 'pathei mathos(고통을 통한 깨달음)'를 겪어야 주인공이 된다고 했다. 올겨울 그의 수난은 짧은 정치 인생의 끝을 의미할까, 아니면 새로운 서막을 뜻할까. 판단은 국민의 몫이다.

정치하는 이유

요즘 한국 정치에서 철학이 뚜렷한 정치인을 만나기는 매우 어렵다. 성찰 없이 권력의 욕구만 강하거나, 숙고 없이 신념이 뚜렷한 사람은 많아도 자신이 '왜 정치를 해야 하는가'에 진지한 답변을 내놓는 사람은 흔치 않다. 그래서 물었다.

윤석만 정치를 하는 이유는 무엇입니까?

한동훈 정치는 공공선의 추구라고 생각합니다. 저는 정말로 그걸 하고 싶어서 정치합니다. 잠깐 어린 시절 이야기를 하자면, 저는 딱히 되고 싶은 무언가가 없었어요. 그래서 장래 희망이 뭐냐고 물어보면 할 말이 없어서 대충 둘러대기 일쑤였죠. 다만 어릴 때부터 세상에 도움이 되는 일을 하면서 살고 싶었어요. 그건 제 인생 내내 분명했던 것 같아요.

공직자로 일할 때 생활인으로서 월급 받으며 일하는 기준이 정의와 공정 같은 가치들이어서 참 좋았습니다. 출근 첫날 평생 할 수 있는 출세는 다한 걸로 생각하자고 다짐했던 기억이 납니다.

정치에 입문할 때도 마찬가지였어요. 법무부장관이 된 뒤 해야 할 일들을 그런 기준으로 선별하고 실행했습니다. 그중 하나는 투표권 상호주의 도입입니다. 그동안 중국인 등 외국인에게 지방선거 투표권이 너무 쉽게 부여됐는데, 그 나라에서 우리 국민에게 보장하는 것 이상으로 줄 수 없도록 했습니다. 아울러 민주당이 자행한 '검수완박'의 폐해를 보완하기 위한 '검수원복 시행령'을 만들었고, 극악한 성범죄자들이 출소한 뒤에도 관리·감독을 강화하는 한국형 제시카법을 제정했습니다.

윤석만 간첩법 개정을 추진한 것도 산업계에선 크게 반겼습니다.

한동훈 그동안 외국에서 극비 정보를 빼돌리는 일이 많았습니다. 국가 안위에 관한 기밀부터 기업의 핵심 기술까지 수많은 정보가 유출됐죠. 하지만 간첩법 대상이 북한으로 한정돼 있어 이들을 붙잡아도 간첩죄로 처벌할 수 없었습니다. 간첩법 개정은 법무부장관 시절부터 여당 대표 때까지 가장 역점을 둔 정책 중 하나였습니다.

이와 더불어 스토킹 범죄에 대한 반의사불벌죄 폐지, 군인 등 전사자에 대한 유족 위자료를 인정하는 국가배상법 개정, 국가배상 기준에 있어서 남성이 여성보다 덜 받는 제도를 개선했습니다. 무고죄에 대해 검찰 수사가 가능하도록 시행령을 바꿨죠. '검수완박'으로 불가능해진 것을 제가 '검수원복 시행령'으로 다시 되돌려놓은 겁니다. 또 외국인의 영주권 부여 요건을 지금보다 강화하고 꼭 필요한 외국인을 받아들이고 불법체류를 엄정히 단속하기 위한 이민청 설립 등을 추진하며 지금 시대에 꼭 필요한 일들을 해왔습니다.

윤석만 일각에선 좌파라고 공격하는 사람도 있지만, 실제 추진해온 정책들을 보면 보수색이 선명합니다.

한동훈 (웃으며) 저런 정책하는 좌파가 어딨나요. 당연한 일이죠. 저는 자유민주주의를 믿는 사람이니까요. 법무부장관 때도 야당의 폭거에 강하게 맞섰습니다. 마치 민주당에 혼자서 싸우듯 했다는 말을 많이 들었는데, 그 부분이 자주 부각된 것 같습니다. 많은 분들께서 그때 제가 민주당과 '1:180'으로 싸워 이겼다고 평가해 주시지만, 저는 단지 상식에 맞는 말을 했을 뿐입니다. 국민의 눈높이에서 말이죠. 하지만 막상 그러는 게 쉽지만은 않더군요. 국민의힘 비상대책위원장과 대표 역할을 맡았을 때도 마찬가지였습니다. 그래도 저는 제게 주어진 소명을 알고 최선을 다했습니다.

윤석만 공직자이자 정치인으로서 소명이 뭔가요?

한동훈 나라가 잘되게 하는 거죠. 공직이나 정치는 그러기 위해 봉사하는 직업입니다. 그리고 그걸 해내기 위해 필요한 것이 책임감이라고 생각합니다. 책임감은 보수의 본질이기도 하죠.

소명이란 말에서는 좀 벗어난 다른 얘기일 수 있는데, 공직이나 정치를 하면서 '강강약약' 하자고 노력했어요. 다시 말해 '강자한테는 강하고, 약자한테는 약해야 한다'는 겁니다. 분명히 해두자면, 약자가 꼭 옳은 건 아니고, 옳고 그름을 따지는 데 약자인지를 고려해야 한다는 뜻은 절대 아니에요. 하지만 경쟁 사회에서는 약자가 억울하게 손해 보는 일이 많잖아요. 그래서 공적 영역에서만큼은 약자를 위한 여러 제도들이 설계돼 있고요.

정치인으로서의 자세도 마찬가집니다. 인생의 출발선은 모두 다르기 때문에 약자를 배려하는 원칙이 지켜져야만 갈등과 혼란도 적고 사회 전체가 고루 발전할 수 있다고 생각합니다. 강강약약 해야 한다는 생각을 하지 않으면, 세상은 또 다른 의미의 '강강약약(강자는 계속 강해지고, 약자는 계속 약해진다)'이 될 겁니다. 저는 경쟁을 장려해야 한다고 생각하기 때문에 약자를 위한 공적인 보정(補正)이 어느 정도 필요하다고 생각합니다. 그래야 지속 가능한 사회발전이 가능하니까요.

윤석만 보수의 본질이 책임감이라고 했는데, 그게 정확히 어떤 건가요?

한동훈 보수정당의 비대위원장과 대표를 역임했고, 지금도 한국이 발전하려면 보수정신이 가장 필요하다고 생각합니다. 보수 가치의 핵심은 책임지는 것입니다. 회피하지 않고 스스로 주체적 시민이 돼 문제를 해결하는 것입니다.

지난 역사 속에서 지금의 한국을 만든 산업화와 민주화 두 세력 모두 중요한 역할을 했죠. 그중에서도 국가와 사회의 기틀을 다진 건 산업화 세력이었습니다. 결정적인 장면 중 하나는 1950년 이승만 정부의 농지개혁입니다. 지주의 나라에서 국민의 나라로 바뀐 거죠. 만석꾼의 나라에서 기업인의 나라로 변하는 계기가 된 것이기도 하고요. 해방 이후 북한은 대한민국에서 농민과 공산주의자들의 주도로 폭동이 일어날 것이라고 호언했습니다.

그러나 농지개혁 후 우리 사회는 어땠나요? 많은 농민들이 자신의 땅을 가질 수 있게 되며 주인의식이 생겼고, 나라를 지키는 원동력이 됐습니다. 사실 이것은 매우 간단하면서도 가장 중요한 논리입니다.

윤석만 주인의식과 책임의식이 보수의 핵심 가치란 뜻이죠?

한동훈 그렇습니다. 국민 모두가 주인인 나라, 나와 내 가족을 지키는 것이 곧 공동체를 지키는 것이란 생각에서 보수의 정신이 출발한다고 생각합니다. 결국 내가 잘되려면 우리가 함께 발전해야 하는 거죠. 그런 토양 아래서 훌륭한 기업들이 나오고, 국민 각자가 열심히 공부하고 일하면서 오늘의 대한민국을 이뤘습니다. 이 모든 것이 주인의식과 책임의식에서 비롯했다고 생각해요.

윤석만 의식도 중요하지만 국가와 사회 시스템도 중요한 역할을 했을 텐데요.

한동훈 물론입니다. 대한민국이 발전할 수 있었던 가장 큰 전제는 자유민주주의라는 정치 체제를 택했기 때문입니다. 똑같이 광복을 맞이했지만 북한은 전혀 다른 길을 걸어갔죠. 우리가 발전할 수 있었던 핵심 요인 중 하나는 공정한 시스템입니다. 누구나 노력한 만큼 정당한 보상을 받을 수 있고, 경쟁에서 뒤처져도 새로운 기회와 안전망이 제공될 수 있어야 한다는 거죠.

　다시 말해 시민 모두가 평등한 자유와 공정한 기회를 보장받아야 합니다. 불가피하게 불평등이 생겨야 하면 존 롤스의 이야기처럼 "최소 수혜자에게 최대 혜택이 돌아갈 때"만 예외적으로 용인돼야 합니다. 여기서 중요한 것은 정의는 목적이 아니라 결과로서 주어진다는 점이라고 봅니다.

윤석만 그 이야기는 공정한 시스템이 제대로 운영됐을 때 그 결괏값으로 나타나는 것이 정의라는 뜻인가요? 다시 말해 '정의 구현', '정의의 사도' 이런 식의 목표를 내세우는 건 잘못이라는 의미입니까?

한동훈 물론 그런 목표 자체는 문제가 아닙니다. 다만 정의의 내용을 무엇으로 삼느냐가 중요하겠죠. 예를 들어 불평등을 개선하기 위해 소득분배지수의 일정값을 목표로 잡고, 그걸 달성하는 것이 정의라고 한다면 틀린 말이 아닙니다.

그러나 적폐세력을 심판하고 반국가세력을 처단한다는 식의 정의는 자의적으로 흐를 가능성이 큽니다. 적폐와 반국가의 기준을 정하는 것은 상당 부분 권력자의 판단에 달려 있으니까요. 정의는 현실적 목표를 세우고 공정한 시스템 아래 최선의 노력을 다했을 때 결과로서 주어지는 것이지, 정의 자체를 목표로 내세워 무언가를 해보려는 것은 선전과 선동으로 끝나기 쉽습니다. 역사를 보면 대개 그랬죠.

왜냐하면 이때의 정의는 맹목적 신념과 독선에서 비롯한 경우가 많아요. 때로는 독선이 절대악보다 위험할 수 있어요. 독선은 선을 가장한 채로 다가오기 때문이죠. 자신이 옳다고 확신하는 사람들은 자신의 지지자들로 하여금 맹목적인 복종을 원합니다. 이들을 독선으로 이끄는 말들은 달콤한 말과 화려한 수사로 포장된 경우가 많죠.

윤석만 "기회는 평등하고 과정은 공정하며 결과는 정의로울 것"이라는 문재인 정부의 슬로건처럼 말이죠?

한동훈 아이러니하게도 전두환 전 대통령 이후 '정의'를 가장 많이 부르짖은 때가 문재인 정권인데, 결과는 어땠습니까. 국민을 둘로 쪼개 갈라치기하는 데 바빴죠. 조국 전 장관을 비롯한 686세대 정치인들의 행태도 정의와는 거리가 아주 멀었잖아요.

정책도 마찬가집니다. 선한 의도로, 그러니까 경제적 정의를 실천하겠다며 밀어붙인 최저임금의 급격한 인상도 결국은 큰 혼란과 갈등을 남겼죠. 최저임금이 물가에 연동해 오르는 것은 맞지만 그 속도가 너무 빨라서 문제였습니다. 수많은 일자리가 없어지고, 자영업자들의 한숨은 늘었죠.

정책 목표를 내세울 때, 혹은 국정 과제를 정해서 운영할 때 그런 개인이나 정파의 신념이 과도하게 작용하면 안 된다고 생각해요. 특히 선악을 재단해 놓고 자신의 목적과 이상에 현실을 꿰맞추려 하면 대개 부작용이 커집니다. 정치 영역에서 접하는 여러 문제들은 이분법으로 재단할 수 없는 것들이 많습니다.

역사가 말을 걸다

윤석만 좀 전에 '반국가세력 처단'이란 표현을 썼는데. 2024년 12월 3일 비상계엄이 떠오릅니다.

한동훈 계엄령을 선포하면서 민주당의 폭거를 비판하고 반국가세력을 일거에 척결하겠다고 했잖아요. 민주당의 폭거가 대단히 심각한 문제이고 반드시 해소해야 할 대상인 것은 맞습니다. 저도 그 폭거를 막으려 맨 앞에서 싸워왔고요. 하지만 그 문제를 계엄을 통해 반국가세력 일소라는 식으로 해결하려 한 것은 잘못된 것입니다. 처음 비상계엄을 접했을 때 대통령이 왜 이런 판단을 내렸을까 황당하면서도 안타까운 마음이 컸습니다.

우리가 생산적인 토론을 하려면 두 가지 원칙을 지켜야 합니다. 첫째는 사실을 말한다. 둘째는 의견을 말할 거면 사실로서 합당한 논거를 댄다. 그런데 계엄을 실행한 쪽에서 제시한 비상계엄의 논거 중 상당수는 사실에 근거하지 않은 자의적 판단이거나 음모론에 기초한 것들이 많아요.

더욱이 이재명 대표에 대한 사법부의 판단 절차가 상당 부분 진행 중이었고, 얼마 있으면 최종 결과까지 나오는 상황이었는데, 오히려 이 비상계엄이 이 대표를 위기에서 구해준 상황이 됐습니다.

2024년 12월 3일 윤석열 대통령은 "북한공산세력 위협으로부터 자유대한민국을 수호하고 우리 국민의 자유와 행복을 약탈하는 파렴치한 종북 반국가세력들을 일거에 척결하며 자유 헌정 질서를 지키기 위해 비상계엄을 선포한다"고 밝혔다. 그러면서 "국회는 범죄자 집단의 소굴이 됐으며, 입법 독재를 통해 국가의 사법 행정 시스템을 마비시키고 자유민주주의 체제의 전복을 기도하고 있다"며 국회를 '자유민주주의 체제를 붕괴시키는 괴물'로 규정했다.

윤석만 처음 비상계엄이 발효되고 온 국민이 놀랐습니다. 전 세계에서도 '이게 뭔 일인가'와 같은 황당한 반응을 보였고요. 당시를 복기해 보면, 계엄 발표 직후 거의 동시에 반대 메시지를 냈는데 사전에 낌새 같은 걸 눈치 챘나요?

한동훈 전혀 몰랐습니다. 상상도 못 했죠. 대통령과 평소에 소통을 많이 하던 당내 의원들도 마찬가지였던 것 같습니다. 왜냐하면 지금의 대한민국은 군인들이 쿠데타를 일으키는 것을 꿈꿀 수 없는 나라입니다. 많은 시민들이 큰 모욕감을 느꼈을 거예요. 내가 사랑하는 선진국이자 자유민주주의 국가인 대한민국을 비상계엄으로 입법부를 장악하고, 언론·집회의 자유를 제한하며, 계엄령을 어기면 '처단'까지 하는 나라로 만드는 것에 대한 분노가 컸을 겁니다.

무엇보다 지금의 정부는 자유민주주의를 내세우는 보수 정권이잖아요. 가장 중요한 헌법 가치인 개인의 자유와 권리를 군대를 동원해 정지시키겠다는 건데, 전쟁 같은 엄청난 사변이 없는 한 이 부분이 용납되기 어렵습니다. 그렇기 때문에 비상계엄은 복잡하게 생각할 것도 없이 위헌이라는 판단을 내릴 문제였던 겁니다. 용기를 낼 것이냐, 뒤로 숨을 것이냐 그것만 결정하면 됐죠. 이런 결정할 때 정치적 유불리 같은 정치공학적 고려 사항 등 다른 변수를 넣어 생각하기 시작하면 끝도 없습니다. 그래야 할 이유도 없었고요. 그래서 곧장 계엄을 막겠다는 메시지를 낸 겁니다.

윤석만 "대통령의 비상계엄 선포는 잘못된 것입니다. 국민과 함께 막겠습니다"라고 했죠.

한동훈 회고록에도 썼지만 비상계엄 선포를 보는 순간 '지금 이 순간이 나중에 되돌아볼 때 우리나라의 중요한 역사적 장면이 될 수도 있겠구나' 직감했어요. 그렇다면 여당 대표로서 지금 무엇을 해야 할까 고민했습니다. 당면 목표는 단 하나였습니다. '오늘 밤이 지나기 전에 비상계엄을 끝내야 한다.' 이를 위해 제일 중요한 것은 국회 본회의를 열어 계엄 해제안을 의결하는 것이고, 또 하나는 계엄 해제 전후 혹시 모를 유혈사태 등이 일어나지 않도록 위기를 잘 넘기는 거였습니다. 만약 다음 날까지 계엄이 해제되지 않았다면 수백만 명의 시민이 거리로 쏟아져 나왔을 거예요.

당면 목표를 위해 현실적으로 해야 할 조치들이 뭔가 고민을 했어요. 비상계엄을 성공시키려는 측의 약한 고리는 무엇이고, 가장 효과적으로 대응하려면 어떻게 행동해야 하는지 짧은 시간이었지만 제 평생 가장 많은 고민을 했던 시간이었습니다.

윤석만 그래서 첫 번째가 반대 입장을 발표하는 것이었군요. 유력 정치인 중 가장 먼저 나온 메시지가 여당 대표의 반대였기 때문에 계엄의 정치적 명분이 제거된 측면이 컸습니다.

한동훈 여당 대표의 반대 입장이 계엄을 막는 데 큰 역할을 할 거라고 생각했습니다. 야당이 계엄에 반대하는 것은 당연하지만, 여당이 반대한다는 것은 차원이 다른 얘기죠. '문제가 곧 해결되겠구나' 하고 국민을 안심시켜야 했습니다. 여당 대표로서의 책임이기도 했고요. 그래서 순차적으로 계속 메시지를 냈습니다. 어떻게 진행되고 있고, 앞으로 무엇을 할 것이다 하는 점을 국민에게 알려드려야 불안해하시지 않을 테니까요. 그리고 그동안 대통령의 당에 대한 강력한 영향력을 생각할 때 제가 앞장서지 않으면 국민의힘 의원들이 함께 계엄 저지에 나서기 어려울 거라고도 생각했어요.

윤석만 처음 겪는 상황이라 매우 당황스러웠을 텐데도, 의연하게 대처했다는 평가가 나옵니다.

한동훈 자유민주주의와 공화주의 교육을 받은 누구라도 똑같이 행동했을 겁니다. 인류 역사의 발전은 곧 인권 신장의 과정이었습니다. 오늘날의 선진국들은 자유민주주의와 공화주의를 바탕으로 합니다. 계엄의 문제는 그 본질을 건드리는 거죠. 사변이나 전시 상황과 같은 매우 예외적인 경우에만 계엄을 선포할 수 있습니다. 이미 자유민주주의 사회에서 계엄령은 사문화된 상황입니다. 당연히 헌법에 위배되는 것이고, 동시에 수십 년간 이룩해 놓은 성취를 일거에 무너뜨리는 것이었습니다.

윤석만 지금도 이해하기 어려운데, 대통령은 비상계엄을 왜 했을까요?

한동훈 대통령의 속마음까지는 제가 알 수 없지요. 다만 경고성 계엄이라거나 계엄령이 아닌 계몽령이란 식의 설명은 이해하기 어렵습니다. 계몽이란 말이 지식 수준이 낮거나 인습에 젖은 사람을 가르친다는 뜻이잖아요. 우리 국민이 계엄령으로 계몽해야 할 대상일 수는 없어요.

윤석만 회고록에서 "대통령이 왜 이러나, 내가 오래전 알던 그 사람이 맞나"라고 표현했습니다. 원래 알던 대통령은 어떤 사람입니까?

한동훈 저는 개인적 관계 때문에 공적인 아웃풋(output)이 달라져서는 안 된다는 원칙을 평생 지켜왔어요. 다시 말해 제가 오랫동안 대통령과 개인적으로 알고 지냈고, 도움을 주고받았다고 해서 공적인 사안에 대한 공적인 의사결정이 달라지면 안 됩니다.

처음 윤 대통령을 안 것은 2000년대 초반입니다. 그 이후 두 사람 모두 국가와 공동체를 위해 중요한 역할을 맡았던 것이고, 각자 자신의 임무에 충실했습니다. 여러 일을 함께 하면서 서로를 믿기도 했죠. 좋은 기억들이 많습니다. 고마운 마음도 큽니다. 그런 오랜 인연이 있기 때문에 지금 상황이 더 안타깝고 괴롭습니다. 저는 누구보다도 이 정부가 성공하기를 바랐고, 그 목표를 위해 어려움이 있어도 용기 내고 헌신했습니다.

윤석만 그 이야기는 '과거의 윤석열'이었다면, 비상계엄 같은 일은 없었을 것이라고 이해해도 되나요?

한동훈 제가 기억하는 '공직자 윤석열'은 공적인 마인드로 업무에 집중할 줄 아는 사람이었습니다. 그렇기 때문에 대통령의 비상계엄을 제가 앞장서서 막아야 하고, 또 탄핵을 추진할 수밖에 없던 상황에서 정말 마음이 아팠습니다.

아울러 우리 당이 어렵게 만든 대통령이었지 않습니까. 그것 때문에 심적 고통이 매우 컸습니다. 하지만 이건 모두 제 가슴속에 담아둬야 할 이야기입니다. 저는 개인 한동훈이 아니라 여당 대표 한동훈으로서 비상계엄 상황을 어떻게든 끝내야 했으니까요.

물론 1년여 전부터 대통령의 변화가 느껴지긴 했습니다. 2023년 말 엑스포 유치 실패 당시 빚어진 여러 논란이나 강서구청장 후보 공천 등을 보면서 '내가 알던 그분이 맞나' 하는 생각을 자주 했습니다. 저는 오랫동안 인연을 이어온 대통령이 성공한 대통령, 국민에게 신뢰받는 대통령이 되기를 정말 바랐습니다. 그래서 남들은 권력자에게 찍힐까 두려워하지 않는 직언을 했던 거고요. 저도 직언하는 것이 불편했어요. 매우 안타까웠죠. 지난 1년 동안의 과정을 돌아보면 여러 일들이 있었고, 그 과정에서 저는 굉장히 높은 벽을 느꼈습니다. 절망감을 느낀 적도 많았죠.

미움 받을 용기

　2024년 총선이 끝날 즈음 사석에서 이런 이야기를 들었다. 윤석열 대통령과 당시 한동훈 비대위원장의 관계가 삐걱대는 걸 보며 서로의 관계에 대한 두 사람의 인식이 매우 달랐다고 말이다. 업무와 일상에 공적·사적 관계가 얽혀 있는 윤 대통령과 달리 한 위원장은 일할 때는 공적 관계 이상으로 윤 대통령을 보지 않는다는 것이었다.

윤석만 일각에서는 직언과 조언이라는 것도 상대방이 받아들일 수 있게 해야 하는 것 아니냐, 두 사람의 오랜 인연을 생각하면 조금 다른 방식으로 관계를 풀어갈 수 있지 않았겠느냐 하는 지적도 있습니다.

한동훈 김건희 여사 등에 대한 문제 제기를 왜 공개적으로 했느냐, 그런 이야기 같은데요. 대통령과의 관계가 있으니 국민들 모르게 비공식적으로 논의하고, 물밑에서 이야기해야 한다는 식의 비판을 많이 받았습니다. 그런데 설마 제가 그렇게 해보지 않았을까요? 당연히 여러 경로로 비공식적으로 드러나지 않게 수차례 그런 이야기를 했는데 받아들여지지 않은 것이었습니다.

저는 오히려 되묻고 싶습니다. 국가와 국민을 위해 대단히 중요한 공적인 의견 제시를 비공식적으로 열심히 했는데, 매번 전혀 수용되지 않는다면 어떻게 해야 하나요? 그렇게 비공개로 이야기해서 계속 묵살당할 때 선택은 두 가지입니다. 첫째는 '나는 할 만큼 했으니까'라는 식으로 그냥 뭉개는 거죠. 그리고 나중에 모든 일이 끝나고 난 뒤 '사실은 말이야 내가 그때 그 말을 했었어' 하고 빠져나가는 겁니다.

또 다른 방법은 어떻게든 공동체를 위한 좋은 결과를 도출할 수 있도록 공개적으로 다시 한번 문제 제기하는 겁니다. 그러면 그렇게 하지 않는 것보다 공동체를 위해 좋은 결과가 나올 가능성이 더 커지겠죠. 서로가 잠시 불편할 수는 있어도, 공공선을 위해선 도움이 되는 길입니다. 앞서 말씀드린 이야기지만 공적 임무를 맡은 사람은 자기 일에 충실하고 집중해야 한다고 생각합니다. 그런 면에서 저는 두 번째 선택을 하는 경우가 많았던 것입니다. 가까운 사이니까 좋은 게 좋은 거 아니냐면서 넘어갔다면 저도 편하지 않았겠어요? 그런데 저는 나랏일을 하는 것이니 그럴 수 없었던 겁니다.

윤석만 김 여사 문제를 말씀하시는 건가요?

한동훈 그걸 포함해 의료사태 해결 이슈라든가, 명태균 씨 문제, 김경수 전 지사 복권 문제, 이종섭 대사 임명 문제, 황상무 수석 사퇴 문제, 특별감찰관 문제 등도 마찬가지였죠. 나라 전체를 봐도 그렇고 보수진영만 봐도 그렇고, 대통령이 입장을 바꾸지 않으면 명백히 안 좋은 방향으로 갈 수밖에 없는 중요한 상황이었어요. 그래도 제가 공개적으로 문제제기를 하고 나면, 어느 정도 긍정적인 방향 전환이 있었죠. 이종섭 대사 사퇴, 황상무 수석 사퇴, 의대증원 2000명 유연화, 여야 의정 출범, 명태균 사태 대통령 사과, 부산 금정 재보궐선거 역전승, 특별감찰관 임명 수용 등 국민들 보시기에는 부족했더라도 제가 직언을 안 했다면 그 정도 진전도 없었을 거라 보는 분들이 많습니다.

　그때 만일 제가 대통령이 받아들이지 않는다고 포기하고 더 이상 아무것도 하지 않았다면 그것이 국가와 국민, 공동체를 위해 더 나은 행동이었을지 반문하고 싶습니다. 그러기엔 우리 정부의 성공을 위해 너무 중요한 문제들이었어요. 실제로 그 정도로 중요한 문제들이 아닌 경우에는 비공개로 문제 제기를 해서 수용되지 않으면 그냥 넘어갔습니다.

윤석만 윤 대통령과의 갈등이 시작된 건 언제부터였죠? 2024년 1월 21일 채널A가 "윤석열 대통령이 한동훈 비대위원장에게 사퇴 요구를 했다"고 보도했습니다. 이유는 김건희 여사의 명품백 사건 때문이라고 했는데요.

한동훈 사실 사퇴 요구는 그전에도 있었습니다. 가장 먼저 사퇴 요구를 받은 건 12월 말이었어요. 국민의힘 비대위원장으로 결정되고, 언론에도 대대적으로 보도된 상태에서 형식적 절차만 남겨둔 시점이었습니다. 그때는 아직 법무부장관이었어요. 그런데 갑자기 대통령실의 비서관을 통해 전화가 왔습니다. 비대위원장직을 포기하고 장관직도 사퇴하라는 요구였죠. 그래서 물어봤습니다. 이유가 무엇이냐고요. 하지만 비서관도 설명 못 했어요. 단지 대통령은 "이유는 본인이 잘 알 거다"라고만 했다는 거예요.

그 전화를 받고 무슨 일인지 알아봤더니 그날 〈조선일보〉 보도 때문이었어요. 여당 관계자의 멘트로 '김건희 여사 특검을 총선 이후에 수용할 가능성이 있다'고 한 겁니다. 대통령이 그 멘트를 제가 한 것으로 잘못 안 것이었죠. 그런데 그 말은 제가 한 게 아니었습니다.

윤석만 그럼 누가 한 말이었습니까?

한동훈 굳이 제가 이름은 밝히진 않겠습니다. 이른바 친윤의 핵심으로 꼽히는 분이었다고 들었습니다.

윤석만 대통령이 잘못된 보고를 받은 것이군요.

한동훈 그렇습니다. 저와 전혀 무관한 기사였죠. 그런데 제게 직접이든 간접이든 확인할 수도 있었을 텐데 그런 절차가 전혀 없었습니다. 그게 황당했습니다. 게다가 그 시점은 이미 제가 비대위원장으로서 총선을 지휘하기로 결정된 상황이었는데, 거기서 그런 이유로 제가 사퇴해 버리면 저를 간판으로 내세워 패색이 짙던 분위기를 반전하려는 당의 총선 전략이 무너지게 되잖아요. 게다가 저는 주위의 만류에도 불구하고 당을 위해 한 몸 희생하겠다는 각오로 불리한 판세 속에서 비대위원장을 맡기로 한 상황이었고요.

윤석만 그래서 어떻게 하셨나요?

한동훈 그 비서관에게 그런 상황에서 장관이든 비대위원장이든 정상적으로 일하기 어려우니 즉시 사표를 내겠다고 했습니다.

윤석만 그런데 비대위원장이 됐잖아요.

한동훈 사퇴 요구를 받고 나서 몇 시간 뒤 김건희 여사가 문자를 보내왔어요. 잘못 알았고, 미안하다고요. 그러면서 저의 사퇴 표명을 없던 일로 해달라고 했습니다. 뒤늦게 제가 한 말이 아니란 걸 알게 된 것 같았습니다.

윤석만 그걸 왜 김 여사가 연락한 걸까요?

한동훈 그런 이유로 사퇴 요구를 하는 것도 이상하지만(제가 한 것은 아니었지만 당의 총선 승리를 위한 전략 차원에서 '총선 이후 김 여사 특검'과 같은 아이디어는 낼 수도 있는 거잖아요), 잘못 알았다는 것이 드러났으면 공적인 경로를 통해 사퇴 번복을 요청했어야 맞는 것이었죠.

2024년 1월 17일 김경률 국민의힘 비대위원은 유튜브 채널에 출연해 "(대통령 부부에게) 사과를 하시라(고 요청하는 게) 필요하다고 본다"고 했다. 그러면서 프랑스 혁명 당시 마리 앙투아네트의 예시를 들었다. 이후 대통령은 비서실장을 통해 한동훈 위원장의 사퇴를 종용했다.

윤석만 그때는 이미 당내에서도 많은 분들이 김건희 여사의 명품백 문제를 지적했었죠. 거기에 마리 앙투아네트 이야기가 기름을 부은 게 됐고요.

한동훈 정확히는 제가 24년 1월 김 여사의 명품 가방 이슈에 대해 "국민 눈높이에 맞지 않다"고 발언한 것이 계기였죠. 총선 승리를 위해 고심 끝에 한 말이었습니다. 기억하시겠지만 그 당시 김 여사 명품 가방 문제로 민심이 굉장이 안 좋았습니다. 대통령실에서는 김경률 회계사를 우리 당 비상대책위원회에서 내보내길 바랐어요. 왜 김 회계사의 발언을 통제 못 하느냐고 저를 압박하기도 했죠. 그런데 김 회계사는 자기 소신대로 움직이는 사람이지, 제가 통제할 수 있거나 그런 관계가 전혀 아닙니다.

오히려 김 회계사는 대통령이 후보 시절 직접 자택에서 만나면서까지 어떻게든 영입하려 했던 사람이죠. 윤 대통령이 김 회계사의 진영과 무관한 소신행동을 높이 평가했던 것으로 압니다. 그리고 대선 기간 내내 김건희 여사에 대한 과도한 공격을 가장 적극적으로 방어해 준 사람이기도 했습니다. 금융감독원장 후보로 고려했을 만큼 대통령이 인정한 사람이었죠. 일각에서 말하듯 제가 김 회계사를 금감원장 후보로 추천한 적은 없습니다.

윤석만 이때쯤 김 여사가 보낸 문자에 대한 '읽씹 논란'도 있었죠. 처음 공개된 건 7월이었지만요.

한동훈 앞서 12월 사례 때도 그렇지만, 저는 김 여사와 비대위원장인 제가 정치 이슈 등 공적인 대화를 주고받는 건 부적절하다고 생각했습니다. 그래서 답변하지 않았어요. 저는 과거 장관이나 검사로 일할 때도 아는 사람이 부적절한 요구를 문자로 하면 대화를 멈추고 답을 안 했거든요. 제 경험상 그러는 게 잠깐은 불편할 수 있어도 오해의 소지를 줄일 수 있었거든요. 부적절한 요청을 하는 사람에게 설명을 하다 보면 공적 정보를 발설하기 쉽고, 오히려 안 된다고 설명하는 과정에서 상대방의 섭섭한 감정이 더 커지더라고요. 섭섭함은 나중에 풀 수 있는 거고요. 또 나중에 서로 민망하게 그 얘기를 안 해도 시간이 지나면 풀리더라구요. 일부 정치인들, 공직자들이 김 여사와 계속 소통하는 경우가 많았던 것 같은데 국민 눈높이에 맞지 않는 행동입니다.

윤석만 대통령과 오래 일했으니 김 여사와도 친분이 있지 않았나요? 예를 들어 김 여사 입장에선 서로 친하다고 생각해 연락을 한 것은 아닌가 하고 말이죠.

한동훈 저는 공적인 업무에 사적 관계가 개입되는 건 잘못이라고 생각합니다. 우리가 나랏일을 하는 것이지 사기업에 다니는 게 아니잖아요. 그런 공사 구분을 애매하게 하는 관계가 순간적으로는 어떤 도움이 될 수 있을지는 몰라도, 공무를 수행할 때는 장기적으로 절대 도움 되지 않는다고 생각해요. 국민들이 아시면 공정하지 않다고 생각하실 겁니다. 저는 평생 그러지 않으려고 노력하며 살아왔어요. 앞으로도 그럴 겁니다.

윤석만 다시 계엄 이야기로 돌아가면 대통령은 계속 '자유민주주
의를 지키기 위해서 그랬다'고 하는데, 자유민주주의 개념
에 대해 오해를 하고 있는 건 아닌지요?

한동훈 대통령이 생각하는 자유민주주의가 어떤 의미인지에 대해
서 제가 평가할 일은 아닙니다. 다만 저는 자유민주주의라
는 것은 이념으로서 자유주의와 정치 체제로서 민주정이
합쳐진 것이라고 생각합니다.

　민주정은 국민이 주권을 가진 체제를 뜻하는데, '조선민
주주의인민공화국'처럼 무늬만 민주정인 나라도 있죠. 그
렇기 때문에 체제로서 '자유민주주의'가 중요하다고 생각
합니다. 자연 상태에서 인간이 가진 권리, 즉 시민의 자유
를 최우선으로 삼고 주체적 시민들이 공적 마인드로 연대

해 공동체를 만들고 공공선을 추구하는 공화주의 원리가 오늘날 민주국가의 근본이라고 생각하고요.

윤석만 그렇다면 자유주의는 뭐라고 생각하나요?

한동훈 제가 생각하는 자유주의의 핵심은 '나의 자유'만이 아니라 '너의 자유'도 중요하다는 것입니다. 헌법에 언론·출판·집회·결사 등 표현의 자유를 명시한 이유도 나의 생각만큼이나 너의 생각도 중요하다는 걸 보여주기 위해서죠.

그런 의미로 본다면 현대 민주주의 국가에서 자유주의는 소수 보호까지 뜻합니다. 민주정이 갖고 있는 근본적 한계는 가장 보편적 의사결정 방식이 다수결이라는 점인데, 이는 '다수의 횡포'로 변질되기 쉽죠. 그래서 '너의 자유'도 지켜주기 위해 여러 가지 소수 보호 장치를 만들어뒀습니다. 그것이 바로 삼권분립과 감사원·검찰과 같은 독립기관의 존재로 이어진 거죠.

플라톤·아리스토텔레스부터 내려오는 정치 체제에 대한 구분은 오늘날에도 유효하다. 통치 주체에 따라 군주·귀족·민주정으로 나뉘는데, 이것이 변질되면 각각 참주·과두·중우정으로 타락한다. 민주정(democracy)은 정치 체제일 뿐 자유주의(liberalism)와 공화주의(republicanism) 같은 이념(주의, ~ism)의 영혼이 들어가야 완성된다. 아울러 삼권분립이 엄격하게 이뤄지지 않고, 사정기관이 독립성을 잃는다면 정치적 자유주의가 위협

받는다. 남미 등 선진국의 문턱에서 좌절한 많은 나라들이 이런 일을 겪었다.(야스차 뭉크,《위험한 민주주의》)

윤석만 그런 의미에서 이번 비상계엄은 자유민주주의에 반하는 것이군요.

한동훈 자유민주주의와 공화주의는 현대 민주주의 국가의 정체성입니다. 하지만 이념 자체가 어떤 구속력을 갖고 있진 않아요. 그래서 이를 현실적으로 집행하고 구현할 수 있도록 개념화한 것이 법치주의입니다. '법치(Rule of law)'는 국민이 대표자에게 위임한 권력을 오직 국민이 합의한 법에 의해서만 행사하도록 정해놓은 겁니다. 법치주의는 국민에게 법을 잘 따르라고 명령하는 게 아니라 권력자들이 법에 정해진 대로만 권한을 행사하라는 뜻입니다. 반면 '법에 의한 지배(Rule by law)'는 법을 수단 삼아 권력자의 의지로 시민을 통제할 때 쓰는 말이고요.

결국 국민의 자유를 국가권력이 제한하거나 억압하는 것을 최소화하고 꼭 필요한 경우에만, 그것도 법에 정한 절차에 따라 하도록 한 것이 법치주의의 핵심입니다. 헌법에선 법치주의가 잘 실현될 수 있도록 '과잉금지의 원칙(제37조 2항)'도 명시해 놨습니다. 국민의 기본권 제한이 용인될 때는 목적이 정당하고 수단이 적합하며, 침해를 최소로 해야 하고 균형적이어야 한다는 거죠.

　그러나 이번 비상계엄은 목적과 수단 모두 부적절했습니다. 반국가세력을 그런 방식으로 척결하면 국민의 자유가 증진될 것이라 하는 논리도 맞지 않습니다. 이런 생각은 정확하게 자유민주주의의 반대 지점에 있는 겁니다.

윤석만 대통령은 나중에 대국민 담화에서 일종의 경고성 조치였다는 식으로 해명을 했습니다.

한동훈 안타깝지만 위헌적 비상계엄은 이미 벌어진 현실입니다. 19세기 정치·경제학자인 프레데릭 바스티아의 책 《법》을 좋아합니다. 오래된 책이라 현재 상황에 곧바로 적용하기 어려운 부분도 있지만 여전히 이 시대를 관통하는 통찰이 참 매력적인 책이죠. 세상에는 자유를 억압하는 여러 방식들이 있습니다. 그중에서도 국가가 어떤 좋은 목적을 가지고 자유를 제한하려 드는 경우가 있는데, 결과적으로 안 좋게 끝나는 경우가 더 많습니다.

　국가가 보호해야 할 인간의 기본권이 여러 가지가 있지만, 자유는 다른 가치들과 동등하게 생각해선 안 되고 그보다 더 높은 상위 개념이라고 바스티아는 말합니다. 저 역시 동의하고요. 다른 가치들과 동등하게 자유를 놓고 자유를 '원 오브 뎀(one of them)'으로 제한하다 보면 예상하지 못했던 치명적인 문제들이 발생할 수 있는 거죠. 그렇다고 자유지상주의로 가자는 뜻은 절대 아닙니다. 그만큼 시민의 자유를 제한할 때는 매우 엄격하고 예외적이어야 한다는 뜻입니다. 자유를 극단적으로 제한하는 비상계엄이 단순한 경고나 해프닝일 수 없는 이유죠. 이미 벌어진 일이니 실패했다고 그냥 넘어가자 할 수도 없고요. 전 국민이 생중계로 지켜봤습니다.

윤석만 대통령도 '자유'를 매우 강조하잖아요. 그동안 각종 연설에서 제일 많이 쓴 표현도 '자유'였습니다. '한동훈의 자유'와 '윤석열의 자유'는 다른 겁니까?

한동훈 우리나라에서 '자유'만큼 다양한 의미로 쓰이는 단어는 별로 없을 거예요. 추측건대 대통령이 말하는 자유는 '자유세계(free world)'를 뜻할 때가 많았다고 봐요. 정치 철학이나 이념으로서의 자유주의가 아닌 정치세력으로서의 자유진영이란 의미인 것이죠. 비상계엄 선포 때도 종북·반국가세력으로부터 자유민주주의를 지키겠다고 했으니까요.

자유세계는 사회주의·권위주의 국가들과 구분되는 한편의 진영을 뜻합니다. 윤석열 정부의 외교 성과가 많았는데, 이는 자유세계의 질서에 부응하는 가치외교를 실천했기 때문이라고 생각합니다. 큰 성과이고 국익을 위해 계속 발전시켜 나가야 할 노선입니다. 반대로 문재인 정부는 친북, 친중 노선으로 자유진영과 불협화음이 있었죠.

그러나 자유를 자유세계의 필요충분 개념으로 사용하면 오늘날 우리가 생활하며 느끼는 자유민주주의의 진짜 가치들을 놓치게 됩니다. 1987년 이전 대한민국도 분명 자유세계에 속해 있었지만, 그때를 지금과 같은 수준의 자유민주주의 사회로 평가하진 않습니다. 과거 남미의 친미 독재국가들처럼 자유진영에 속하지만 독재를 하는 나라들도 있으니까요. 체제로서의 자유진영을 뛰어넘는, 자유라는 개념에 대한 철학적 고민이 필요하다고 생각합니다.

영어권에선 자유라는 말이 2개의 단어로 번역되잖아요. 'freedom'과 'liberty'인데, 두 개념은 조금씩 다릅니다. 자유주의는 'liberalism'으로 자유민주주의는 'liberal democracy'로 부릅니다. 그 말은 곧 정치적 이념으로서 자유주의를 이야기할 때는 'freedom'보다는 'liberty'에 방점이 찍혀 있다는 뜻이죠.

윤석만 존 스튜어트 밀이 《자유론(On Liberty)》을 집필한 이유로 "'의지의 자유(freedom of will)'가 아닌 '시민 자유(civil liberties)'를 논하기 위함"이라고 밝힌 것처럼 말이군요.

한동훈 그렇습니다. 오늘날의 자유는 단순히 무언가의 속박에서 벗어나는 것만을 뜻하는 게 아니라 적극적인 시민의 자유인 거죠. 'liberty'는 사회적·정치적 자유라는 의미가 큽니다. 앞서 이야기했던 것처럼 합법적으로 행사할 수 있는 권력의 성격과 한계를 규정한 것이 사회적·정치적 자유주의의 핵심이라고 생각합니다. 그래서 정치적 자유주의는 공론장에서 약자의 생각이 보호될 수 있도록 여러 장치를 해놓는 것이고요. 우리의 정치현실을 기준으로 보면, 지금 민주당이 하고 있는 탄핵 29회와 같은 다수의 횡포를 막거나 불법계엄 같은 대통령 권력의 폭주를 막는 것이 정치적 자유주의의 본질이라고 생각합니다.

윤석만 계엄이 바로 해제돼 다행이었습니다. 그렇다 보니 무슨 계엄이 그리 허술하냐는 말도 있었고요. 하지만 계엄령이 나온 직후 실제 해제되기 전까진 매우 비상한 상황이었을 것 같습니다.

한동훈 맞습니다. 계엄이 그날 밤 해제되지 않았다면 정말 많은 끔찍한 일들이 일어났을 거예요. 사람이 어떤 절박한 목표를 갖고 있으면 주변의 생각들이 옆으로 치워지잖아요. 바로 문 밖에 있는 군인들이 전기를 끊으면 어떡하지, 본회의 정족수를 못 채우면? 이런 식의 고민들만 했습니다. 두려움의 스위치를 잠시 꺼놨다고 할까요. 그러다 보니 계엄 후 가족에게 처음 전화한 것이 모든 상황이 끝난 새벽 5시가 넘어서였어요. 미안하다고 하니, "TV로 봐서 괜찮다" 하더라구요.

윤석만 처음 당사에 도착하자마자 기자의 핸드폰을 빌려 영상을 찍었습니다. 정신없는 와중인데도 그런 생각을 어떻게 했나요?

한동훈 당사에 도착한 게 밤 11시 5분쯤입니다. 저는 국민과 소통이 제일 중요하다고 생각해요. 지난 1년간 저의 정치 발자국을 보면 제가 무슨 큰 세력을 등에 업고 정치한 게 아니잖아요. 현직 대통령까지 저를 적극적으로 반대하는 상황이었으니 더더욱 그렇죠. 제가 여기까지 올 수 있던 것은 오직 국민과의 소통, 공감 덕분이었다고 생각합니다. 앞서 말씀드렸듯 당시 저의 가장 큰 목표는 계엄을 막는 일이었고, 이 목표를 이루기 위해 가장 효과적인 건 진짜 '국민의 힘'을 믿는 것이었어요. 그래서 국민에게 저의 생각과 일의 진행 상황 등을 바로바로 알려야 한다고 생각했습니다.

사실 사람들이 어떤 사안에 대해 판단할 때 대부분의 중심 생각은 이슈 초기에 결정됩니다. 처음 각인된 판단을 전제로 거기에다 덧붙이거나 빼면서 생각을 정리해 가죠. 저는 비상계엄에 대한 프레임이 혹시라도 찬반 대립으로 짜이면 안 된다고 생각했어요.

언론이 곧장 대통령 행동이 잘못이라고 하는 건 부담스러울 수 있으니, 여당 대표인 제 입장을 가지고 비상계엄이 잘못이라는 것을 보도할 수 있게 하려고 했습니다. 비상계엄이 찬반 문제가 아니라 중대한 잘못이라는 걸 확실하게 규정하는 게 필요했고, 그러려면 제 얼굴과 육성이 직접 나오는 게 가장 효과적이라고 봤습니다.

그래서 당사에 도착했을 때 제일 먼저 나와 있던 기자에게 제 영상 메시지를 부탁했고, 단독기사로 쓰지 말고 모든 출입기자들에게 공유를 해달라고 부탁했어요. 고맙게도 그 기자는 그것을 들어줬죠. 그래서 실제로 다른 방송에도 곧바로 그 영상이 나왔고요.

윤석만 그다음 메시지는 계엄에 동원된 군·경을 향한 것이었죠?

한동훈 이것도 매우 중요하게 생각했습니다. 첫 번째 메시지는 전체 국민을 향해서 '여러분 지금 계엄령 보시고 많이 놀라셨죠? 하지만 잘못된 것을 여당이 곧 바로잡을 테니 안심하십시오'라고 말한 거죠.

두 번째는 국회 안팎의 군·경에게 '지금 잘못 행동하면 당신들 인생이 잘못될 수도 있다. 어쩔 수 없이 나온 것을 안다. 그러니 적극적으로 나서면 안 된다. 당신의 미래를 생각해야 한다'고 말하는 것이었어요. 그래서 이들이 계엄에 적극 동조하고 부역하는 것을 막고자 했습니다.

윤석만 짧은 시간인데도 본인의 역할을 잘 정리하고 실천했군요.

한동훈 그 순간 제 역할에 집중하는 게 필요했고, 저는 최선을 다해 그 일을 했다고 생각합니다. 지나고 보면 그날 계엄 해제를 바로 할 수 있었던 게 너무 다행이었어요. 그렇지 못했다면 어땠을지 생각만 해도 끔찍합니다. 유혈사태가 났을 가능성이 크고, 주식시장이 개장하지 못해서 경제가 멈췄다는 시그널을 줬을 거예요. 결국 시민들이 직접 나서서 계엄을 중단시키고 정권을 끌어내렸을 겁니다. 국민의힘은 더 이상 존재하기 어려웠을 거예요.

윤석만 그때 그렇게 직접 나서지 않았더라면 그날 계엄이 해제되지 않았을 거라고 하는 사람들이 많습니다.

한동훈 그랬을지도 모르죠. 그러나 그날 계엄을 막은 것은 민주주의를 지키려 나선 동료 시민들이었다고 생각합니다. 저는 최선을 다했고 그날 계엄이 해제된 것을 다행스럽게 생각해요.

윤석만 나중에 계엄이 끝나고 당의 중진들이 '왜 이런 큰 결정을 상의도 않고 혼자 결정하느냐'는 비판도 했던데요.

한동훈 민주적 의사결정 과정에서 의견수렴은 꼭 필요합니다. 모두 모여 회의하고 토론하는 것은 매우 중요하다고 생각해요. 그러나 이날은 그럴 만한 상황이 아니었어요. 리더의 결단이 필요했던 때라고 생각합니다. 그리고 회의라는 것이 어떨 때는 부담을 분산시켜 책임을 회피하는 용도로 쓰일 때도 있어요. 다수의 뒤에 숨는 거죠. 만약 그 시간에 회의하느라 계엄을 저지할 타이밍을 놓쳤다면 그날 계엄이 해제되지 못했을 겁니다.

윤석만 당시 국민의힘 의원들의 집결 장소가 당사와 본회의장으로 오락가락해 실제 표결에 참여하고 싶었으나 못 온 분들도 있더군요.

한동훈 지금도 가장 안타까운 부분입니다. 더 많은 사람들이 표결에 참여했다면 좋았을 텐데 초기에 모인 18명 외에 더 늘어나진 않았어요. 국민의힘 의원 과반이 모여서 계엄 해제 표결에 참여했다면, 지금 국민의힘과 보수정치의 상황은 많이 달라졌을 거예요.

윤석만 국회에 있었지만, 본회의장에는 끝까지 안 온 의원들도 있었어요.

한동훈 그랬죠.

윤석만 서운함은 없었나요?

한동훈 저는 의원이 아니라서 의원 단톡방 멤버가 아니었기 때문에 의원들을 통해 의원 단톡방에 계속 글을 올렸어요. 본회의장으로 와달라고. 그러나 각자의 이유로 주저한 분들이 많습니다. 일부는 다른 의원들이나 대통령 눈치를 봤을 테고요. 또 민주당과 같은 방향으로 표결하는 걸 부담스러워하는 분들도 있었을 것이고요. 그러나 많은 분들은 본회의장으로 와서 표결에 참여하고 싶었으나 각자 어쩔 수 없는 사정 때문에 못 온 것일 거라고 생각합니다. 그러니 안타깝긴 하지만 본회의장에 오지 못한 모든 의원들을 싸잡아 비난할 일은 아닙니다.

윤석만 그럼에도 불구하고 국회 담을 넘다 다친 의원도 있고, 심지어 시각장애인인 김예지 의원도 월담하겠다고 해서 전화로 말렸잖아요.

한동훈 그런 분들이 있어 고맙지만 사실 더 많은 분들이 그날 담을 넘어야 했습니다. 두고두고 국민의힘의 상처로 기억될 거예요. 공동체에 대한 책임감, 동료 시민에 대한 책임감 이런 게 보수의 핵심 가치니까요. 책임감은 자기가 손해 안 보고 불이익 받지 않을 때만 행동하는 게 아니잖아요. 우리가 배출한 대통령이 불법계엄을 했다면, 우리가 정치적 손해를 보더라도 앞장서서 막는 것이 보수의 정신이고 책임감이라고 생각합니다.

윤석만 본회의장에서 이재명 대표와 악수 사진이 화제였어요.

한동훈 이 대표는 본회의장에 늦게 도착했습니다. 표결 직전에 도착했던 걸로 기억해요. 기자들도 보고 있고 하니, 저와 악수를 하기 위해 걸어오더라고요. 제 주변에 있는 의원들은 이 대표와 인사하지 말라고 했습니다. 아까 말씀드린 민주당과 같은 방향에 선다는 것을 부담스러워하는 게 이런 거죠. 물론 저 역시 당 대표로서 굳이 그런 그림을 만들지 않으려고 노력은 합니다만, 그 상황에서의 분위기라는 게 있잖아요. 당당히 악수하는 게 맞죠.

그날 밤 이후에도 이 대표나 우원식 국회의장 측에서 저한테 연락을 많이 했어요. 그분들 입장에서는 저와 같이 있는 모습을 보이는 게 정치적으로 도움이 될 거라고 본 거겠죠. 저는 불필요한 오해를 만들고 싶지 않았기 때문에 만나지 않았습니다.

윤석만 포고령에는 미흡한 점이 많지 않았나요?

한동훈 잘못된 계엄이란 걸 확신하게 됐어요. 명백한 위헌이고 물불을 가리지 않는구나 생각했습니다. 만일 법조인들이 많은 민정수석실이나 법무부의 스크린을 한 번이라도 받았다면 이런 포고령을 내지는 않았을 것 같아요. 예를 들어 '국회'란 표현을 꼭 넣을 필요가 있었을까요? 그냥 '정치 활동을 금한다'고 하면 그나마 위헌성이 덜해 보이게 되잖아요. 게다가 그동안 대한민국 역사상 단 한 번도 국회 안까지 계엄군이 들어온 적은 없어요. 서슬 퍼런 군사정권에서도요.

윤석만 그렇게 따지면 더더욱 엄중한 사건이었군요.

한동훈 그렇습니다. 그런데도 실제 국회 안으로 계엄군이 유리창 깨고 들어오고 포고령 자체에 국회를 명시하는 건 서로 게이트 키핑 안 되는 사람들끼리 극소수가 모여 포고령을 쓰고, 계엄을 실행했다는 뜻밖에 안 됩니다. 그리고 '처단'이란 표현을 요즘 세상에서 누가 공적인 용어로 쓰나요.

윤석만 왜 그랬을까요?

한동훈 글쎄요. 저는 알 수 없습니다. 다만 목적의식이 너무 강하면 디테일이 안 보일 때가 있지요.

동료 시민의 힘

근현대사에서 한국과 독일은 비슷한 지점이 있다. 두 나라 모두 분단의 아픔을 겪었고 한강(라인 강)의 기적으로 선진국에 진입했으며 정치 체제로서 민주정을 도입했다. 근대적 시민의 개념을 발명하고 의회주의를 정착시킨 영국이나, 혁명으로 절대왕정을 무너뜨리고 국민주권을 획득한 프랑스와 달리 두 나라는 자유민주주의를 외부로부터 이식받았다.

전통과 괴리된 상태에서 새로운 정체를 받아들여야 했기에 혼란도 많았다. 전후 독일은 그래서 시민교육에 힘썼고, 오늘날 가장 강한 나라 중 하나가 됐다. 한국도 운동으로서 민주화가 끝나고 오늘날과 같이 높은 수준의 민주주의가 정착될 수 있었던 것은 자유민주주의를 고도로 체화한 시민이 있기에 가능했다.

윤석만 국회 안팎에서 군·경을 막아선 시민들이 화제였습니다.

한동훈 정파를 떠나 동료 시민들의 힘이란 그런 것입니다. 진영 논리가 개입됐을 수도 있지만, 그것이 전부라곤 보지 않아요. 제가 군·경에게 메시지를 보냈듯, 시민들도 같은 메시지를 보낸 겁니다. 군·경도 시민들의 수많은 핸드폰 카메라가 찍고 있으니 강하게 나올 수 없었을 겁니다. 그들도 원해서 계엄군이 된 게 아니었으니까요. 만일 그들이 지시받은 대로 제대로 대응했다면 충분히 국회를 봉쇄했을 거예요. 앞서 말씀드린 계엄을 성공하려는 측의 '약한 고리'가 그런 거라고 봤어요.

윤석만 군·경이 불법계엄에 동조하지 않을 거라고 생각했나요?

한동훈 물론입니다. 그들도 민주주의 교육을 받고 민주주의를 믿는 동료 시민이니까요.

윤석만 왜죠? 그들은 상명하복 질서가 강한 집단이잖아요.

한동훈 현장에 있던 20~30대의 경찰과 군인들은 모두 진짜 자유민주주의 교육을 받고 자란 세대입니다. 왜 해야 하는지 모르는 일을, 그것도 비상계엄과 같은 엄중한 사태의 가해자가 되는 일을 맹목적으로 따르진 않을 거라고 생각했어요. 자유민주주의 교육의 핵심은 스스로 판단하고 결정할 수 있는 주체적 시민이 되는 거잖아요.

지금 대한민국은 그 정도의 선진국에 올라 있다고 생각합니다. 그들은 잘못된 명령은 거부하고, 반헌법적 행동은

막아야 한다는 교육을 받고 체화한 세대입니다. 우리가 수
호해야 할 자유민주주의는 그런 거예요. 머리로만 배운 게
아니라 몸으로 익힌 겁니다. 그 세대는 이 나라가 태어날
때부터 민주주의 국가였고, 선진국이었잖아요. 그 세대는
저희 세대와 달리 체벌 같은 것은 생각도 못 하는 민주주의
교육을 받았어요.

윤석만 그러나 모든 시민들의 생각이 같은 건 아니에요. 비상계엄
을 찬성하거나 대통령 탄핵을 반대하는 여론도 있습니다.
그렇기 때문에 국민의힘 의원들이 계엄 해제 표결에도 소
극적이었던 것이고요. 국민의힘 의원들이 영남 지역에 편
중돼 있어서 국민 전체의 생각을 대변하기 어려워지고 있
다는 지적도 있습니다.

한동훈 영남 지역의 지지자들은 자유민주주의에 대한 열망과 그에
대한 책임감이 매우 강한 분들입니다. 그러니까 지지자들
을 탓할 일이 전혀 아니라고 생각해요. 저를 비롯한 정치인
모두에게 해당되는 말입니다만, 해야 할 행동을 하지 않는
정치인이 있다면 그건 해당 정치인의 잘못이지 지지자들의
문제가 아닙니다. 다만 과거 박근혜 전 대통령 탄핵 경험이
나 이재명 민주당 대표에 대한 강한 반감 등이 복합적으로
작용한 측면은 있었을 겁니다. 이해할 수 있는 부분이죠.

조기퇴진이냐, 탄핵이냐

김용현 전 국방부장관 공소장에 따르면 대통령은 계엄 선포 후 28분 만에 홍장원 당시 국가정보원 1차장에게 전화해 "이번 기회에 싹 다 잡아들여. 싹 다 정리해"라고 말했다. 그러면서 "대공수사권 줄 테니까 우선 방첩사를 도와"라고 지시했다. 이후 여인형 당시 방첩사령관은 홍 차장과의 통화에서 체포 명단을 불러주며 소재 파악을 요청했다. 여기엔 우원식 국회의장, 한동훈·이재명 대표가 포함돼 있었다.

윤석만 계엄 해제 후 탄핵소추안 통과까지도 많은 일들이 있었습니다. 그중에서도 주요 정치인 체포 계획이 확인된 게 충격적이었는데, 이에 대해 대통령은 무슨 말을 했습니까?

한동훈 12월 4일 중진들과 함께 면담할 때 대통령은 '체포 지시한 적 없다, 내가 체포할 거면 방첩사를 동원했겠지'라고 말했습니다. 헌법재판소 등에서도 체포 지시한 적 없다는 같은 입장을 밝힌 것으로 알고 있습니다.

윤석만 탄핵소추안이 처음 발의됐을 때는 반대를 했고 두 번째 발의 때 찬성을 했습니다. 여러 상황이 변하긴 했지만, 결정적 이유는 무엇이었을까요?

한동훈 일각에선 제가 오락가락했다고 왜곡하지만 저는 기본 방향에 있어서 처음부터 끝까지 일관된 입장이었습니다. 계엄 해제 의결 후 저의 확고한 생각은 두 가지였어요. 첫째는 대통령은 직에서 물러나야 한다. 둘째는 대통령은 물러날 때까지 군 통수권 등 직무를 수행해선 안 된다. 대한민국을 위험하게 하면 안 된다는 생각이었죠. 이 두 가지 명제는 바뀐 적이 없습니다.

그래서 내놓은 것이 '질서 있는 조기퇴진'이었습니다. 이유는 명확합니다. 만일 탄핵 국면으로 가면 헌법재판소 심판 과정 내내 대한민국은 두 편으로 쪼개져 갈등과 반목이 커질 거라고 생각했습니다. 불확실성으로 인한 혼란도 극심해질 거라고 봤죠. 우리 지지자들의 상실감도 클 것이고요.

또 한 가지는 탄핵 국면이 이재명 대표를 도와주는 결과가 될 수 있겠다고 생각했습니다. 사법 리스크를 가진 이 대표와 대통령에 대한 양비론이 생기면 가장 큰 이득을 보는 건 이 대표입니다.

그렇기 때문에 탄핵보다 질서 있는 조기퇴진이 더 합리적인 결론이라고 생각했습니다. 조기퇴진은 대통령이 자기 잘못에 따른 결과에 승복하는 것이니 지지층 반발도 최소화할 수 있었을 것입니다.

윤석만 탄핵 국면 이후의 상황을 정확히 예측했군요.

한동훈 박근혜 전 대통령 탄핵 당시에도, 박 전 대통령 측은 결정 당일까지 기각을 확신했다고 하잖아요. 당사자 입장에선 확증편향이 생기기 마련이고, 절대로 포기하지 않습니다. 그리고 헌법재판소 구성을 보더라도 12월 기준으로는 6명뿐이었죠. 법원과 달리 헌법재판소 구성은 본질적으로 정치세력 간의 정치적 배분의 측면이 크기 때문에 충원 과정을 놓고 험로가 불 보듯 뻔했고요. 하지만 조기퇴진은 대통령이 약속하고 야당이 받아들이기만 하면 끝나는 거잖아요.

윤석만 그러나 양측에서 공격을 받았죠.

한동훈 야당 입장에선 탄핵을 통해 대통령을 응징하고 싶어 했어요. 그래야 정권을 빼앗아오는 데 정치적으로 도움이 된다고 생각했겠죠. 반대로 여당 쪽은 대통령이 너무 일찍 내려오면 이재명 대표만 도와준 꼴이 되는 것 아닌가 불안해하는 마음이 있었고요. 질서 있는 조기퇴진 방안은 양쪽에서 비판받았지만, 국민을 생각했을 때는 최선의 방안이었습니다. 만일 제가 저의 정치적 손익을 고려한 거라면 양쪽에서 비판받을 게 뻔한 그런 결정을 하지는 않았겠죠.

윤석만 일부에서는 대통령의 말을 믿은 게 너무 순진했던 것 아닌가 하는 지적도 있습니다.

한동훈 대통령이 조기퇴진 의사를 밝힌 것은 저한테 개인적으로 이야기한 게 아니었잖아요. 대국민 담화를 통해 온 국민이 보는 앞에서 공개적으로 약속했습니다. 그 상황에서 대통령의 말을 못 믿겠으니 탄핵밖에 방법이 없다, 이런 식으로 대응할 순 없는 것이죠. 왜냐하면 대통령이 말한 국민과의 약속이었으니 저도 그 뜻을 존중했던 겁니다. 물론 나중에 대통령은 조기퇴진을 하지 않기로 했습니다. 그래서 탄핵 말고는 선택지가 없게 된 거죠. 2차 계엄 등 감수할 수 없는 위험을 막기 위해 대통령의 직무를 조속히 정지해야 했으니까요.

윤석만 대통령은 처음부터 퇴진 의사가 없던 걸까요?

한동훈 글쎄요. 원래부터 없었는지, 나중에 없어진 건지는 모르겠습니다. 다만 대통령이 조기퇴진 담화를 한 게 토요일(12월 7일) 아침이었어요. 그날 오후에 1차 탄핵 표결을 했습니다. 부결되었죠. 저도 대통령의 약속을 믿고 1차 탄핵에 반대했습니다.

대통령의 담화가 의원들의 탄핵 찬반에 영향을 미쳤을 거라고 생각해요. 그리고 1차 탄핵안은 민주당이 '북중러

적대'를 탄핵 사유로 명시해 놓은 부분이 포함돼 있어 어차피 찬성할 수 없었습니다.

윤석만 2차 탄핵안 통과 직전 일부 중진들이 "어차피 구속될 건데 우리 손에 피를 묻히지 말자"고 했다는데, 그 당시 무슨 생각이 들었나요?

한동훈 저는 불법계엄이라는 문제를 외면하거나 왜곡하는 방식으로 계엄의 바다를 건널 수 없다고 생각했어요. 이 문제를 해결하려면 우리가 얼마나 자유민주주의적 가치와 헌법 질서를 수호하는 데 진심인지 행동으로 보여줘야 한다고 봤습니다. 진심은 말이 아니라 행동입니다. 그걸 보고 국민들이 판단하는 것이고요.

그동안 우리가 이재명 대표가 범죄 혐의자라며, 또 민주당이 방탄에 이용되고 있다며 얼마나 많은 비판을 합니까. 그걸 똑같이 할 수는 없잖아요. 그분들 말처럼 구속될 거라고 예상되는 대통령이 군 통수권을 갖고 직무를 계속 수행한다는 것이 너무 위험한 일이라고 봤습니다. 실제로 대통령은 국방부장관을 새로 임명하려고 했습니다. 저의 입장은 일관됐어요. 하루빨리 대통령의 직무정지가 필요하다는 것이었습니다. 그러지 않으면 2차 계엄 같은 사태가 발생할 위험이 크다고 봤어요. 그러면 정말 나라 망하는 거라고 생각했습니다. 제가 대통령을 배출한 정당의 대표고, 대통령과 오랜 인연이 있다 해도 나라가 망할 위험을 감수하는 걸 선택할 수는 없었죠. 괴로운 마음이 컸지만요.

윤석만 막상 탄핵 절차에 돌입하니 탄핵을 반대하는 국민도 적지 않았습니다. 특히 국민의힘 지지층에서는 더욱이요.

한동훈 그분들의 마음을 깊이 이해합니다. 그래서 탄핵으로 상처 입으신 점에 대해 진심으로 미안하게 생각해요. 저도 많이 고심했고 괴롭고 안타깝습니다. 그 마음에 공감하기 때문에 지난 12월 16일 당 대표직 사퇴 후 두 달 넘도록 일체의 대외활동을 하지 않았습니다. 무엇보다 이재명 대표와 민주당의 일상적인 탄핵과 국정마비가 극에 달했잖아요. 또 대통령 체포·구속 과정에서 공수처가 보인 행태 역시 비판 받을 일이 많았고요.

　앞에서도 말씀드렸지만 대통령의 문제의식 중 민주당의 탄핵 남발과 국정마비 등 횡포에 대해서 저 역시 적극 공감합니다. 정권 출범 후 2년 반 동안 발목 잡기만 해왔어요. 그 부분에서 저 또한 민주당을 가장 앞장서 비판해 왔고요. 그 과정에서 민주당으로부터 제가 가장 심한 공격을 받았습니다. 유시민 씨 계좌 추적 가짜 뉴스, 청담동 술자리 가짜 뉴스 등등 헤아릴 수도 없을 정도죠. 그런데 탄핵안이 통과되자마자 민주당은 마치 점령군처럼 행세했습니다. 제가 탄핵안을 찬성했던 것은 하루빨리 대통령의 직무를 정지시켜 나라를 안정시키자는 뜻이었어요. 그러나 민주당은 오히려 혼란을 계속 부추겼습니다.

　제가 만일 당 대표로 있었다면 민주당의 횡포를 가만 놔두지 않았을 겁니다. 대통령의 잘못에 대해서도 엄정한 입장을 취했으니 민주당의 횡포에 대해선 더 강력하게 대응할 수 있었을 겁니다. 대통령의 비상계엄도 문제지만, 이재명 대표의 일상계엄은 더 큰 문제니까요.

현실이 된 김옥균 프로젝트

    탄핵안 가결 직후인 12월 14일 국민의힘 의원총회 현장의 녹취록이 공개돼 파문이 일었다. 한동훈 당시 대표를 향한 성토와 비난이 이어졌고, 일부 의원들은 막말도 서슴지 않았다. 앞서 12일 의총도 고성과 반말이 난무했다. 그에게 탄핵안 통과의 책임을 묻는 것이었다. 실제로 14일 선출직 최고위원들 5명이 모두 사퇴하면서 지도부가 붕괴했다.

    그러나 이때의 상황을 놓고 전문가들은 친윤의 '차도지계(借刀之計)'라고 평가하기도 했다. 탄핵안 통과가 기정사실로 여겨지는 상황에서 권성동 원내대표가 자율 투표의 길을 열어놓고는 그 책임을 덧씌워 한동훈 지도부를 무너뜨렸기 때문이다. 차명진 전 한나라당 의원은 자신의 SNS에서 "탄핵 투표 참여를 결정할 때 이런 결과가 나올 걸 몰랐을까"라고 했다.

    여권의 주요 정치인들 가운데 탄핵소추안 통과의 책임을 한 대표에게만 전가하려는 것은 국민의 눈높이에 맞지 않는다는 지적도 나온다. 오세훈 서울시장과 유정복 인천시장, 김영환 충북지사 등 국민의힘 광역자치단체장들 역시 12월 12일 국민의힘 당론으로 탄핵을 찬성해야 한다는 입장문을 발표했다.

윤석만 친윤의 '한동훈 지도부 축출'은 앞서 '제 손에 피를 묻히지 않겠다'는 전략과 일맥상통하는 것 같습니다.

한동훈 그전에도 이미 '김옥균 프로젝트'니 뭐니 해서 지도부를 붕괴시키고 싶어 했죠. 저도 탄핵안이 통과되면 제가 축출될 수밖에 없을 것이라고 예상했습니다. 자리에 연연하진 않지만, 그 상태에서 제가 나와버리면 당이 불법계엄을 옹호하는 상황이 되는 것은 아닐까 걱정했습니다. 그렇게 되면 국민 다수의 의견에 반하고, 우리 당이 고립될 것 같았습니다. 사실 대통령이 질서 있는 조기퇴진을 거부한 그 시점에서는 저만 탄핵에 찬성한 게 아니었어요. 오세훈 서울시장 등 당초 탄핵을 반대하던 광역단체장들도 탄핵 찬성 입장을 오히려 저보다 먼저 공개적으로 밝혔습니다.

윤석만 의총장의 녹취록을 들어보면 제3자가 보기에도 너무했다는 생각이 드는데요.

한동훈 당 대표가 그 앞에 서서 린치당하듯이 면전에서 욕을 먹고 있는 건 사실 모욕적인 상황이었잖아요. 저는 불법계엄 문제를 해결하기 위해서 노력한 당 대표입니다. 제가 계엄 저지에 앞장서지 않았다면 우리 당은 지금보다 훨씬 어려운 상황이었을 겁니다. 그런데도 이런 상황이 펼쳐져 너무 안타까웠어요. 언론에 보도된 녹취록을 들어보시면 알겠지만, 제가 격앙하거나 그러진 않았습니다. 최대한 이야기를 들으려고 노력했고, 사실관계가 다른 부분만 바로잡았죠. 본질은 비상계엄인데, 그에 대한 비판은 없고 그걸 막으려한 게 잘못이란 식으로 이야기하는 분도 있었으니까요.

그래도 지나고 보니 제가 더 부드럽게 했어야 했나, 아무 말 없이 듣기만 할 걸 그랬나, 하는 생각이 들어요. 거기 있던 사람들 모두 혼란스럽고 불안했을 테니, 당 대표로서 험한 말이라도 그냥 들어주기만 할 걸 그랬습니다. 책을 쓰면서 부족했던 부분들을 곱씹게 되네요.

윤석만 마음의 상처 같은 건 없나요?

한동훈 상처를 입었다기보다 안타까운 마음이 컸습니다. 그래도 나라를 위해 같이 가야 할 분들이잖아요. 제가 책임 전가의 대상이 되는 것이 처음 있는 일도 아니었고요. 김건희 여사 문자 논란 때는 제가 '읽씹' 했다며 잘못을 뒤집어씌우려 했었죠. 계엄과 탄핵 전후로 정도가 심해진 겁니다. 그분들을 미워하거나 그런 마음은 없어요. 저도 국민들께 죄송하다고 여러 번 말했지만, 우리 당 전체로 보면 우리 모두 대통령이 불법계엄을 하는 것을 막지 못한 것에 대한 책임이 있어요.

사실 당 내부에서 대통령과 술자리도 자주 하면서 수시로 연락하고 만나는 분들이 많았잖아요. 평소에 민심의 소리를 정확하게 전달하고, 쓴소리를 조금이라도 했는지 이런 부분에 대한 안타까움이 큽니다.

윤석만 14일 의원총회에서 장동혁·진종오 최고위원의 사퇴가 결정적이었죠. 선출직 5명 중 4명이 사퇴하면 지도부가 붕괴하는데, 친윤 3명과 친한 2명이었습니다. 두 최고위원의 사퇴를 예상했나요?

한동훈 그즈음 비슷한 이야기들을 많이 했죠. 장 의원의 경우 어느 정도 예상은 했습니다. 그래서 주변 의원들이 설득하는 과정도 있었습니다. 아마 본인도 여러 가지로 힘들었을 거라고 이해합니다.

윤석만 진종오 의원의 사퇴는 뜻밖이었습니다.

한동훈 의총에서 린치하듯 압박당하는 과정에서 그리 된 걸로 알고 있습니다. 당시 의총이 굉장히 폭력적인 분위기였으니 견디기 힘들었을 수 있습니다. 이해합니다. 힘들었을 거예요. 진 의원은 그 후에 여러 차례 미안하다고 전해 왔어요. 얼마 전엔 직접 만나서 우리 국민만 보고 다시 같이 가자고 했어요. 진 의원이 저와 찍은 사진을 SNS에 올렸더라고요. 함께하기로 했습니다. 고마운 일이죠.

윤석만 훗날 정치를 재개할 때 그때 욕한 분들과 다시 함께 일할 수도 있을까요?

한동훈 당연하죠. 물병 던진 분도 계시는데, 그 정도쯤이야. (웃으며) 그분들도 여러 생각과 부담이 있었을 거라고 봅니다. 저한테 개인적 감정이 있는 것도 아니었을 거예요. 대부분 평소 서로 잘 지내던 좋은 분들이었거든요. 함께 가야죠. 앞으로 나라가 잘되려면 통합과 화합이 훨씬 더 중요해질 겁니다. 적대적 공생과 극단적 갈등의 시대를 극복해야죠.

윤석만 그러나 이번 지도부 붕괴사태를 놓고 일각에선 친한계의 결집력이 약한 것 아니냐, 리더십이 부족한 것 아니냐는 지적도 합니다.

한동훈 리더십이란 게 뭘까요? 정치인 개인의 이익을 위해 강한 그립을 유지하는 게 리더십이라면 저는 그걸 바라지 않습니다. 대표가 결정하는 대로 구성원들이 일사불란하게 따르는 집단의 수장이 되는 게 저의 정치적 목표는 아니거든요. 그것이야말로 '여의도 사투리'라고 생각합니다. 지켜야 할 가치 없이 그냥 좋은 게 좋은 거라고 구성원들을 다독이면서 폐쇄적인 울타리를 만들어가는 것은 좋은 리더십이 아닙니다.

오히려 진짜 중요한 이슈에서 전체를 위해 필요한 일이라면 개인적 손해나 지지층의 반대에도 불구하고 결단하고 실행하는 게 리더십이라고 생각합니다. 자기편의 단기적인 이익만 좇아가는 건 리더다운 행동이 아니죠.

　따지고 보면 저와 뜻을 함께했던 의원 중 단 몇 명만 잠시 이탈했을 뿐이잖아요. 그 이야기는 반대로 나머지 다수 분들은 지금도 많은 정치적 불이익과 손해를 보면서도 같은 길에 단단히 남아 있다는 뜻입니다. 그리고 제가 사퇴한 이후에도 새로이 저와 함께 가고 싶다는 의원들이 여럿 찾아왔습니다. 어려운 길임에도 불구하고 함께 가는 분들이 많은 건 우리가 생각하는 가치가 같기 때문입니다. 우리는 나라가 잘됐으면 좋겠다는 생각으로 정치하는 사람들입니다. 그런 마음만 있으면 누구와도 함께할 겁니다.

법무부장관에서 비대위원장으로

그가 정치 무대에 등장한 것은 당 대표에서 사퇴하기 꼭 1년 전이다. 2023년 12월 대통령과 여당의 요구였다. 하지만 그는 취임사에서 불출마를 선언했다. 정치권에선 그의 선택을 의아하게 여긴 이들이 많았다. 정치적 입지가 좁아질 것이라는 이유에서였다. 실제로 그는 원외 인사였기 때문에 당 대표 시절에도 여러 한계에 직면할 수밖에 없었다.

윤석만 앞서 잠깐 이야기가 나왔는데 비대위원장 취임 때로 돌아가볼게요. 대통령실의 오해로 우여곡절 끝에 임기를 시작했습니다. 그런데 비대위원장 역할을 스스로 원했던 건 아니잖아요.

한동훈 당시만 해도 법무부장관으로서 해야 할 일들에 더욱 집중하고 싶었습니다. 몇 차례 거절했지만, 대통령은 '당이 어렵다, 지금 당신이 나서지 않으면 안 된다, 꼭 비대위원장 역할을 맡아달라'며 강하게 부탁했어요. 당시 제 주위의 거의 모든 사람들이 지금 총선은 너무 어려운데 비대위원장으로 가면 안 된다, 정치를 하려면 선대위원장 맡고 출마해서 국회의원 배지를 달라고 조언했어요. 그렇지만 고심 끝에 어려워도 국민과 국가의 발전에 기여할 수 있는 부분이 있다고 생각해 수락했습니다.

윤석만 불출마 부분이 잘 이해가질 않습니다. 비대위원장을 맡더라도 비례대표나 거주지인 서울 강남 지역구 공천도 얼마든지 가능하지 않았나요?

한동훈 당시 여당의 분위기는 매우 좋지 않았습니다. 총 80~90석 가능하다는 여론조사가 나올 때였으니까요. 저는 그런 상황에서 맡은 비대위원장이었기 때문에 희생과 쇄신이 필요하다고 봤어요. 그러려면 저부터 내려놓고 희생하는 모습을 보이는 것이 더욱 설득력 있지 않을까 생각했습니다.

윤석만 총선 불출마는 오롯이 본인 의지였다는 이야기인가요?

한동훈 제 결정이었던 것은 맞아요. 그러나 온전히 저만의 뜻은 아니었습니다.

윤석만 다른 누군가의 영향도 있었다는 의미군요. 혹시 대통령입니까?

한동훈 대통령이 저에게 지역구든 비례든 불출마할 것을 직접 요구했어요. 그때는 김기현 대표 체제가 무너지고 얼마 안 된 시점이었습니다. 당시 대통령은 김 대표가 자기 지역구인 울산에서 불출마하기를 희망했던 걸로 알려져 있습니다. 울산에서 출마하지는 말고, 대표직은 유지하라는 뜻이었다고들 하지요. 그런데 김 대표는 그와 반대로 했습니다. 대표직을 사퇴하고 총선에 출마했어요. 그런 상황에서 대통령은 저에게 불출마를 요구했습니다.

윤석만 김기현 대표에게 요구했던 걸 그대로 한 거군요. 그럼 비상대책위원장 제안 때부터 불출마를 이야기했나요?

한동훈 처음부터는 아니고 비상대책위원장을 수락하기로 한 뒤 며칠 지나서였어요.

윤석만 불출마하라는 이유를 설명하던가요?

한동훈 그래야 총선에 이길 수 있다는 취지였죠. 제 거취에 대해서는 총선이 끝나고 '다시 내각으로 오면 되지'라고 했습니다. 하지만 그건 사실 현실적으로 불가능하잖아요. 장관하다가 비대위원장 하고, 또 내각으로 돌아가면 그걸 민심이 동의하겠습니까? 저는 현실성 없는 이야기라고 생각했어요. 그래도 민주당의 폭거를 보면 총선에서 이기는 게 중요했습니다. 그것만 생각하고 제가 희생하는 차원에서 불출마하기로 결심했죠.

윤석만 총선이 끝나면 국회의원도 아니라 얻는 것이 아무것도 없었을 텐데, 그래도 비대위원장을 맡았군요.

한동훈 당시엔 총선 이후의 일까지 바라볼 겨를이 없었습니다. 이 재명 대표나 민주당의 문제가 너무 심각하다고 생각했거든요. 저는 공적인 목표나 명분이 뚜렷하면 제 사적인 손익 부분은 나중에 생각하는 편이에요. 이때도 그랬죠. 당의 총선 승패와 관계없이 총선에서 제가 개인적으로 가져갈 것이 하나도 없을 거란 걸 모르지 않았어요.

윤석만 대통령은 왜 불출마를 요구했을까요?

한동훈 정확히 알 수 없죠. 그 이후에도 물어보진 않았습니다.

윤석만 그럼 본인 스스로도 불출마를 결심한 이유는 뭐였나요?

한동훈 여의도는 정치 경력이 길고 노회한 사람들이 모인, 수많은 욕망이 충돌하는 공간이잖아요. 그들 앞에 서려면 리더십을 세울 수 있는 계기가 필요했어요. 총선에서 이기려면 컷오프도 있어야 하고, 지역구를 옮기는 일도 있을 수 있는데 복잡한 이해관계를 풀어내려면 명분이 있어야 했습니다. 그래서 처음부터 저도 희생하겠다는 솔선수범 선언으로 저의 불출마 카드를 던지는 게 도움이 될 거라고 생각했죠.

　　저를 좋아하는 많은 분들이 아직도 이때 제가 꼭 출마했어야 한다고 말씀들을 하시더군요. 배지를 안 달면 총선을 이기더라도 제가 이용만 당하고 낙동강 오리알처럼 될 거라고들 했죠. 제가 그런 상황 알고도 결정한 것이니 후회하지는 않습니다.

윤석만 그러나 공천 과정에서 대통령과 마찰이 있었던 걸로 알려져 있죠.

한동훈 공식 임기를 시작한 건 1월부터인데, 그때는 이미 총선이 석 달밖에 남지 않은 상황이었어요. 공천 문제를 당시 비대위원장이었던 사람이 낱낱이 밝히는 건 적절하지 않은 것 같습니다.

다만 인재를 영입하고 누굴 출마시킬지 등등의 문제는 한두 달 만에 되는 게 아닙니다. 제가 오기 전부터 상당 부분 진행돼 있었어요. 제가 결정할 수 있는 범위는 굉장히 한정적이었습니다. 이미 판이 짜여 있었죠.

하지만 공천 청탁과 같은 잡음이 포착되는 경우처럼 제가 막을 명분이 생기면 단호하게 막았어요. 이미 보도까지 된 부분이니 말씀을 드리면, 명태균 사건의 발단이 된 김영선 전 의원, 김 모 전 검사 등의 경우 경선까지도 가지 못하게 컷오프를 관철시켰죠. 제가 그렇게 했으니 결과적으로 명태균 사건에서 우리 당이 구태정치라는 비판으로부터 어느 정도 보호될 수 있었다고 생각합니다. 많은 우리당 의원들이 제가 당시 단호하게 대응해서 소위 명태균 게이트로부터 당을 구했다고들 말하더군요. 당시 명태균 씨가 관련되었는지 전혀 몰랐습니다. 다만 단호하게 처리하는 것이

쉬운 일은 아니었어요.

2025년 1월 11일 유튜브 채널에서 이현종 문화일보 논설위원은 김민전 의원 관련 공천 뒷이야기를 다음과 같이 밝혔다. "당시 용산과 친윤에서 김민전 교수를 빼고 다른 여성 방송인을 넣으려 했다. 그러나 한동훈 비대위원장이 지명도 높은 정치학자인 김 교수가 더욱 전문성 있는 것 아니냐고 해 이철규 의원과 다퉜다." 아이러니하게도 김 의원은 한동훈 사퇴를 가장 강력하게 주장했던 인물이다.

윤석만 김민전 의원 공천을 주장했던 것이 맞나요?
한동훈 당시 비대위원장으로서 공천 문제를 개별적으로 이야기하 는 건 적절치 않습니다.

윤석만 총선을 앞두고 용산에서 원하는 후보들이 있었나요?
한동훈 명확하게 선을 그어 이야기하긴 어렵습니다. 제가 구체적 공천 과정을 세세히 말하는 게 적절하지도 않죠. 다만 대통 령은 여당을 자기 뜻을 따라야만 하는 당이라고 생각하는 경향이 강했습니다. 일부 친윤계 의원들이 자기의 뜻을 투 영해 용산의 생각인 것처럼 이야기하는 부분도 있었죠.
　　하지만 저는 그렇게 해선 총선을 이길 수 없다고 생각 했습니다. 당시 여론의 문제의식 중 하나가 대통령과 당의 상명하복 식 수직적 관계였으니, 그걸 바꾸는 게 필요했습니다. 당 대표가 대통령 뜻에 따라 여러 차례 자의적으로 바뀌는 등에 대한 비판 여론이 컸고, 대통령실과 당의 관계가 수평적으로 바뀌어야 한다는 요구가 총선을 앞두고 높았었죠.

일단 강서구청장 선거에서부터 당선 무효가 된 검찰 수사관 출신 구청장을 사면하고 다시 후보로 내는 과정이 있었고, 결과적으로 틀린 결정이었잖아요. 강서구청장 공천에 당시 김기현 당 대표도 반대했던 것으로 알고 있습니다. 그럼에도 불구하고 무리하게 공천됐죠. 그런 데다 명품백 이슈 등 영부인 문제도 계속 불거지니 총선을 앞두고 어려운 상황에 놓인 거였죠.

일각에선 제가 정치세력을 만든다느니 뭐니 하는 말도 있었지만, 그렇게 하지 않았어요. 제가 공천에 밀어넣은 사람 없었습니다. 만약 그랬다면 제가 당 대표에서 축출될 일은 없었을 겁니다. 저는 어떤 목표가 있으면 그걸 이루기 위해 집중해서 일합니다. 당시 제 목표는 민주당의 의회독재를 막기 위해 국민의힘이 최대한 많은 의석을 확보하는 것이었어요. 선거 이후 제 입지나 정치적 이해득실은 생각해 보지 않았습니다. 그랬다면 불출마하지도 않았겠죠.

윤석만 그래도 2월에는 분위기가 좋았죠?

한동훈 맞습니다. 여당이 150석 정도는 될 것이라는 예측이 많았죠. 저도 놀랄 정도로 크게 이기는 조사 수치가 계속 나왔어요. 어떤 분은 170석을 이야기해서, 제가 경솔한 발언이라고 경고하기도 했습니다.

윤석만 그 이유는 뭐였을까요?

한동훈 제가 새로운 기대를 모을 수 있었던 점도 있었겠지만, 무엇보다 우리 당 공천에는 적어도 외부의 영향력이나 누구누구의 입김이 들어갈 것이라는 구태가 더 이상 안 먹히는구나 하는 느낌을 국민에게 드린 것 같아요. 세세히 말씀드리진 못하지만, 제가 여러모로 어려워도 그러려고 노력했습니다. 제가 개인적으로 밀어넣은 공천은 전혀 없었고요. 김영선 전 의원 공천 등 명태균 사건에서 보듯이, 공천에 대한 부당한 잡음 같은 것도 제가 최선을 다해 막았죠. 그러는 사이 대통령과의 갈등은 깊어졌지만, 국민 여론은 긍정적으로 변하고 있었습니다.

무엇보다 당시 이재명 대표는 '비명횡사', '친명횡재' 공천으로 논란이 많았어요. 정치는 늘 상대방이 있는 싸움입니다. 그래서 저는 이 대표와 반대로 공천을 최대한 민주적으로 해서 몇 사람의 독단이 들어가지 않도록 노력했습니다. 김무성·김성태 전 의원님 같은 분들에게 최대한 예우를 갖춰 자진사퇴를 요청드렸고, 그분들도 당의 승리를 위해 받아들여주셔서 참 감사했습니다. 지금 생각해 보면 더 그러네요.

윤석만 그러다 3월 들어서면서 이종섭 전 국방부장관과 황상무 전 대통령실 시민사회수석 문제로 분위기가 역전됐죠.

한동훈 너무 안타까운 부분입니다. 바로 그때까지는 우리가 지지율이 크게 상승했어요. 150석 가능할 것이라는 전망이 전 언론에서 나오고 있었습니다. 이종섭 대사 이슈가 3월 4일에 터졌습니다. 이종섭, 황상무 이슈가 커지면서 정말 믿을 수 없을 정도로 지지율이 급속하게 붕괴됐어요. 숫자를 잘못 봤나 할 정도였습니다. 이후 대파 이슈, 의료사태 이슈 등으로 회생 불가 상황이 되었고요. 민심이 참 무섭다고 느꼈습니다.

그런 상황에서 막판에 소위 '이조심판' 전략을 썼던 것입니다. 개헌저지선이라도 지키기 위해선 우리 지지층이 싫어하는 상대를 부각해서 감성적으로 호소할 수밖에 없었기 때문입니다. 이조심판 전략은 이미 판세가 완전히 기울어진 이후인 선거 막판에 고육지책으로 나왔던 거예요. 나중에 이것 때문에 선거에 졌다는 식의 비난을 하는 분들이 있었는데, 그건 시점을 뒤섞은 왜곡된 지적입니다.

이 전 장관이 호주 대사로 내정됐다는 보도 후 제가 비서실장을 통해서 비공개로 강력하게 항의했어요. 대사 발령을 없던 일로 해달라고요. 물론 비공개로 말할 때는 수용되지 않았죠. 대통령이 이 전 장관을 귀국시킨 것은 제가 공개적으로 요청하고 한참이 지난 뒤였는데, 그때는 이미 선거판은 어려워진 상태였습니다. 채 상병 이슈가 선거판에서 거의 사라진 상황이었는데, 이 전 장관을 호주 대사로 임명하면서 다시 뜨겁게 소환됐습니다.

제가 나중에 당 대표 선거에 나서면서 '채 상병 제3자 특검'을 제안했던 이유는 국민의 상식에 부합하는 일이기 때문입니다. 젊은 남성은 모두 군대를 가고, 아들을 둔 부모는 모두 군 이슈에 관심이 많습니다. 무엇보다 보수정신은 군인처럼 공동체에 헌신한 이들을 예우해 주는 거예요. 그게 보수의 본령인데, 채 상병 이슈는 정반대거든요. 저는 국가배상법을 개정해서 전사자 가족의 위자료 청구권을 인정하자고 했고, 국가배상액 산정 시 남성이 더 불리한 차별을 폐지했고, 추서된 계급으로 군 유공자를 예우하는 법도 강력히 추진했죠. 역시 같은 이유에서였습니다.

윤석만 그러던 중 황상무 전 수석의 문제도 터졌죠.

한동훈 총선에 미치는 악영향이 컸습니다. 이종섭 대사 건에 연이어 터지니 지지율 하락의 가속도가 커졌죠. 이때도 대통령실에 비공개로 황 수석이 사퇴하도록 강력히 요구했습니다. 물론 수용되지 않았죠. 나중에 공개적으로 요구했고, 그 후 우여곡절 끝에 황 수석이 사퇴했죠. 그랬더니 대통령실은 오히려 언론이 잘못이라는 식이고 프레임에 걸린 거라는 '프레임론'을 들고 나왔습니다. 제가 사퇴 요구한 것에 대해서도 공개적으로 저를 비판했죠.

어느 나라든 최고 권력자인 대통령도 잘못된 판단을 할 수 있는 거잖아요. 특히 큰 권력을 갖게 되면 독단적 판단을 내릴 가능성이 늘어나죠. 그러면 참모들이 직언해야 합니다. 책임 있는 정치인이라면 바른말을 할 수 있어야 해요. 좋은 게 좋다는 식으로 가면 서로 마음의 평화는 얻을지 몰라요. 어쩌면 그런 처신이 출세를 위한 처세술이겠죠. 하지만 그러면 국민을 위한 좋은 정치는 할 수 없습니다. 좀 거칠게 말하면 그거야말로 국민을 배신하는 거예요.

권력을 견제하는 힘

윤석만 계엄 사태를 수습하는 과정에서 안팎의 집중공격을 받을
때 스트레스가 컸을 것 같습니다.

한동훈 저는 원래 성격이 느긋하고 낙천적인 편이에요. 문재인 정
권 이래 최근까지도 다양한 집중공격을 받아왔는데, 크게
스트레스를 받거나 좌절하거나 그러진 않았어요. 공직생활
을 하면서 제 신조처럼 여겨온 것 중 하나가 이런 거예요.
저는 어떤 일이 끝나고 났을 때 이런 말을 하길 바라요. 잘
못된 부분이 있다면 나의 능력이 부족하기 때문이지 의지
가 부족했던 게 아니라고요.

　이번에도 마찬가지예요. 제가 비상계엄을 반대하고 대통
령 탄핵을 찬성하면서 당 대표직을 유지하기 어려울 것이
란 점을 몰랐을까요? 계엄의 밤이 시작되는 순간부터 당연

히 알았죠. 하지만 그 길을 갈 수밖에 없었어요. 개인적으론 힘든 길이 될 수도 있지만, 공공선을 위해 그게 맞다고 본 겁니다. 그러려고 정치하는 거잖아요. 다만 제가 옳다고 생각한 일들이 공감을 받으려면 시간의 마법이 필요할 수 있겠죠. 그 시간을 견디면 됩니다. 공공선에 도움이 되는 게 제 삶의 목표예요. 그리고 그걸 이룰 수 있을 거라는 데 낙관적이죠.

윤석만 결단과 일처리가 빠르다는 평가를 받는데요.

한동훈 어떤 목표를 세우고, 일을 진행할 때는 속도감 있게 하는 편입니다. 좀 뜬금없지만 저는 물리학을 좋아하는데, 빛이 참 매력적으로 느껴져요. 무슨 말씀이냐 하면 빛은 늘 가장 빠른 길을 찾아서 움직이잖아요. 너무도 멋진 자연의 섭리죠.

　그러나 정치를 하면서 보니 사람의 마음으로 공간이 채워진 이 세상에서는 빛처럼 가장 빠르고 효율적인 길을 찾아 움직이는 게 정답이 아닐 때가 많아요. 빙 돌아서 가야 할 때도 있고, 때론 뒤로 갈 수도 있어요. 설득이 무용한 걸 알면서도 꼭 설득하는 과정을 거쳐야 할 때도 있고요. 눈앞에선 비효율적인 일들처럼 보여도, 나중에 보면 그게 가장 확실했던 길이더라고요. 처음 정치를 할 때는 그걸 알면서도 그러지 못했던 적이 많아요. 지금은 더욱 노력하고 있죠. 이번 계엄 사태에서도 몇몇 순간은 그렇게 하지 못했던 것 같습니다. 그 부분을 아쉽게 생각해요.

윤석만 다른 의견을 듣는 경청이나 절차적 민주주의의 중요성을 뜻하는군요.

한동훈 100년 사는 인생에서 공적으로 이렇게 중요한 역할을 맡는 기간은 그리 길지 않습니다. 저는 그 시간 동안 임무에 집중해야 한다고 생각합니다. 어쩌면 그 자리는 제가 아닌 다른 사람이 맡았더라면 더욱 잘할 수도 있었던 거잖아요. 그러니까 자신에게 공직의 임무가 부여됐을 때 후회가 남지 않도록 임무에 집중하고 최선의 결과를 내야 합니다.

하지만 사람은 누구도 완벽하지 않아요. 그렇기 때문에 남의 말을 들어야 합니다. 특히 국가적으로 중요한 임무를 맡을수록 타인의 의견을 경청해야 더 좋은 결론을 얻을 수 있어요. 설령 타인의 의견이 처음 제가 갖고 있던 생각보다 못했다 하더라도 더 큰 명분을 만들어주죠. 점점 더 그게 중요하다는 걸 느끼고 있어요.

비상계엄 후 제가 좌고우면했다는 비판을 해주시는 분들도 있어요. 그러나 정치라는 게 수학이나 물리학대로 움직이지 않잖아요. 저는 좌청우청(左聽右聽)해야 한다고 생각합니다. 짧은 기간에 결론을 내려야 했지만, 어떻게든 최대한 의견을 수렴하는 과정이 있었죠. 그 끝에 제가 제시한 방안은 '질서 있는 조기퇴진'이었고요. 민주당의 반대, 대통령의 입장 변화로 이루진 못했지만, 그 길대로 갔다면 어쩌면 지금 같은 혼란은 없었을 거라고 아쉬워하는 분들도 많더라고요.

윤석만 대통령이 되더라도 독단적 리더십에 빠질 일은 없다는 뜻으로 들립니다. 정치인에 앞서 인간 한동훈은 '주어진 임무에서 최선의 결과를 내는 사람이고, 그러려면 경청해야 하기 때문이다' 이런 이유에서입니까?

한동훈 역사를 보면 국민의 뜻을 이기는 정치는 없습니다. 대중의 생각이 항상 포퓰리즘인 것은 아니에요. 대중이 늘 정치가에게 선동되는 것도 아니고요. 물론 대중이 과거 광우병 사태처럼 과학과 합리에 반하는 행동을 보일 때도 있어요. 그러나 그런 일들은 흔치 않습니다. 저는 국민 다수의 판단과 리더의 판단이 다를 때, 국민 다수의 판단이 옳은 경우가 더 많다고 생각해요.

문제를 내는 것도 국민이고, 정답을 내는 것도 국민이기 때문입니다. 아무리 공부 잘해도 시험 보는 사람이 정답지 만드는 쪽을 이기기 어렵죠. 그래서 아무리 유능하고 큰 권력을 가진 사람도 다수 국민의 생각과 다르다는 걸 느끼면, 자기 생각을 고집하고 가르치려 들지 말고 본인이 잘못 생각한 건 아닌가 하고 깊이 고민해 봐야 합니다. 출제자의 의도가 나왔으니 디폴트값을 바꿔야 하는 거죠.

윤석만 짧은 정치 기간에 큰 깨달음을 얻은 것 같습니다.

한동훈 (웃으며) 사실 정치뿐 아니라 사람 모든 일이 그렇지 않나요? 아무리 똑똑하고 유능한 사람도 한계가 있습니다. 그 한계를 넘지 못하고 무너지는 사람들도 많이 봐왔고요. 예전에 장관이나 검사로 일할 때도 저는 많은 사람들이 다른 의견을 내면 먼저 제 의견을 의심했어요. 그럴 땐 실제로 제가 틀렸던 경우도 많았죠. 야구에서 3할 타자면 잘 치는 건데, 저 개인 혼자 하는 판단은 3할 정도 맞는다고 생각해요. 그러니 다른 사람 의견을 잘 들어야죠.

윤석만 정리하자면 소통과 경청이 목적 달성에 큰 효용이 있다, 그런 이야기겠네요.

한동훈 현대 사회에서 국민과 소통하지 않으면 어떻게 정치를 할 수 있나요? 정치인이 국민을 가르치려 하거나 답안지를 강요하면 안 됩니다. 문재인 정부가 그랬죠. 부동산 문제가 대표적이죠. 독선적인 답안을 정해 놓고 국민들을 가르쳤잖아요. 집은 사는(buy) 게 아니고 사는(live) 거라고 강요했고요. 하지만 경우에 따라 열심히 노력해서 자기 이름으로 부동산 등기하는 게 목표인 사람도 있을 수 있어요. 자기가 생각한 가치 기준으로 옳고 그름을 정해 국민을 세뇌하려 한 거였죠.

　훌륭한 정치가 중 하나로 꼽히는 아테네의 페리클레스도

모든 결정이 옳았던 것은 아닙니다. 특히 펠로폰네소스 전쟁을 포함한 후반부의 결정들은 잘못된 것도 많았죠. 그러나 그것 또한 정치의 과정이었어요. 페리클레스 사후 아테네는 그만한 정치 리더십을 얻지 못해 쇠락의 길로 빠졌습니다.

너무 안타까운 4월 총선

총선을 앞둔 2024년 2월 말까지 민주당의 '비명횡사'로 여당의 전망은 나쁘지 않다. 하지만 3월 들어 여론이 급반전했다. 대통령실 참모진이 사태 수습을 위해 발을 동동 굴렀지만 당시 윤 대통령은 태연하게 이렇게 답했다. "선거 저도 돼." 비례대표에서 탈락한 주기환 씨를 곧바로 대통령 민생특보로 임명하고, 이를 참모진이 만류하는 과정에서도 비슷한 장면이 연출됐다. (2024년 12월 16일자 〈중앙일보〉 1면)

윤석만 2024년 총선 당시에 여러 부분에서 대통령과 부딪혔죠.

한동훈 의대정원 문제가 대표적이었죠. 2000명을 갑자기 늘리는데, 왜 1000명, 1500명은 안 되는지 합당한 근거가 부족했어요. 수십 년간 한 명도 증원 못 했던 상황이니 2000명이 아니더라도 큰 성과로 볼 수 있었는데요. 제가 대통령실 관계자들에게 "도대체 1999명이면 왜 안 되는 건가요?"라고까지 하소연했던 기억이 나네요. 총선을 목전에 두고도 대통령은 2000명을 고수해야 한다고 생각했습니다. 저는 그런 입장은 선거를 어렵게 한다고 봤고, 거의 모든 우리 당 출마자들 생각도 그랬습니다. 많은 출마자들이 저에게 대통령을 말려달라고 절박하게 요청했었죠. 그 무렵 대통령은 본인이 맞다고 생각하는 것에 대해 누구든 다른 이야기를 하면 권위에 도전한다는 식으로 생각했던 것 같습니다. 어느 시점부터는 저 말고는 감히 대통령의 뜻과 다른 이야기를 하는 사람이 당이든 정부든 거의 없었던 것 같습니다. 그것이 지금 불행한 상황에 이르게 된 이유 중 하나라고 생각합니다. 저는 이 정부의 성공을 위해 절박한 마음으로 직언한 것이었습니다. 제가 공격을 받더라도 어떻게 해서든 부정적인 상황을 개선해 보려는 마음뿐이었어요. 오랜 인연 때문에라도 더 그런 마음이 강했죠. 바른말 하는 게 진짜 대통령과 정부를 위하는 길인데, 아무도 안 하니 저라도 해야 한다는 책임감이 컸습니다. 정부가 정말 잘되길 바랐어요. 안타까운 일이었습니다.

윤석만 의대정원 문제는 지금까지도 꼬여 있죠.

한동훈 의대정원 문제를 포함한 의료개혁 자체는 필요하고, 국민도 개선이 필요하다는 의견이 다수입니다. 하지만 무슨 일이든 그 분야에 속한 구성원들의 의견을 무시하고 갑자기 바꾼다고 하면 탈이 납니다. 보수의 본령은 시장 참여자들의 자율성을 존중하고, 그 안에서 해법이 나오도록 장려하는 것이잖아요.

갑자기 어떤 이상적 목표를 내세우고, 현실을 꿰맞추는 건 좌파의 문제 해결 방식입니다. 말도 안 되는 소득주도성장이나 급격한 최저임금 인상 등 문재인 정부의 정책들 대부분이 시장의 자율성을 해치고 큰 충격을 안겨주는 것들이었어요.

윤석만 그 외 많은 이슈에서 대통령과 갈등이 계속됐죠. 혹시 대통령과 마지막 통화는 언제였습니까?

한동훈 당 대표가 된 뒤에도 초반엔 몇 번 연락이 닿았습니다. 그때가 아마 정책위의장 새로 정하고 그럴 때였어요. 그 무렵 앞으로는 직접 전화하지 말고 비서실장 통해서 이야기하라는 말을 들었습니다.

윤석만 더 이상 대화하지 않겠다는 뜻으로 여겨졌겠네요.

한동훈 그래도 저는 민심을 제대로 전해야 한다고 생각했고 참모진을 통해 의견을 계속 전달했어요. 그게 대통령과 정부의 성공을 위한 길이었으니까요.

윤석만 명태균 씨에 대한 이야기를 전에 들어본 적 있나요?

한동훈 언론에 나올 때까지 전혀 몰랐습니다. 김영선 전 의원 컷오프 때도 명태균이라는 사람의 존재는 몰랐어요. 다만 여론조사에 소위 '기술'이 들어갈 수 있다는 점에 대해서는 알고 있었습니다. 당 대표 선거를 준비 중이었을 때도 저희 쪽으로 명태균 씨는 아니지만 비슷하게 여론조사를 도와주겠다는 사람이 찾아왔다고 해요. 표본 선정 등에 도움을 주겠다고 해서 바로 거절했어요. 안 하겠다고 하니 오히려 해코지할 수도 있다는 식으로 말했다더군요. 저는 이런 걸 싫어하고 지지율이 압도적으로 차이가 나던 상황이라 그런 편법에 혹할 상황도 아니었지만, 일각에선 그런 공포 마케팅이 통할 수 있는 구조예요.

윤석만 그들에겐 그게 일종의 영업 방식인 거죠.

한동훈 치열한 선거일수록 명태균 씨처럼 불안감을 조성해서 비즈니스하는 사람들이 있습니다. 무분별한 여론조사는 분명히 개선해야 합니다. 전 세계 어디에도 우리나라처럼 여론조사가 선거에 큰 영향을 미치는 곳이 없어요. 심지어 여론조사로 후보 선출 당락을 직접 결정하잖아요. 이렇게 하는 나라는 대한민국뿐입니다. 그래서 명 씨 같은 사례가 재발하지 않도록 하기 위해 제가 지시해서 당에 '여론조사 개선 TF'를 만들었습니다. 명태균 사건을 당 차원에서 조사하고, 여론조사로 민의가 왜곡되는 문제를 해결하기 위해서였습니다. 브로커 한 명에 흔들리는 정당이면 안 되는 거니까요.

그런데 TF를 만든 이후 명태균 씨와 직간접적으로 관련된 많은 분들을 자극한 것 같아요. 동떨어져 있는 문제 같지만 명 씨 사건으로 TF를 만든 이후 김옥균 프로젝트니 뭐니 하는 것들이 더욱 강하게 회자되기 시작했어요. '이번에는 꼭 한동훈을 찍어내야 한다' 이런 분위기를 느꼈습니다. 계엄 자체를 옹호하는 사람과 명태균 이슈에서 자유롭지 못한 사람들 사이의 교집합이 큰 것 같다는 느낌도 받았습니다. 그래도 이런 구태정치는 그냥 두면 안 되지요. 그러니 후회는 없습니다.

윤석만 명 씨와 관련된 사람들이 너무 많습니다.

한동훈 그런 식으로 이뤄진 여론조사라면 그건 국민의 의사가 반영된 게 아니잖아요. 그리고 민의를 왜곡하는 여론조사를 이용하면서 한편으로는 부정선거 음모론을 이야기하는 것이 좀 이상하기도 합니다. 공정선거를 위해서는 명태균 씨 같은 여론조사 브로커들이나 드루킹 같은 선거 여론 조작을 막아야 합니다. 다소 벗어난 얘기지만 제가 대통령이 단행한 김경수 전 지사 복권을 반대했던 것도 공정한 선거가 그만큼 중요하다고 생각했기 때문이었어요.

공사 구분은 공직자의 생명

2024년 10월 16일 재보궐선거에서 국민의힘이 약진했다. 특히 오차범위에서 접전을 펼쳤던 부산 금정구청장 선거에서 국민의힘 후보가 61퍼센트를 얻어 압승했다. 여러 가지 승리 원인 중 용산과의 차별화 전략이 주효했다는 분석이 많다. 당시 한동훈 대표는 유세 현장에서 김건희 여사에 대한 부정적 민심을 타파하기 위해 대통령실의 인적쇄신을 강하게 요구했다. 많은 언론에서 그것이 역전승의 요인이었다고 분석했다.

윤석만 김건희 여사의 비선 라인이 있다는 사실을 언제 처음 알았나요?

한동훈 2023년 10월 강서구청장 보궐선거와 2024년 총선 전후까지 용산에서 여러 사람들이 쫓겨나갔죠. 밖에서 보면 오히려 합리적인 분들도 많았어요. 그러나 그 자리를 대신해 들어온 상당수 사람들의 면면이 상식적이지 않았습니다. 경력과 직함 등을 볼 때 갸우뚱할 만한 사람들이 있었죠. 그러면서 특정 행정관이 비서관과 수석에게 면박을 줬다는 식의 이야기까지 들렸고요. 앞서 말씀드린 비대위원장 취임 전 사퇴 요구를 받은 것도, 비선 라인에서 보고를 잘못해 벌어진 일 같고요.

윤석만 다른 정권도 영부인의 영향력이 없진 않았잖아요.

한동훈 권력은 공식 계통에 의해 행사돼야 합니다. 그게 무너지는 순간 정말 많은 부작용이 생기거든요. 영부인은 공적 권한을 가진 사람이 아니에요. 그럼에도 불구하고 바깥에서 영부인의 영향력을 인식할 정도가 됐다면 큰 문제인 거죠.

윤석만 대통령과의 관계를 생각하면 영부인 문제를 제기하기가 어렵지 않았나요?

한동훈 조심스럽지 않았다면 거짓말일 거예요. 사실 제가 일상생활에서는 남에게 마음 상할 말을 잘 못하거든요. 그러나 방치했다가는 이 정부의 성공에 두고두고 결정적 장애가 될 중요한 문제였습니다. 사실 누구나 그렇게 생각하고 있었잖아요. 그런데 어느 누구도 김 여사 문제에 대해서는 입도 뻥긋 못 했어요. 만약에 임기가 6개월밖에 남지 않은 상황이었다면 저도 그냥 뒀을지도 모릅니다. 임기가 2년 반에서 3년이나 남은 상황이었어요. 저는 윤석열 정부가 어떻게 해서든 성공해야 한다는 희망을 버릴 수 없다고 생각했어요. 정말 많은 사람들이 혼신의 힘을 다해서 만들어낸 정부였잖아요. 그러니 저라도 나서서 잘못을 바로잡으려 한 겁니다.

김 여사와 관련한 여러 부정적 이슈가 터져나오는 상황에서 이 문제가 해결되지 않으면 윤석열 정부의 그 어떤 성과도 제대로 평가받을 수 없다고 생각했어요. 저야말로 영부인과 잘 지냈으면 제 일신은 더욱 편하지 않았을까요? 그러나 저는 대통령과 이 정부에 대한 진심 어린 충정의 마음에서 문제를 바로잡고자 했던 것입니다.

윤석만 비상계엄처럼 대통령이 잘못된 길로 갈 거라고 생각한 건가요?

한동훈 비상계엄까지는 전혀 생각도 못 했죠. 그러나 지금 문제를 바로잡지 않으면 정해진 임기까지 평탄할 순 없겠다고 생각했습니다. 왜냐하면 정권의 모든 문제점들은 후반으로 갈수록 계속 튀어나옵니다.

제가 사정 업무를 오래했고, 그중에서도 권력 고위층 수사를 많이 했어요. 대부분 보면 정권 초반부에 붕 뜬 마음에서 저지른 잘못들이 후반에 갈수록 터집니다. 정권의 힘이 빠지는 후반기가 되면 각종 제보들이 속출하게 됩니다. 조심하는 시스템이 작동하지 않으면 큰일을 부를 수밖에 없죠. 제가 계속 특별감찰관 임명을 요구했던 것도 사고를 미연에 방지하기 위한 거였어요.

그러나 그 특별감찰관 임명 정도를 갖고도 당내에서조차 강한 반발을 하는 상황이었으니 속으로부터 곪아가고 있던 것이었습니다. 대통령실이 반대한 것은 말할 것도 없고요. 이런 가장 기본적인 조치들조차 할 수 없는 정권이라면 성공적으로 끝나긴 어려울 것이라고 생각했습니다. 또 당에서 김건희 여사의 '김' 자도 못 꺼내는 상황이라면 더더욱 희망이 없었을 것이고요. 그래서 힘들지만 저라도 나서야 한다고 생각했던 겁니다.

물론 김 여사 문제가 알려진 것과 다른 부분이 있을 수도 있어요. 그래서 정말 억울한 점이 있다면 투명하게 밝혀서 문제를 풀어야죠. 그리고 시스템을 만들어 그런 잘못과 실수가 반복되지 않도록 조심해야 하고요. 역사 속에서도 국민이 이 정도의 의심을 품으면 이걸 제도적으로 정리하려는 노력들을 보였어요. 그 시점에서 제가 그런 노력 차원에서 꼭 해야 한다고 주장했던 것이 특별감찰관 임명이었습니다. 소위 김 여사 라인 정리 요구도 마찬가지였고요.

윤석만 '대통령과 나는 이미 역사 속의 관계가 됐다'는 말뜻도 그런 속내를 염두에 둔 건가요?

한동훈 그건 조금 맥락이 다릅니다. 언론 등에서 대통령과 김 여사가 제게 섭섭함을 느낀다고들 하는데, 실제로 그런지는 모르겠습니다만 그렇더라도 그건 개인적인 감정입니다. 사적인 관계라면 오히려 저도 섭섭함을 느낄 부분이 있겠죠. 그러나 공적인 임무를 맡은 입장에서 저는 대통령에게 섭섭하다는 생각이 들진 않습니다. 오히려 대통령이 처한 지금 상황에 대해서는 정말 마음 아프게 생각해요.

지금 우리는 매우 중요한 임무를 맡은 자리에 있잖아요. 100년 인생 중 아주 짧은 시간 동안 여러 가지 운이 겹쳐서 국민을 위해 일할 중요한 임무를 맡은 거예요. 그럼 그동안에는 오롯이 공무에만 집중해야 한다고 생각합니다. 국민에게 봉사해야 할 중요한 시기에 개인의 감정이 뒤섞여 일을 그르치면 안 됩니다. 사적인 섭섭함이 있다면 임무를 마치고 난 뒤, 새털같이 시간이 많을 때 이야깃거리처럼 대화를 나누면 되는 거라고 생각합니다.

윤석만 대통령은 한때 '큰형님' 이미지로 주목받기도 했는데, 오히려 그것 때문에 여러 문제가 생긴 거군요.

한동훈 대통령과 저와의 사이에 오랜 사적 관계가 있는데 '네가 어떻게 감히' 이런 생각을 하는 분들이 계시는 것 같아요. 대통령이 틀렸더라도 그동안의 관계를 생각해서 편을 들어줘야지 하는 식으로 말이죠.

그러나 저는 그 부분에 동의할 수 없습니다. 왜냐하면 우리는 민주 사회에서 국민의 대리인이에요. 국민의 공익을 위해 봉사하는 자리에서 일하면서 사적 감정이 개입되기 시작하면 문제가 생깁니다. 또 권력자의 위치에서 '네가 감히' 이런 생각을 갖게 되면 그 사람을 퇴행시키고 많은 일들을 그르칩니다. 사적 관계가 있는지 없는지에 따라 공적인 의사결정과 결과물이 달라져서는 안 된다는 것을 신조로 삼고 살아왔고, 공직에서든 정치에서든 그걸 일관성 있게 지켜왔습니다. 한마디로 말하면 국민이 먼저입니다.

윤석만 X세대와 그 윗세대가 사회문화적으로 서로 다른 탓도 있지 않을까요. 가부장적이거나 권위주의적인 분위기에 좀 더 익숙하기 때문에요.

한동훈 그렇지 않습니다. 이건 세대의 문제가 아니라 정답과 오답의 문제예요. 조선 시대를 돌아보죠. 세종대왕도 공사 구분 엄격했습니다. 이순신 장군도 마찬가지고요. 정조 또한 노론의 거두 심환지가 사사건건 발목을 잡아 어려움을 많이 겪었지만, 그렇다고 그를 비상식적으로 대하거나 공격하지 않았어요. 역사에서 좋은 정치가 펼쳐졌을 때는 공사 구분이 엄격했을 때입니다.

젊은 세대가 분노하는 지점도 여기라고 봐요. 과거에 우리 사회가 그랬던 적은 있어요. 공적인 영역에 사적인 관계가 개입해서 단기간으로는 효용을 누릴 수 있던 시대 말이죠.

영화 〈범죄와의 전쟁〉을 보면 주인공 최익현(최민식 분)이 혈연과 지연 등 각종 관계를 이용해서 공적 권력을 끌어옵니다. 한국도 분명 이런 때가 있었지만, 그게 나쁜 거라고 다들 생각하죠.

대한민국 발전의 역사는 이런 문제를 없애는 과정이기도 했어요. 특히 지금 젊은 세대는 누구보다 공정 이슈에 민감합니다. 공정의 가치를 해치는 건 사적 관계가 개입될 때예요. 간부 자녀를 특채한 선관위나, 직장을 대물림하던 일부 귀족노조 등에 젊은 세대가 분노하는 것도 마찬가지고요.

윤석만 윤석열 정부에서 가장 실권을 쥔 세력은 누구였을까요? 충암파, 검찰 출신, 김건희 여사 라인, 국민의힘 친윤 등 중에서요.

한동훈 글쎄요. 다만 시간이 지나서 흙탕물에 흙이 가라앉으면 자연히 알 수 있게 되지 않을까요. '미네르바의 부엉이'가 밤에 날개를 펴는 것처럼요.

윤석만 대통령 부부의 무속 이슈에 대해선 어떻게 생각하나요?

한동훈 국민들이 개인적으로 무속을 좋아하는 건 문제될 게 없다고 생각합니다. 어떤 국민들은 무속에서 위안을 얻기도 합니다. 무속 자체가 문제이진 않아요. 다만 주류 정치에 무속이 끼어드는 건 굉장히 위험합니다. 무속은 어떤 형태로든 앞날을 예상하거나 강한 확답을 하는 경우가 많아요. 그러나 근거가 과학적이거나 합리적이진 않습니다.

앞날을 예측하는 건 매우 중요합니다. 각 분야의 전문가들이 깊은 인사이트를 갖고 상황 변화를 시뮬레이션하는 거죠. 하지만 예측은 원래 잘 맞지 않습니다. 언제든 블랙스완이 튀어나올 수 있으니까요. 그럼에도 불구하고 예측이 중요한 것은 그 과정 때문입니다. 세상을 이해하는 훈련을 하고 시뮬레이션을 통해 미래에 대한 대응법을 준비하는 것이니까요. 예측하고 추리하는 과정을 거치면 오늘의 현실을 이해하는 혜안도 생기고요. 그래서 저는 SF소설과 추리소설 읽는 걸 좋아해요. 좋은 SF소설은 미래를 예측한다기보다 위험한 미래를 방지하기 위해 경고하려는 것일 때가 많아요. 그렇게 미래를 대비하는 겁니다.

하지만 무속에서의 예상은 이런 논리적 과정이 생략돼 있어요. 그냥 '이럴 것이다'라고 제시한 뒤 무조건 믿으라고 하니까요. 대강 재미로 걸러 들으면 되는데, 이걸 맹신하면서 문제가 생기는 겁니다. 물론 저는 대통령이 그 정도로 무속을 믿는다고 생각하진 않아요. 하지만 대통령이란 직의 중요성 때문에 대중이 그렇게 의심하고 우려하는 상태만으로도 아쉽고 안타깝습니다.

보수이념과 역사의식

2023년 8월 28일 윤석열 대통령은 국민의힘 의원 연찬회에서 "국가가 지향해야 할 가치 중 제일 중요한 게 이념"이라고 했다. 앞서 25일에는 육군사관학교가 교내에 있는 독립운동가 5인의 흉상을 철거하겠다고 밝혀 온 나라가 시끄러울 때였다.

처음 이 문제가 제기된 것은 2022년 국정감사에서 신원식 국민의힘 의원이 홍범도 장군의 이력을 문제삼으면서였다. 1년 뒤 그는 국방부장관으로 발탁됐고, 국가안보실장을 역임했다.

철거 대상은 홍 장군을 비롯해 독립군으로 활동한 김좌진, 이범석, 지청천 장군과 이회영 선생의 흉상이다. 아이러니하게도 윤 대통령이 검찰총장 퇴임 뒤 첫 공식 행보에 나선 곳은 이회영 선생을 기념하는 우당기념관이었다.

윤석만 흉상 철거 문제를 어떻게 생각합니까?

한동훈 이념은 우리가 어떤 세상을 꿈꾸느냐는 문제입니다. 저는 자유민주주의 사회를 지향합니다. 자유는 필연적으로 다양성과 개방성을 가질 수밖에 없어요. 그러면서 관용과 배려의 정신이 일상을 사는 생활인의 실천 원리로 여겨지는 것이고요.

그런 관점에서 본다면 육사에 무슨 흉상이 있든 구성원들의 합의만 있다면 문제될 게 없습니다. 여기서 중요한 것은 구성원들의 합의예요. 구성원이란 좁게는 육사 학생과 교수일 수도 있고, 넓게는 국민 전체와 자유민주주의 체제를 뜻할 수도 있어요. 그렇기 때문에 국민이 존경하고 우리 사회가 용인하는 분이라면 누구든 합의를 거쳐 흉상을 세울 수 있다고 봅니다.

그러나 중요한 한 가지 원칙은 대한민국을 침략한 6·25 전쟁에 참전하는 등 체제 자체를 무너뜨리려 했던 이들에 대한 평가는 엄정해야 한다는 겁니다. 역사적 인물들의 평가는 매우 복잡할 수밖에 없습니다. 인생은 기니까 단 하나의 캐릭터로만 평생을 산 게 아니잖아요.

예를 들어 독립운동의 영웅인데, 이분의 정치적 성향이 사회주의거나 무정부주의였다고 생각해 보죠. 이분이 광복 후까지 살아남아서 6·25 남침에 관여하는 등 대한민국 체제에 위협을 가했다면 앞선 공로가 크든 작든 간에 국가적 차원에서 예우하면 안 됩니다.

　예를 들어, 김원봉 같은 사람들이에요. 독립운동의 영웅일지 몰라도 북한 정권에 주요 직책을 맡아 6·25 남침 당시 대한민국을 침공하는 데 역할을 담당했죠. 저는 이런 사람들을 기념하기 위해서 대한민국의 세금을 쓰면 안 된다고 생각합니다. 우리 국민과 체제 자체에 위협을 가한 행위는 절대 용납될 수 없는 거죠.

　하지만 홍범도 장군 같은 분이 사회주의적인 성향을 갖고 있었다고 해서 김원봉, 정율성과 같은 취급을 하는 건 잘못입니다. 그분은 광복 이전에 이미 돌아가셨으니, 만약 광복 이후까지 생존했다면 무슨 일을 했을지는 아무도 모릅니다. 어쩌면 많은 사회주의자들이 그랬듯이 오히려 생각을 바꿨을 수도 있죠. 김문수 장관 같은 분이 좌파운동가였다가 열성적인 우파정치인이 되었듯이요. 벌어지지도 않은 일을 상상해서 '광복 후 인민군이 됐을 거야'라고 공상할 필요는 없습니다. 그건 일본이 패망하지 않았다면 하는 가정 아래 쓴 복거일 씨 소설《비명을 찾아서》같은 SF소설의 영역이잖아요.

윤석만　비슷한 예시로 건국절 논란도 있습니다. 한쪽에선 1919년 임시정부 수립이 대한민국의 건국이라 보고, 다른 쪽에선 1948년 정부 수립이 맞다고 이야기합니다.

한동훈 역사는 독점할 수 없고, 독점되지도 않습니다. 둘 다 자랑스럽게 기념하면 됩니다. 둘 다 대한민국 역사에서 매우 의미 있는 기념해야 할 날들입니다. 임시정부는 우리의 자랑스러운 역사입니다. 하지만 국제법상 정부로 인정되진 못했죠. 그렇다고 해서 우리 국민 중에 임시정부를 부정하는 사람이 있나요? 임시정부의 가치와 위상을 높이 인정한다고 해서 1948년 정부 수립이 폄하되는 것도 아니잖아요. 반대로 1948년 정부 수립도 대단한 역사죠. 그걸 자랑스러워한다고 해서 임시정부 수립을 폄하하는 것이 아니죠.

1919년부터 1948년까지 얼마나 많은 일들이 있었습니까. 그 세월 전체가 일제에 맞서 싸우며 독립을 외치고, 근대적 의미의 건국을 해나가는 과정이었습니다.

대한민국은 정말 자랑스러운 역사를 갖고 있습니다. 광복 반세기 만에 선진국가의 반열에 올랐어요. 경제와 산업, 문화, 스포츠 등 여러 분야에서 세계인의 부러움을 사는 나라입니다. 매우 어려운 상황에서 자유민주주의를 시작했지만 비상계엄을 선포 3시간 만에 막아낼 수 있는 나라가 됐어요. 우리는 역사에 자부심을 가져야 한다고 생각해요. 미시적인 것들을 끄집어내 물어뜯고 공격하기 전에요.

윤석만 5·18 민주화 운동을 놓고 보수정당의 지도부가 사죄하는 흐름이 한동안 이어졌습니다. 1990년 3당 합당 이후 군사

정권에 속했던 정치세력들이 민주자유당에서 한나라당, 자유한국당, 국민의힘으로 이어져왔기 때문인데요.

한동훈 일부에서 5·18 정신을 헌법 전문에 넣는 문제를 놓고 저를 좌파라고 공격하는 분들도 있습니다. 그러나 이 문제는 제가 제시한 게 아니라 윤 대통령의 선거 공약이었어요. 그리고 국민의힘 당헌 당규에도 제가 정치를 시작하기 훨씬 전부터 5·18 정신이 들어가 있습니다.

다만 이 문제를 바라보는 인식에서 젊은 세대와 기성세대는 다를 수밖에 없습니다. 그 시대를 경험해 보지 못한 청년들에게 5·18 민주화 운동은 4·19 혁명, 8·15 광복과 같은 역사 속 사실 중 하나입니다. 독재에 맞서 싸운 자랑스러운 시민들의 역사죠.

이와는 달리 5·18 민주화 운동과 동시대를 살았던 제 윗세대의 선배들은 그때 함께 싸우지 못한 미안한 마음 같은 부채 의식이 있을 수 있어요. 하지만 그 이후의 세대들에겐 부채 의식보다는 4·19처럼 그저 자랑스럽고 고마운 역사로 남아 있는 겁니다. 저도 1980년에 유치원생이었고, 저와 같은 세대는 윗세대 사이에서 주고받는 부채 의식이 적어요. 저보다 나중 세대는 더욱 그렇겠죠. 그러니 제 세대가 주도하는 정치는 과거 세대처럼 5·18의 역사적 부채 의식에 과도하게 얽매이지 않는 정치가 될 수 있다고 생각합니다. 그건 새로운 시대를 여는 큰 차이가 될 수 있죠.

어떻게 보면 5·18 민주화 운동을 정치적 이슈가 아니라 역사적 의미로 투명하게 바라볼 수 있는 세대가 우리 사회의 주축이 돼가고 있다는 이야기죠. 그렇게 역사의 다음 페이지로 넘어가는 길이 열린 것입니다. 다시 말해 역사를 대립의 장으로 만들 필요가 없다는 생각입니다.

한 가지 꼭 강조하고 싶은 것은 민주화 운동 경력만을 평생의 정치 동력으로 삼고 있는 이들에 대해 젊은 세대는 비판적이라는 것입니다. 저도 그래요. 민주화 운동은 특정 개인 또는 집단의 전유물이 아니라 함께했던 시민들의 역사입니다. 젊은 시절 한때의 민주화 운동 경력을 내세워 평생 대대손손 우려먹는 686 정치인에 대한 청년들의 평가는 냉정합니다. 이미 경제적으로 사회적으로 충분히 보상받았잖아요.

윤석열 정부의 성과

윤석열 정부는 한계도 있었지만 성과도 적지 않았다. 미국·일본과 외교 관계를 정상화한 일이나 노동·연금·의료 개혁 추진 등 과거에 시도하지 못했던 일들에 과감하게 손을 댔다.

윤석만 일본과의 관계 문제는 우리의 영원한 숙제 같기도 합니다.

한동훈 우리 역사에서 일제강점기의 부정적인 임팩트가 워낙 컸기 때문에 어쩔 수 없다고 생각합니다. 지금도 일본의 잘못된 역사관에 대해서는 강력하고 단호하게 비판하고 다양한 압박을 통해서 시정하게 해야 합니다. 그 부분에서까지 실용적 관점을 내세우는 것은 민심을 잘못 읽는 것이라고 봅니다. 그러나 문재인 정부가 그랬듯, 자신과 생각이 다른 우리나라 사람들에게 〈죽창가〉를 부르며 친일파로 매도하는 것은 잘못된 일이죠. 올해로 광복 80주년입니다.

우리가 역사 문제를 바라볼 때 과거에 대한 평가와 현재를 살아가는 시민들에 대한 인식은 달라야 한다고 생각해요. 일본의 과거사 문제도 역사 문제에 책임 있는 일본 정부 또는 의회와 일상의 삶을 살아가는 일본 시민과는 구별해서 생각해야 한다는 뜻입니다.

한때 'No Japan' 운동이 있었어요. 일본 정부의 책임 있는 해법을 끌어내기 위해 민심을 지렛대 삼는 건 정치권이 택할 수 있는 전략 중 하나라고 생각합니다. 그러나 정부가 나서서 반일을 부추기고, 정치인들이 일본 제품에 대한 불매운동을 조장하며 친일몰이 하는 것은 국익에 반해요. 나쁜 정치인들에게만 좋은 일이죠.

당시 국내에서 일본 제품을 판매하던 자영업자, 중소기업 등이 많은 어려움을 겪었죠. 일본 차를 타고 다닌다고 해코지를 하는 경우도 있었고요. 일본 여행을 가지 않겠다고 선언하기도 했습니다.

하지만 이웃나라로서의 일본은 어떻게든 우리가 협력하고 시너지를 내야 할 대상입니다. 과거사 문제에 대한 다른 관점이 그 외의 다른 민간 차원의 교류와 협력에까지 영향을 미쳐선 안 됩니다.

윤석만 윤석열 정부의 대일 관계는 문재인 정부와 비교해 많은 진

전이 있었죠.

한동훈 윤석열 정부의 한일 관계 정상화는 대단히 훌륭한 업적이었다고 생각해요. 정무적 차원에서 이런 결단을 내리긴 정말 쉽지 않거든요. 당시 분위기는 후쿠시마 문제도 있고 해서 천천히 결정하자는 분위기가 주류였어요. 그러나 대통령이 결단을 내렸죠. 정말 좋은 직관이었고 용기 있는 행동이었다고 생각합니다.

물론 한일 관계 정상화의 궁극적 목표는 미국과의 관계 때문이었다고 생각합니다. 문재인 정부가 망쳐놓은 한미 관계를 원활하게 돌려놓기 위해서는 한일 관계 정상화가 필요했죠. 궁극적으로 한미일 협조 체제를 만들어 번영의 토대를 다시 만드는 것이 목표였습니다. 보수정권으로서 꼭 해야 할 일이었고, 당시 온갖 비판을 감수하며 늦지 않게 결단을 내린 것은 분명한 업적입니다.

윤석만 다른 업적은 무엇이 있습니까?

한동훈 가장 핵심을 꼽으라면 원전정책이라고 생각합니다. 저는 우리 사회의 지향점이 두텁고 촘촘한 복지국가를 만드는 일이라고 생각합니다. 그러면서도 우리가 계속 발전하기 위해서는 과거와 같은 드라마틱한 성장이 있어야 합니다. 성장 없이 복지는 없습니다. 뭐로 성장해야 하느냐의 문제인데, 과거의 반도체가 그랬듯, 대한민국의 주력 산업이 있어야 하는 거죠.

그런데 우리가 직면해 있는 가장 큰 기술 변화는 AI입니다. AI는 단순한 디지털 산업이 아니에요. 지금까지는 오프라인의 것들을 온라인에 옮겨놓은 것에 불과했다면, AI는 새로운 문명의 탄생을 예고하는 것일 수도 있습니다. 인류로 치면 새로운 종의 출현일 수도 있고요. AX(AI Transformation)이라고 부를 만합니다.

AI 혁명은 산업혁명을 능가하는 새로운 패러다임을 갖고 올 겁니다. 이런 시대적 변화에 대한민국도 올라타야 합니다. 한미일 협조 체제도 그런 의미에서 중요한 것이고요. 블록화가 현실이 돼버린 시대에 문재인 정부나 이재명 대표의 민주당처럼 중국에만 편향적인 정책을 펼친다는 건 국가의 미래를 망치는 일입니다.

윤석만 AI 산업에선 안정적인 전기 공급이 필요하고, 그래서 원전이 중요하다는 이야기군요.

한동훈 그렇습니다. AI 산업은 엄청난 전력을 필요로 합니다. 딥시크(DeepSeek)가 더 적은 칩을 사용하고, 따라서 더 적은 전력을 사용한다고 해서 반도체와 에너지 관련 주가가 떨어졌지만, 그래도 지금보다 훨씬 많은 전력이 필요한 건 분명합니다. 이 부분에서 준비가 안 된 나라들이 많아요. TSMC가 있는 대만은 정전이 수시로 일어납니다. 그래서

TSMC에 전기를 우선 공급할 정도로 전폭적인 지원을 하고 있어요.

원전을 폐쇄하고 재생에너지에 투자했던 많은 유럽 국가들도 다시 원전으로 되돌아가고 있고요. 한국도 문재인 정부 5년간 상당한 퇴행을 겪었지만 그래도 불씨가 남아 있는 거죠. 그런 원전 생태계를 살려놓은 건 매우 다행스런 일입니다. 윤 대통령의 대단한 업적이죠. 반드시 계승해야 합니다.

윤석만 선진국은 AI 산업에 많은 투자를 하고 있어요. 미국과 중국 등이 주도권을 잡기 위해 소리 없는 전쟁을 펼치고 있고요. 늦었지만 한국도 2024년부터 AI를 국가 어젠다로 삼았습니다.

한동훈 당 대표 시절 제가 역점을 두고 추진한 분야 중 하나가 AI입니다. AI를 포함해 반도체, 원전 등 산업을 육성할 수 있는 '상승경제 7법'을 주도했죠. 이미 많은 나라가 AI 투자에 사활을 걸고 있어요. 정부에서도 2024년 9월 '국가인공지능위원회'를 출범했습니다. 늦은 감이 있지만 이제부터라도 기업과 대학, 정부가 한마음이 돼 기술 표준을 만들어가야 합니다. 송전망 확충으로 전력 기반을 탄탄히 해야 하고요.

이미 미국은 트럼프 1기 행정부 때 '미국 AI 이니셔티브'를 마련해 적극적인 육성 정책을 지원해 왔어요. 다만 바이든 행정부에서 규제가 조금 늘었지만, 다시 트럼프 2기 행정부에서 더 많은 지원을 할 것이라고 봐요. 개인 데이터 모집이 용이한 중국은 또 다른 측면에서 AI 기술을 발전시키고 있습니다. 빅데이터가 AI의 핵심이니까요. 텐센트 같은 기업들의 적극적인 투자로 특허 출원 수에서 세계를 선도하고 있고요.

윤석만 최근 유럽을 중심으로 미국의 테크 기업들이 주도하는 AI 산업에 제동이 걸리고 있습니다. 유럽의회가 제정한 AI 기본법이 대표적인데, AI 기술이 초래할 위험과 우려도 함께 고민해야 하지 않나요?

한동훈 물론입니다. 지금은 문명 전환 속도가 매우 빠릅니다. 왜냐하면 인류가 한 번도 경험하지 못한 기술혁명의 시대를 살고 있기 때문이죠. 기술 변화는 인간에게 늘 선택지를 줍니다. 발전할 것이냐 퇴행할 것이냐. 우리는 앞으로 나아가야 하죠.

그런데 이때 중요한 것은 기술만이 아니라 기술에 인문적 가치의 옷을 입히는 겁니다. 아무리 뛰어난 최첨단 기술도 인간의 행복을 증진시키는 방향으로 가야지, 그 반대로 가선 안 됩니다. 그래서 AI 산업을 발전시키되, 새로운 기술이 초래할 사회문화적 문제들을 미리 짚어보고 선제적으로 대응하는 노력도 필요합니다.

그런 의미에서 처음으로 제정된 AI 기본법은 의미가 있다고 봅니다. 우리가 해선 안 될 것, 또 꼭 해야 할 것들을 판단하는 하나의 기준이 될 수 있으니까요.

윤석만 요즘 화두인 '소버린(sovereign)' AI는 어떻게 생각하나요?

한동훈 콘셉트 자체는 매우 의미 있어요. 몇 개의 거대 테크 기업들이 주도하는 AI 산업 체계에서 그 나라의 독자적인 문화와 기술을 지키자는 거잖아요. 당장 챗GTP와 같은 거대언어모델만 보더라도 미국 중심의 가치 질서가 많이 투영돼 있죠. 영문 빅데이터가 중심이고, 미국 기업들이 주도하니까요. 영어로 물어볼 때 훨씬 풍부하고 정확한 답을 주죠. 그렇다 보니 각 나라 고유의 문화와 언어 이런 것들이 제대로 반영되기 어렵습니다. 소버린 AI는 단적으로 말해 테크 기업들의 제국화를 경계하자는 취지이죠.

그런데 우리는 이 안에서 복잡한 산업의 역학 관계도 함께 읽을 수 있어야 해요. 당장 소버린 AI로 가장 큰 수혜를 본 사람은 젠슨 황입니다. 2023년만 해도 엔비디아의 포트폴리오에 소버린 AI 산업은 거의 없었다고 볼 수 있어요. 그런데 이 이슈가 뜨면서 2024년에만 100억 달러 가까운 매출을 올렸다고 추산합니다. 소버린 AI는 기업의 제국화를 막겠다는 취지였는데, 역설적으로 엔비디아를 더욱 키운 셈이 됐죠. 그러다가 최근 중국의 딥시크 쇼크 한 방으로 그 엔비디아가 수세에 몰리는 상황이 됐잖아요. 현실은 정말 급변하고 출렁이고 있어요.

저는 이것이 잘못됐다는 게 아니라 정치적 담론 뒤에 있는 산업의 생태계를 명확히 알아야 한다는 취지로 말씀드리는 거예요. 앞으로 기술 격차를 가진 일등 기업의 영향력은 더욱 세질 수밖에 없습니다. 그래서 우리 기업도 그렇게 될 수 있도록 지원하자는 것입니다.

한국에서 가장 위험한 인물은 이재명

윤석만 대통령 체포·구속 전후에 국민의힘 지지율이 오르고 민주
     당 지지율이 떨어졌어요. 조기대선 체제가 굳어지면서 보
     수층이 결집하고, 점령군처럼 행세하는 민주당에 대한 반
     감이 커졌다는 분석입니다.

한동훈 보수진영 전체가 흔들리니까 그걸 바로잡기 위한 심리에서
     지지율이 높아졌다고 봅니다. 다시 말해 '더 위험한 이재명
     은 안 된다'는 민심의 유리천장이 매우 공고해진 거죠. 민
     주당은 지금 이재명 대표 일극 체제잖아요. 보수진영도 그
     걸 잘 알기 때문에 이 대표가 대통령이 돼선 안 된다, 이런
     심리가 작동한 것이라고 봅니다.

윤석만 만약 조기대선이 열리고 민주당에서 이재명 대표와 달리
     깨끗하고 합리적인 인물이 선거에 나온다면 국민의힘 입장

에선 더욱 어려운 것 아닌가요?

한동훈 상식적으로 생각하면 그렇죠. 그러나 민주당에서 그런 결정을 하긴 쉽지 않을 거예요. '비명횡사'로 그 싹을 모두 잘라냈으니까요.

사실 보수진영의 대통령이 비상계엄을 통해 큰 과오를 범했습니다. 하지만 이재명 대표의 잘못은 그보다 더욱 퇴행적입니다. 많은 범죄 행위를 저질렀는데 자신의 정치적 신념을 실현하기 위해 벌인 일도 아니고, 그저 자신의 욕망을 실현하는 과정에서 생겨난 범법일 뿐입니다. 그 처벌을 면하기 위해 사법 시스템을 망가뜨리고 자유민주주의를 망가뜨릴 기세입니다. 그러니 국민들이 걱정하고 그걸 막기 위해 힘을 모으기 시작하는 것이라고 봅니다.

윤석만 전통적 진보층도 이재명 대표의 민주당은 과거의 정체성을 잃어버렸다고 평가합니다.

한동훈 정확한 지적입니다. 문재인 정부가 그 시작점이었을 것 같습니다. 최장집 고려대 명예교수나 강준만 전북대 명예교수, 고 홍세화 장발장은행장 등은 수십 년간 진보진영의 이론과 철학을 만들어온 분들입니다. 그러나 지금 민주당에 가장 뼈아픈 비판을 하고 있는 분들이기도 하죠. 그럼에도 불구하고 민주당에선 이분들의 목소리를 듣기보다는 이재명 대표만 바라보고 있는 상황입니다.

．

2024년만 해도 민주당이 얼마나 많은 탄핵을 남발했습니까. 역대 어느 정권에서도 이렇게 탄핵을 일상적으로 입에 올린 정당이 없습니다. 그러면서 법에 있으니 한 거라는 식으로 변명하는데, 법치주의 정신의 핵심은 법에 권한이 명시돼 있어도 국가권력을 함부로 쓰지 말라는 것입니다. 이재명 대표의 '탄핵놀이'는 법에 명시된 계엄을 했다고 주장하는 대통령과 마찬가지로 자유민주주의의 본질을 훼손한 것입니다.

얼마 전 민주당의 '카톡계엄'처럼 선진 자유민주주의 사회에 일어날 수 없는 일들을 기획하고 실행하고 있어요. 대통령의 비상계엄보다 이재명 대표 집권 시 벌어질 이런 '일상계엄'이 훨씬 심각한 문제일 거라고 생각합니다. 의회 다수당인 것만으로도 이렇게 횡포가 심한데, 대통령 권력까지 갖게 되면 얼마나 위험한 일들이 벌어질지 걱정됩니다.

윤석만 자유민주주의 한국에서 가장 위험한 인물은 이재명 대표라는 뜻입니까?

한동훈 그렇습니다. 위험한 생각을 갖고 있고, 실제 그렇게 행동해왔다고 생각합니다. 그러면서 과반 의석이 넘는 거대 정당의 대표라는 큰 힘을 갖고 있어요. 여기에 행정부의 권력까지 얻게 된다면 어떤 폭주를 할지 모릅니다. 성남시장 시절에도 상대적으로 작은 권력을 크게 썼던 인물인데, 대통령

권력까지 갖게 된다면 무슨 일을 벌일지 모릅니다. 거부권이라는 최후의 보루도 없으니까요.

윤석만 다소 비약적으로 들릴 수 있습니다.

한동훈 제가 작년에 "이미 진행 중인 재판이 대통령 당선으로 중단되는지"에 대한 헌법 제84조 이슈를 제기했죠. 결론은 '중단되지 않는다'이고 헌재 사무총장의 답도 마찬가지 취지였습니다. 만약 이재명 대표가 대통령에 당선되고 그 후에 확정 판결을 받게 된다고 가정해 보시죠. 대통령직을 그만두는 것에 그치지 않고 줄줄이 나오는 판결에 따라 오래 수감돼야 할 거예요. 그런 상황이 오면 최고 권력을 가진 위험한 사람이 무슨 생각을 할까요. 경험해 보지 못한 한계상황에서 무슨 일을 벌일지 모릅니다. 비상계엄을 발동해 사법부를 제압하면, 그때는 해제하기도 불가능해요. 왜냐하면 '비명횡사'로 얼룩진 민주당이 다수당이니까요. 국민이 뽑은 대통령을 편향된 사법부가 끌어내리려는 상황을 사변에 준하는 상황이라고 우길 수도 있겠죠.

과연 그때 민주당 대표는 제가 했던 것처럼 여당 대표로서 계엄 해제를 위해 목숨 걸고 나설까요. 굳이 계엄이 아니라도 다수 의석으로 소급효 붙여서 죄가 안 되도록 법을 바꿔버릴 수도 있죠. 이 대표가 위헌법률심판 제청까지 신청하면서 이미 소위 '밑밥'을 깔았죠. 위헌이라는 이유로 형벌 규정 개정할 때는 소급적용이 가능하다고 주장하겠죠. 그땐 거부권으로 막을 수도 없습니다. 거부권 행사자가 이재명 본인이니까요.

윤석만 이재명 대표와 그 지지자들은 무죄를 믿고 있지 않나요? 그저 희망사항일까요?

한동훈 범죄 혐의들이 워낙 많잖아요. 무죄 가능성은 없다고 봅니다. 자기 죄는 자기가 제일 잘 알 텐데, 무죄라고 믿는다면 빨리 재판을 진행하지 지연 작전을 쓸 이유가 없습니다. 다만 언제 선고가 나느냐의 문제일 뿐이죠. 정말 안타까운 것은 대통령이 비상계엄을 하지 않았다면 이 대표의 사법 타이머는 계속 돌아갔을 거예요. 결국 머지않아 정계에서 퇴출될 사람을 다시 살려준 상황이 된 겁니다.

윤석만 그렇기 때문에 이재명 대표는 윤 대통령보다 더 큰 무리수를 둘 수도 있다는 이야기군요.

한동훈 이재명 대표는 훨씬 더할 겁니다. 그에게 조금이라도 불리한 말이 나오면 소위 개딸들이 달려가 집단린치를 하잖아요. 그렇다 보니 민주당 안에선 이 대표에 거슬리는 말을 하기 어렵습니다. 하물며 대통령이 된다고 생각해 보세요. 끔찍한 일들이 벌어질 겁니다. 지금처럼 거부권으로도 막을 수 없죠.

윤석만 이 대표가 강성 지지자들을 이용하는 건 어제오늘의 일이 아니죠. 갈수록 그 정도가 심해지는 것 같습니다.

한동훈 그동안 이재명 대표가 일상적으로 행한 일들을 보면 하나같이 자유민주주의 질서를 흔드는 일들이에요. 그러다가 위기에 놓이면 또다시 국민과 지지자들 뒤에 숨습니다. 정치인은 지지자와 국민을 위해 일하는 사람입니다. 지지자들을 동원해 자신의 정치적 위기와 사법적 리스크를 해결하려 드는 것은 공적인 마인드가 없는 것이라고 생각합니다.

윤석만 이재명 대표가 대선후보 조사에서 줄곧 1위를 달려왔지만 40퍼센트를 넘기진 못하고 있어요. 비호감도는 50퍼센트가 넘고요.

한동훈 상식적인 중도층의 지지를 얻고 있지 못하다는 뜻이죠. 그뿐만 아니라 중도층에서 이 대표를 싫어하는 분들이 많다는 이야기이기도 합니다. 그동안 이 대표가 행한 여러 가지 일들로 볼 때 이번 대선에서 그가 당선된다면 자유민주주의에 많은 위협을 가할 거예요. 그걸 걱정하는 시민들이 많다는 뜻입니다. 그렇기 때문에 만약 조기대선이 열린다면 그것은 시도 때도 없는 민주당의 국정마비와 비상계엄으로 얼룩진 자유민주주의의 회복을 의미하는 선거여야 합니다.

대통령의 비상계엄도 문제였지만 이재명 대표는 훨씬 하드코어입니다. 이 대표와 민주당은 자신이 사법 리스크를 피해 살아날 수 있는 길이라면 바늘구멍이라도 통과하기 위해 모든 걸 동원하는 중입니다. 비상계엄 때보다 탄핵 국면에서 이 대표와 민주당의 지지율이 떨어진 건 그 때문일 겁니다. 아마 이 대표의 리스크가 없었다면 민주당은 지금보다 높은 지지를 받았을 거예요.

윤석만 만약 조기에 선거가 열린다면 자유민주주의 국가로서 대한민국의 운명이 달린 중대선거라고 볼 수 있겠군요.

한동훈 자유민주주의가 큰 위험에 처한 상황입니다. 양극단을 넘어서 시대를 바꾸는 선거여야 합니다. '이런 일들을 또 겪을 거냐'고 묻고 싶어요.

윤석만 비상계엄이냐 일상계엄이냐, 자유민주주의에 위협이라는 측면에서는 본질이 같군요.

한동훈 그렇습니다. 예전에는 탄핵이란 말을 꺼내는 것 자체가 정치권의 금기였어요. 그런데 탄핵 29번이라니 말이 됩니까. 대통령이 비상계엄의 명분 중 하나로 이야기한 것처럼 민주당이 국정마비 사태를 초래한 건 분명하잖아요. 그걸 계엄으로 해결하려 한 게 잘못이지만요. 입법권과 행정권을 동시에 갖게 됐을 경우 사법적 판단까지도 무력화하거나 왜곡할 수 있는 시도들을 할 겁니다.

윤석만 사법부와 사정기관이 편향돼 있는 것도 큰 문제일 것 같아요. 특히 공수처는 출범 때부터 많은 논란이 있었죠. 이번 대통령 수사 과정에서도 한계를 노출했는데요.

한동훈 그림을 배운 지 얼마 안 되는 초급자가 처음부터 시스티나 대성당에 천장화를 그릴 수 있을까요? 소아과 명의에게 갑자기 뇌수술을 하라고 하면 할 수 있을까요? 공수처의 문제는 그겁니다. 최고 권력자에 대한 수사는 그런 수사에 대한 많은 경험과 노하우가 필요합니다. 지금까지 공수처는 단 한 명도 구속해 본 적이 없어요. 그런 상황에서 현직 대통령을 체포하고 구속하겠다고 나선 거잖아요.

　의욕과 공명심은 강하지만 그에 필요한 경험과 능력은 전혀 축적돼 있지 않은 거죠. 공수처 제도는 민주당이 정략적인 의도로 검찰 견제 목적만 앞세우고 디테일은 챙기지 않은 채 그냥 대충 만든 거라서 돌발 상황에 대해 누가 어떤 권한을 갖는지 정리 안 된 구멍들이 많아요. 그러니 이번 상황에서 이 나라 수사 시스템이 우왕좌왕하는 모습을 보인 것입니다. 이번 사태의 부정적인 효과 중에 국민이 사법 시스템에 대한 신뢰에 의문을 갖게 된 것도 커요.

윤석만 공수처가 이렇게 될 거란 것은 충분히 예상했습니다. 이 문제를 여러 번 지적하지 않았나요?

한동훈 그렇습니다. 지금 공수처는 자신이 원하는 사건을 검찰과 경찰로부터 뺏어올 수 있어요. 이번 대통령 수사도 마찬가지였고요. 근본적으로 공수처는 폐지하는 게 맞습니다. 역설적으로 공수처가 다른 수사기관보다도 더 정치적으로 더

편향되기 쉬워요.

윤석만 법무부장관 때 '검수완박' 입법을 '검수원복' 시행령으로 무력화시켰죠?

한동훈 검수완박 입법은 민주당이 주도해서 정치인들 수사 못 하게 하려 수사 시스템을 망가뜨린 거였어요. 그런데 그런 입법으로 단지 정치인들이 수사망에서 빠져나가기 쉽게 된 것뿐 아니라 국민들이 그간 누려오던 사법적 보호망이 무너졌어요. 그게 더 치명적이에요. 예를 들어, 고발인의 이의신청권이 검수완박 입법 과정에서 민주당에 의해 없어졌는데, 이러면 장애인 등 사회적 약자들이 직접적으로 피해를 받게 됩니다. 저는 법무부장관 때 헌법소원도 했고, 헌법소원으로도 안 되니 이른바 '검수원복' 시행령을 동원해 어떻게든 검수완박에 따른 국민 피해를 줄여보려 했죠. 무고, 위증 범죄에 대한 검찰 수사도 그래서 가능해진 것이었습니다. 그 검수원복 시행령 덕분에 이재명 대표에 대한 위증교사 혐의 검찰 수사도 가능했던 것이었어요.

양극단에 선 포퓰리즘

대통령 탄핵 국면에서 전광훈 목사 등 극우세력의 집회가 계속됐다. 전 목사의 집회에 참여한 윤상현 국민의힘 의원이 90도 인사를 하는 장면이 논란이 됐고, 민주당은 서부지법에서 벌어진 난동사건에 대해 윤 의원의 책임을 추궁키도 했다. 김민전 의원은 백골단이라 불리는 단체를 국회로 초청해 기자회견을 열기도 했다. 민주당에선 극좌화가, 국민의힘 한편에선 극우화가 동시에 진행되고 있는 양상이다.

윤석만 양극단에 선 포퓰리즘 문제도 있습니다. 전광훈 목사를 비롯해 극단적 유튜버가 만든 프레임이 강력하게 작용하는 것 같은데요. 이를테면 부정선거 음모론 같은 거죠.

한동훈 저는 부정선거 음모론을 믿지 않습니다. 합리적 근거가 부족하다고 보기 때문이죠. 하지만 이쪽저쪽 눈치 보느라 애매하게 말하거나 피하는 정치인들이 많은 것 같습니다. 저는 이걸로 이익을 보려는 사람들과 선의로 믿는 사람들을 분리해서 생각합니다. 극우든 극좌든 극단적 이념과 사고, 음모론을 퍼뜨리는 극단적 유튜버들은 그게 비즈니스예요. 건전한 공론의 장이 아니란 이야기죠. 그러나 이들이 주장하는 생각을 믿는 많은 분들은 순수한 선의를 갖고 있다고 생각합니다. 자신이 가진 시간과 노력을 희생해 집회에 나오는 거잖아요.

피땀 흘려 이룩한 자유민주주의 국가 대한민국이 이대로 무너져선 안 된다, 위험한 사람 이재명 대표의 손에 권력이 넘어가선 안 된다, 그런 마음으로 우리나라와 이 체제를 지키려는 것이었지 대통령 개인을 지키려 했던 것은 아니었을 겁니다. 저는 그분들의 선의와 애국심을 믿고 싶습니다. 그분들이 대통령 탄핵을 반대하고, 제게 대통령을 배신한 사람이라고 비난했던 것도 체제를 지키고 나라를 생각하는 마음이었기 때문이라고 생각합니다.

그 마음은 저도 같습니다. 다만 그걸 실현하기 위해 오히려 계엄의 바다를 늦지 않게 건너야 한다는 판단을 했던 것입니다. 저는 대통령 개인보다, 대한민국과 국민, 그리고 자유민주주의 체제를 더 사랑했습니다. 국민이 먼저였던 겁니다. 그래서 어려운 결단을 했던 겁니다. 하지만 제게 느끼는 섭섭함은 팩트의 문제를 넘어선 마음의 문제이니 그 분들이 마음을 다치신 것에 대해서는 안타깝고 미안한 마음을 갖고 있습니다. 그런 마음으로 당 대표 사퇴 후 두 달 동안 일절 활동하지 않고 등장하지 않았어요.

윤석만 극우와 극좌 유튜버들은 민주주의 체제에 위협일 수도 있지 않나요?

한동훈 자유시장에서 그런 비즈니스는 존재할 수 있어요. 그걸 막을 수는 없죠. 우리가 이재명 대표나 민주당과 대비되는 점은 다양성과 개별성을 인정한다는 거예요. 누구든 자기 목소리를 낼 수 있어야죠. 다만 비상식적이고 불합리한 생각들은 사상의 자유경쟁시장에서 자연스럽게 퇴출될 겁니다. 그렇기 때문에 아무리 극단적인 스펙트럼이라 하더라도 그들의 존재 자체를 막을 수는 없는 겁니다.

하지만 그들이 주류 정당을 잠식하고 의사결정까지 컨트롤하는 상황이 와선 안 됩니다. 이건 정말 나라를 혼란에 빠트리고 대의민주주의 체제를 위기로 모는 것입니다.

국민을 대리하는 주류 정당의 의사결정에 이들의 목소리가 영향을 미친다는 것은 대의민주주의 체제의 근간을 흔드는 것입니다. 일찍부터 좌파 진영에선 김어준 씨가 그런 일들을 해왔죠. 의원들이 김 씨의 방송에 가서 절까지 하고 오고 그랬잖아요. 비슷한 일들이 보수 쪽에서도 벌어지고 있는 것이고요.

윤석만 양극단에 선 유튜버들로부터 떼어놓을 수 없는 게 음모론이죠. 평소에 김어준 씨를 많이 비판해 왔죠?

한동훈 제가 '직업적 음모론자'라고 비판해 왔지만, 개인적 감정 차원은 아니에요. 다만 자신의 비즈니스적 목적을 달성하기 위해 우리 사회에 전혀 보탬이 되지 않는 음모론을 퍼트리는 건 심각한 문제라고 생각해요. 부정선거 음모론의 원조도 김어준 씨였잖아요. 2012년 대선 개표 조작을 꽤 오랫동안 주장했습니다. 부정선거 음모론 영화도 만들었고요. 부정선거 음모론뿐 아니라, 그가 만든 다큐 영화 〈그날, 바다〉와 〈유령선〉도 민주당의 프로파간다로 쓰였고요.

이번에 저에 대한 사살 계획이 있었다고 폭로했는데, 이 문제는 제가 경험한 것 이상으로 언급하지 않겠습니다. 김어준 씨 유의 음모론은 늘 '합리적 의심'이라며 상상력을 가동합니다. 그러면서 각자 인과관계가 없는 단편적 사실들을 묶어서 서사구조를 만들죠. 그렇게 해놓으면 민주당 의원들이 확성기가 돼 음모론을 퍼뜨렸고요. 인간은 기본적으로 확증편향일 때 마음이 편하니 그가 만든 세계에서 계속 길들여지는 겁니다.

윤석만 한국 사회가 왜 이렇게 비이성적 사고가 판치는 공간이 됐을까요?

한동훈 음모론과 가짜 뉴스의 해악이 너무 크다고 생각합니다. 이들은 상대를 악마화하며 진영갈등을 부추깁니다. 비슷한 생각을 갖고 있는 사람들 사이에서 음모론은 더욱 강력한 접착제 역할을 합니다. 더욱 무서운 건 스스로 객관적이고 정확한 팩트를 알고 있으며, 합리적인 사고를 하고 있다고 믿는 겁니다.

　이게 왜 무섭냐 하면, 과거에는 '같은 사실'에 근거해 서로 '다른 의견'을 나눴어요. 이때는 서로의 입장만 다른 것이니 대화와 토론이 가능합니다. 그러나 서로 믿는 팩트 자체가 다르면 합의점을 찾기는 어려워지죠. 틀린 사실인데도 불구하고 서로가 믿는 걸 진실이라고 믿고 있으면 그때부터는 진위의 논쟁, 선악의 싸움이 돼버리는 겁니다. 그걸 부추기는 게 음모론과 가짜 뉴스를 만드는 세력입니다.

　극단적 유튜버들이 위험한 건 그것 때문이에요. 주류 언론은 게이트 키핑 과정이 있잖아요. 반론을 통해 거짓을 거르고, 또 사실을 재확인하며 정돈된 진실에 접근하는 거죠. 하지만 오늘날 미디어 시장에선 유튜버의 영향력이 계속 커지고 있으니, 사실과 거짓, 객관과 주관을 구분하는 것부터 더욱 신경 써야 한다고 생각합니다.

윤석만 부정선거 음모론과는 선을 그었지만, 선거관리의 문제점은 일찌감치 지적했었죠?

한동훈 선거관리가 더욱 엄정해져야 하고, 선관위가 그걸 제대로 해내지 못한 점은 비판받아 마땅하고 반드시 시정돼야 합니다. 다른 기관들에 비해 상대적으로 선관위는 오랫동안 자기들끼리 감시를 덜 받으면서 지내온 면이 있다고 봅니다. 그러다 보니 업무 방식이나 공적 마인드가 다른 기관들에 비해 뒤떨어진 면이 있다고 지적하는 사람들이 많아요. 다른 기관에서는 생각도 못 한 채용 비리도 그래서 일어날 수 있었던 거고요.

최고 책임자들이 법관으로서 비상임이라 조직관리에도 문제가 생기기 쉬운 구조입니다. 국회의원 등 선출직들은 선관위 눈치를 안 보기 어려워 국회를 통한 견제에도 제약이 있습니다. 그러니 업무 부실이 생기기 쉽고, 그게 부정선거 음모론의 연료를 제공한 면이 있습니다. 이번 기회에 쇄신해야 할 필요가 있다고 생각해요.

저는 지난 총선에서 제가 선관위 직원의 직접 날인을 끝까지 주장하는 등 공정선거 제도 보완에 앞장섰죠. 법무부 장관 당시에도 수개표가 반드시 필요하다는 의견을 냈고, 실제로 지난 총선부터 수개표를 실시했습니다. 저는 선거관리의 공정성을 더 높여야 한다는 강한 생각을 갖고 있고, 어떤 정치인보다 앞장서서 그걸 실천해 왔어요.

특히 사전투표에 대해 불안해하는 사람들이 많은데요.

사전투표는 그렇지 않아도 짧은 공식 선거운동 기간을 더 줄이는 부작용이 있고(사전투표 시작되면 사실 선거운동 끝이 잖아요), 사전투표 후 본 투표까지 민심 변동을 담아내지 못하는 문제가 있어요. 사전투표를 폐지하고 본 투표일을 이틀로 연장하는 등 제도 보완이 필요하다고 생각합니다. 그것이 민의를 더 잘 반영하는 투표제도라고 봅니다. 저는 오래전부터 공개적으로 이 주장을 해왔습니다.

사실 선거에 나가야 할 정치인들은 고발 등 권한을 가진 선관위를 비판하기 어렵습니다. 당선 무효를 좌우하는 고발이나 유권해석 모두 선관위의 권한이니까 눈치를 안 볼 수 없죠. 저는 선거공정성을 높여야 한다는 데 진심입니다. 그리고 오래전부터 선관위에 대한 건설적 비판 등 말뿐이 아니라 행동으로 진심을 보여왔죠.

청년에 진심인 한동훈

윤석만 당 대표 시절 청년정책에 관심이 많았습니다. 그 이유가 뭘까요?

한동훈 청년들에게 미안한 마음이 있어요. 그나마 저희 세대까지만 해도 고도성장의 혜택과 과실을 누렸죠. 제가 92학번인데, 윗세대 선배들을 보면 대학 시절 내내 운동권 활동을 하다가도 졸업 때쯤 과방에 가면 대기업 지원서가 쌓여 있었어요. 지금처럼 온갖 스펙을 쌓기 위해 고군분투하지 않아도 자연스레 취업에 모두 성공했습니다.

　사회에 나온 뒤에도 마찬가지였죠. 지금보다 내 집 마련하기도 쉬웠고, 곳곳에 기회가 널려 있었습니다. 몇 차례 부침이 있었지만 장기적으로는 엄청난 부동산 폭등을 경험하며 자산까지 축적했습니다. 급기야 문재인 정부에서는 시장의 뜻을 거스르는 잘못된 부동산정책으로 부동산 급등의 정점을 찍었죠. 뒤늦게 나선 젊은 세대들은 '영끌'로 현재까지 고통받고 있어요.

물론 이게 어느 누구의 잘못은 아닙니다. 선진국이 되면서 우리 경제의 성장이 더뎌지면서 생겨난 결과예요. 다만 문재인 정부처럼 잘못된 정책으로 불길에 기름을 부은 형국이었고요. 대표적으로 '인국공(인천국제공항)' 사태라고 해서 청년들이 얼마나 분개했습니까. 갑작스럽게 비정규직을 정규직으로, 파견직을 직고용으로 전환하는 바람에 신입 채용이 확 줄었잖아요.

이런 일이 사회 전 분야에서 쌓이다 보니 지금의 청년들은 매우 힘든 상황입니다. 사회적 기회 구조의 문이 닫히면서 점점 한계로 내몰리고 있죠. 이런 상황에서 일부 어른들은 지금 청년들이 '꿈이 없다', '열정이 없다', '게으르다'고 하는데 매우 잘못된 인식이에요. 사회 구조가 낳은 병폐를 개인의 무력감 탓으로 돌리는 건 어른으로서 무책임한 일입니다.

윤석만 모든 정치인들은 청년이 중요하다고 말합니다. 그러나 선거 앞에서만 반짝 관심을 기울일 뿐이에요.

한동훈 동의합니다. 지금까지 정치가 잘못했던 것 중 하나예요. 젊은 세대는 중도층이거나 캐스팅 보트를 쥔 경우가 많아요.

그렇다 보니 양대 진영으로 나뉜 선거판에서 국민의힘이든 민주당이든 청년표를 얻기 위해 온갖 감언이설을 해왔죠. 그런데 선거가 지나고 나면 공수표가 되는 경우가 많습니다. 국민의힘도 분명히 그런 전략을 썼었고, 그 부분에 대해선 미안한 마음을 갖고 있습니다.

그러나 저는 그렇게 하고 싶지 않습니다. 청년 문제는 선거 때만 들여다볼 일이 아니라고 생각합니다. 청년의 삶을 나아지게 하는 것이 결국 대한민국을 발전시키는 길이니까요. 정치가 청년들을 동원할 수 있는 자원으로 치부하는 생각부터 버려야 합니다. 청년의 삶에 집중해야 우리의 미래가 보입니다. 그래야 나라가 잘됩니다. 그런 정치 할 겁니다.

전 세계 80억 명의 인구 중 0~19세는 33.2퍼센트다. 부모세대인 40~50대(23.1퍼센트)보다 1.4배 많다. 그러나 한국의 0~19세 비중은 15.5퍼센트로 40~50대(32.1퍼센트)의 절반밖에 안 된다. 소위 말하는 '잘파(Z+알파)'와 그 부모세대의 인구 비중이 정반대라는 뜻이다. 여기에 세계 최저의 출산율 기록을 매년 경신하고 있다.

윤석만 10~20년 후 잘파세대가 세계 경제의 주축이 될 텐데, 한국만 거꾸로 가고 있어요. 역사상 가장 큰 인구집단인 잘파가 부상할수록 글로벌 무대에서 우리의 기회와 가능성은 점점 줄어드는 것 아닌가요?

한동훈 충분히 공감합니다. 현재의 인류는 극동시성의 시대를 살고 있어요. 지구 반대편에서 일어난 일을 실시간으로 보고 있습니다. 트렌드와 문화가 전 세계로 퍼지는 것도 순식간입니다. 과거에는 선진국과 개발도상국 간의 시차가 존재했죠. 각 나라를 다니면서 볼 수 있는 풍경도 달랐고요. 그러나 지금은 시차가 거의 없습니다. 디지털 세계가 만들어 놓은 초연결 사회의 특징이죠.

저희 세대만 해도 미국과 일본 등의 산업과 문화를 추종하는 경우가 많았습니다. 그러나 지금은 대한민국이 문화·산업·스포츠 등 여러 분야에서 앞서가고 있어요. K팝을 예로 들면 한국의 표준이 세계의 표준인 거예요. 그런 면에서 지금 세대는 선진국의 산업과 문화에 주눅 들지 않아요. 그렇다 보니 국내의 장년층보다 디지털로 연결된 다른 나라의 청년들과 문화적으로 공유하는 게 더 많을 수도 있어요.

앞으로도 대한민국은 계속해서 세계로 나아가야 합니다. 지금까지 물자와 기술을 수출하며 선진국으로 발돋움했지만 이제는 우리의 인재와 문화가 글로벌 표준이 되도록 노력해야 합니다. 그러려면 청년들의 의견이 중요한 의사결정에 다양하게 반영될 수 있도록 해야죠. 그래서 각 사회의 리더는 생각이 열려 있어야 합니다. 그렇지 않으면 20년 후 잘파가 중심인 글로벌 시장에서 국가의 정책적 결정이 뒤처질 수 있어요.

우리보다 글로벌화가 더딘 일본이 대표적이다. 다른 나라에 비해 일본의 디지털 전환 속도가 느린 것은 아직까지도 단카이세대가(1947~1949년생) 사회·경제적 권력을 쥐고 있기 때문이다. 정치인들도 인구 규모가 가장 큰 중장년층의 구미에 맞는 정책을 입안한다. 한동안 일본의 AI 산업이 노인 돌봄 로봇과 같은 실버산업에 큰 비중을 두고 있던 것도 같은 논리다. 즉, 그 나라의 인구구조는 경제정책과 산업발전 방향에까지 큰 영향을 미친다.

윤석만 그러나 청년세대는 다른 연령대에 비해 정치적 관심이 적은 편입니다.

한동훈 잘못된 편견이라고 생각해요. 저희 세대가 젊었을 때야말로 청년층 투표율이 낮았죠. 저희 세대가 청년이었을 때보다 지금 청년들은 훨씬 정치에 관심이 많습니다. 이분들은 정치가 자신의 삶에 큰 영향을 주고 있다는 걸 잘 알고, 그 안에서 목소리를 내야 한다고 생각합니다. 그렇기 때문에 삶을 구체적으로 변화시킬 수 있는 실효성 있는 정책들이 필요합니다. 이는 보수철학과도 맞닿아 있습니다.

저는 개인이 공동체를 위해 희생해야 한다거나, 미래를 위해 현재는 무조건 참고 견뎌야 한다는 말에 동의하지 않습니다. 보수정치는 굉장히 합리적이고 실용적이어야 합니다. 아울러 개인의 발전을 지원하는 정치가 돼야 하고요. 그런 과정에서 누구나 노력한 만큼 보상받을 수 있는 시스템이 작동해야 합니다.

그렇기 때문에 지금 청년들은 이유 없이 타인의 성공과 부를 시기하지 않아요. 공짜로 무엇을 달라고 하지도 않고요. 왜냐하면 성공과 성취의 밑바탕에는 개인의 노력이 깔려 있다는 걸 잘 알기 때문입니다. 지금의 청년세대는 그런 면에서 보수정신과 상당 부분 일치합니다. 그래서 보수정치에 희망이 남아 있는 거기도 해요.

윤석만 대한민국의 미래를 위해선 청년이 매우 중요합니다. 하지만 인구구조상 청년은 부모세대에 비해 매우 적습니다. 그렇다면 국가적 의사결정을 할 때 청년의 영향력이 매우 약해지는 건 아닐까요?

한동훈 그렇지 않습니다. 왜냐하면 청년들이 캐스팅 보트를 쥐고 있으니까요. 인구 크기 자체는 작을지 몰라도 사실상 선거 판도를 결정하는 건 청년입니다. 지난 선거 결과들을 놓고 보면 40~50대는 좌파, 60대 이상은 우파 성향이 강합니다. 이 구도는 계속 갈 가능성이 높다고들 하죠. 어느 정도 나이가 들면 정치적 성향은 쉽게 바뀌지 않거든요. 그러나 2030세대는 유연한 세대입니다. 이들이 누구를 지지하느냐에 따라 권력의 향배가 달라지는 거죠.

당 대표 시절 '중수청(중도·수도권·청년)' 중심의 외연 확
장에 큰 공을 들였어요. 인재영입위원회를 상설화하고, 수
도권비전특위도 만들었습니다. 그런데 사실 이 3개 영역의
교집합이 매우 큽니다. 이번 대선도 그렇고, 앞으로 당분간
은 청년들이 캐스팅 보트 역할을 하게 될 겁니다.

윤석만 대표 시절 청년들로부터 '역면접' 행사를 치렀죠? 5점 만점
에 4.6점을 받았던데, 당시 면접관으로 만났던 청년들은 어
땠나요?

한동훈 질문의 수준이 굉장히 높고 현실적이었어요. 청년들은 정
치에 엄청난 걸 바라는 것 같진 않았어요. 그러니까 정치가
모든 걸 다 해주겠다, 이런 사탕발림을 믿지 않습니다. 이
것도 해주고 저것도 해주고 이런 슬로건에 속지 않는다는
뜻입니다. 현실 정치의 한계를 명확히 이해하고, 우리 정치
가 잘못하고 있는 부분들도 정확히 꼬집었어요. 그동안 우
리가 게을렀구나, 청년들의 이야기를 진지하게 듣지 않았
구나 하는 생각을 갖게 됐습니다.

윤석만 당시 행사를 저녁 시간에 진행했습니다. 보통 낮에 하지 않
나요?

한동훈 당 대표가 참여하는 공식 행사를 저녁에 하는 건 이례적이
었다고 합니다. 그런데 따지고 보면 그게 당연한 거죠. 주

최자 입장에선 낮에 해야 편하죠. 그래야 빨리 정리하고 퇴근할 테니까요. 그런데 참가자 입장에서 보면 그렇지 않습니다. 현실세계에서 청년들은 각자의 삶이 있는 분들이에요. 학교를 갔다 오거나 직장에서 퇴근을 해야만 이런 행사에 올 수 있어요. 그렇지 않고 낮에만 하면, 올 수 있는 분들은 한정돼 있습니다. 우리가 동원하기 쉬운 청년들의 목소리를 듣고 싶었던 게 아니고, 진짜 일상의 삶을 사는 청년들을 다양하게 만나고 싶었습니다.

윤석만 가장 기억에 남는 건 무엇인가요?

한동훈 예를 들어 정년연장과 같은 거죠. 올해부터 우리나라도 65세 이상 인구 비율이 20퍼센트를 넘어 초고령 사회로 진입했습니다. 정년연장은 미룰 수 없는 과제가 된 거예요. 국민연금 수급 연령이 늦춰지면 자연스레 정년연장 논의가 필요합니다. 재원 확보를 위해서도 필수고요. 지금의 청년들도 길어진 수명을 생각하면 노년의 빈곤에 대해 걱정하는 분들이 많습니다.

그런데 청년들 입장에선 당장 이렇게 생각할 수 있어요. 자신들의 취업 기회가 적어지는 게 아니냐고 말이죠. 특히 공공기관, 대기업 등 청년들이 선호하는 직장의 취업 기회가 줄면서 말로만 청년을 배려하고 실제 정책은 그렇지 않다며 분노하는 분들도 있습니다. 그분들의 말씀에 적극 공감하기 때문에 저 역시 많은 고민을 했습니다.

윤석만 어떤 대안이 있을까요?

한동훈 정년연장을 하되 청년들의 선호도가 높은 공공기관과 대기업 같은 곳은 그 시행 시점을 유예하는 방법을 생각해 볼 수 있습니다. 지금까지는 규모가 큰 사업장부터 각종 정책들을 단계적으로 실시했습니다. 이번엔 거꾸로 가는 겁니다. 노동계의 미스매치와도 맞아떨어져요. 중소기업은 지금도 인력난 때문에 난리입니다. 지금도 대기업 퇴직 후 중소기업으로 재입사하는 경우가 많죠.

그리고 지금의 60대는 얼마든지 일할 수 있는 나이잖아요. 백세 시대를 향해 가는데 노인 빈곤 문제도 더욱 심각해질 것이고, 이런 상황에선 정년연장이 정해진 미래입니다. 다만 새로운 제도의 실시로 인한 부작용과 갈등을 최소화하는 고민이 필요합니다.

윤석만 청년들도 동의할까요?

한동훈 역면접 때 이런 답변을 드렸어요. 그랬더니 지금껏 이렇게 구체적인 설명을 들어본 적이 없다면서 많이 호응해 주셨습니다. 정책 입안자들이 꼭 알아야 할 게 있어요. 청년들은 무슨 엘도라도를 바라는 게 아닙니다. 일상의 삶에서 구체적으로 도움 될 만한 정책을 원합니다.

윤석만 국민 전체의 사회적 합의도 필요합니다. 예를 들어 프랑스에서는 정년연장을 추진하다 마크롱 대통령이 역풍을 맞기도 했죠.

한동훈 한국과 프랑스는 상황이 다릅니다. 프랑스는 우리보다 연금이나 사회보장이 잘돼 있어요. 프랑스 국민들 입장에선 '열심히 일하고 이제 좀 쉬겠다는데 무슨 정년연장이냐'와 같은 마음을 가질 수 있어요. 그러나 우리는 노인 빈곤 문제가 해결되지 않고 있습니다. 보통의 중산층도 너무 일찍 은퇴하는 것에 대한 걱정이 크고요. 그렇기 때문에 정년연장은 지금부터라도 진지하게 논의해 봐야 할 문제입니다. 여론조사를 해보면 정년연장에 대해서는 고르게 지지가 높게 나오고 있어요. 정년 후 수십 년간 어떻게 살아야 하는지에 대한 걱정들이 전 세대에게 있는 거죠.

윤석만 실용성을 강조하는 청년세대는 이념적인 부분에서도 기성세대와 다른 것 같습니다.

한동훈 공감합니다. 기성세대는 정치적 코호트가 한번 정해지면 변화 가능성이 적어요. 예를 들어 1960년대생들은 학창 시절에 유신정권을 겪었고, 1980년대에 민주화 운동을 경험했죠. 삶의 가치관이 확고하게 정립되기 전의 강렬한 경험은 이념적 정체성을 형성하는 데 매우 큰 영향을 미쳤습니다. 그렇다 보니 보수정당에 대한 편견이 있는 것 같습니다. 보수정당이 기득권이고 꼰대라는 식으로요.

그러나 지금은 오히려 민주당이 기득권입니다. 그리고 실제로는 더 위계질서를 강조하는 것 같아요. 전체주의적이고요. 정치와 사회, 문화 전반에서 좌파 진영이 오히려 더 큰 권력을 갖고 있습니다. 아울러 진보의 상징적 자본이었던 개혁적 이미지도 사라진 지 오랩니다. 현재 가장 지지율 높은 좌파 정치인들의 면면을 보십시오. 조국 전 장관은 이미 수감돼 있고, 이재명 대표는 각종 혐의로 곧 사법적 심판을 앞두고 있습니다.

청년세대는 이런 부분에 매우 큰 분노를 느끼는 것 같습니다. 겉으로 주장하고 선동하는 것과 다르게 자신들의 삶은 온갖 편법과 기회주의적 태도로 점철돼 있으니까요. 진보정당이면서 타인의 입에 재갈을 물리려는 전체주의적인 태도도 마음에 안 들고요. 특히 이재명 대표의 민주당은 첫 번째 대통령 탄핵소추안에 친중 노선을 넣을 만큼 편향된 국제적 인식을 보였어요. 지금 청년들이 가장 싫어하는 것들을 민주당이 몸소 실천하고 있는 거라고 생각합니다.

대통령 탄핵 이후 민주당이 보여준 오만한 행태들 때문에 청년세대가 민주당이야말로 뒤집어야 할 기득권이라는 걸 실감했다고 생각합니다. 그런 실감이 정국을 예측 못 했던 방향으로 끌고 가는 것 같기도 합니다.

서울시 '사회갈등 이슈 진단' 보고서(2021)에 따르면 청년들이 생각하는 가장 큰 갈등은 남녀갈등이었다. 갈등지수가 5점 만점에서 4.45점으로 부동산(4.34점), 빈부격차(4.18점)보다 높았다. 문제는 정치권이 갈등을 더욱 부추겨 자신의 지지자들을 결집하는 데 쓰고 있다는 점이다. 전형적인 '편향성의 동원(mobilization of bias)'이다.

윤석만 청년들의 남녀갈등 문제를 어떻게 바라보나요?

한동훈 양성평등은 모든 영역에서 실질적으로 지켜져야 한다는 점을 먼저 말씀드립니다. 남녀갈등은 여러 가지 요인이 복합적으로 섞여 있는 문제라 단언하긴 어렵습니다. 그러나 2030 남성들이 느끼는 갈등의 본질은 역차별이라고 봐요. 저희 세대는 분명 남자로서 특권을 누렸습니다. 그때는 여성의 대학 진학률과 취업률이 낮아 상대적으로 남성은 사회 진출도 쉬웠고, 사회적 자원을 획득하기도 어렵지 않았죠. 그러나 지금은 그렇지 않잖아요.

삶의 구체적인 부분들을 들여다보면 여전히 가부장적 인식이 존재합니다. 남자이기 때문에 어때야 한다는 식의 편견들이 견고하게 작동합니다. 그런 상황에서 급진적 페미니스트의 목소리가 커지며 남성을 잠재적 범죄자로 몬다거나 하는 일들이 2030 남성들을 분노하게 만든 면이 있다고 생각합니다.

예를 들어 2024년 경기도 화성시 동탄에서 있었던 성범죄 무고 사건을 보죠. 결론적으로 피해자를 자칭했던 여성이 허위신고 사실을 자백했습니다. 그러나 가해자로 지목된 20대 남성은 1년 6개월 동안 범죄자로 취급당했어요. 경찰의 무리한 수사로 이 남성은 이미 낙인이 찍혔습니다. 젊은 남성들 입장에선 이런 일이 계속 쌓이다 절망감을 느낄 수 있는 거죠.

그래서 저는 동탄 사건 당시에도 정치인으로서는 드물게 수사의 문제점을 강하게 지적하는 목소리를 공개적으로 냈어요. 참모들이 만류하기도 했지만요. 제가 그런 심정에 공감했기 때문입니다. 그에 더해 법무부장관으로서 검수원복 시행령으로 무고죄에 대한 검찰 수사를 가능케 했고, 무고죄 엄벌 방침도 실천했습니다. 동탄 사건 같은 일들이 반복되지 않도록요. 정치인의 공감은 말만으로는 소용없잖아요. 행동을 해야죠.

물론 저는 성범죄에 대해 강력히 엄단해야 한다는 입장이고, 말로만 그런 것이 아니라 스토킹 범죄의 반의사불벌 조항을 없앴고, 성범죄 피해를 예방하기 위해 한국형 제시카법을 발의하기도 했습니다. 가석방 없는 종신형 제도 도입을 추진하기도 했죠. 역시 말로만이 아니라 행동을 했습니다. 악질적 성범죄에 대해 강력한 처벌을 해야 하지만,

동시에 억울한 무고 피해자가 생기는 것도 철저히 막아야 한다는 말씀을 드리는 겁니다.

여성들의 독박가사, 독박육아 문제를 해결하기 위한 제도적 노력도 물론 우선순위를 둬야 할 중요한 과제입니다. 그래서 육아휴직 급여를 최저임금 이상으로 하는 등 제도 개선도 실천해 왔죠.

윤석만 '남혐' 또는 '여혐' 목소리에 대해 어떻게 생각하나요?

한동훈 사실 극단적 '남혐' 또는 '여혐'의 목소리를 내는 사람은 다수가 아니라고 생각합니다. 이를 이용하려는 사람들이 확성기로 키워서 자기 장사를 하는 거라고 봅니다. 이렇게 되면 계속해서 우려먹을 수 있는 지리멸렬한 싸움으로 흘러가는 겁니다. 마치 뺏고 뺏기는 '제로섬'으로 사안을 몰아가다 보니 갈등만 커지는 면이 있는 것 같아요. 특히 갈등을 키우는 사람들은 문제를 해결할 생각이 없습니다.

윤석만 동덕여대 문제도 이례적으로 입장을 냈죠?

한동훈 제가 연속해서 동덕여대 사태에 대한 입장을 내는 것을 말리는 분들도 많았어요. 정치적으로 손해고, 위험하다고요. 그러나 갈등을 해결하려면 회피하지 않고 사안을 정확하게 볼 줄 알아야 합니다. 동덕여대가 남녀공학으로 전환할 것이냐 말 것이냐는 구성원들 간의 합의 문제입니다. 그러나 서로의 입장을 관철하는 과정에서 벌어진 물리적인 사태는 법적 문제입니다. 폭력에 대한 문제였죠.

　다시 말해 젠더나 세대갈등의 문제가 전혀 아니란 겁니다. 그럼에도 불구하고 민주당은 오히려 제가 남녀갈등을 부추겨 정치적 땔감으로 삼는다고 비난했습니다. 저는 남녀갈등 문제가 아니라고 했는데, 오히려 '남혐', '여혐'의 프레임을 뒤집어씌워 공격하는 건 민주당이었어요. 정치권의 이런 비열한 태도가 오늘날 남녀갈등 문제의 큰 원인 중 하나라고 생각합니다.

一　　　　　　　　　　　**너와 나, 오늘이 행복한 나라**

윤석만 국가의 핵심 역할 중 하나로 복지를 강조했습니다. 어떤 복
　　　　지정책을 구상하고 있습니까?

한동훈 한국의 복지 수준은 이전보다 훨씬 높아졌습니다. 그러나
　　　　아직 선진국 수준의 기대치에는 못 미칩니다. 그걸 잘 보
　　　　여주는 지표가 GDP 대비 복지 지출 비율인데요, 우리는
　　　　OECD 38개국 가운데 34위에 불과합니다. OECD 평균
　　　　(21.1퍼센트)에 한참 못 미치죠. 앞으로 복지 비중을 늘려가
　　　　는 것 못지않게 중요한 것은 얼마나 실효성 있게 쓰느냐 하
　　　　는 것입니다.

　　　　　사실 복지정책의 개수만 놓고 보면 우리도 굉장히 많습
　　　　니다. 문제는 중구난방으로 흩어져 있어서 대상자들조차
　　　　잘 모른다는 거죠. 그래서 저는 '한평생복지계좌' 또는 '한

평생복지통장'이라는 개념을 생각했어요. 복지의 수요자인 개개인이 받을 수 있는 복지 혜택을 하나의 앱과 계좌로 몰아넣는 겁니다. 현금복지와 서비스복지 모두 말입니다. 그리고 총량 범위에서 유연하게 전용해서 쓸 수 있도록 맞춤형 서비스를 실시하는 겁니다. 같은 복지 혜택인데도 중앙정부와 지자체가 중복해서 지급하는 것도 많아요. 그런 부분을 국민 개개인이 알기 쉽게 정보를 제공하고 적시에 혜택받을 수 있도록 하나로 묶어놓는 겁니다.

윤석만 수많은 복지 혜택을 하나로 통합하자는 주장은 기존에도 있던 것 아닌가요?

한동훈 제가 제안하는 '한평생복지계좌'는 달라요. 주체가 각기 다른 복지정책을 하나로 통합하는 건 매우 지난한 작업이고 시일도 오래 걸립니다. 거의 불가능에 가깝다고 볼 수 있어요. 왜냐하면 하나의 공적 업무가 생기면 이를 담당하는 조직이 생기고, 그 일을 실행하는 인력이 배치됩니다. 그렇게 되면 현실적으로 이를 통합하기란 매우 어렵죠. 그래서 각각의 주체가 실행하는 복지사업은 그대로 두고, 그걸 하나의 앱과 계좌로 모을 수 있는 시스템을 만드는 겁니다. 중앙정부든 지자체든, 복지부든 법무부든, 복지를 주는 쪽이 어디인지는 받는 개개인 입장에서는 중요하지 않거든요.

윤석만 아이디어만 놓고 보면 매우 좋을 것 같은데, 실현 가능성은 얼마나 될까요?

한동훈 법무부장관으로 있을 때 범죄피해자통합지원센터를 만들었어요. 사실 범죄 피해자들을 지원하는 업무가 여러 곳에 흩어져 있습니다. 법무부에도 있고, 여성가족부나 경찰 및 지자체에도 있어요. 그런데 비슷한 업무가 여기저기 흩어져 있다 보니 막상 범죄 피해자들이 헷갈리는 거예요. 어디로 가서 뭘 신청해야 할지 모르는 거죠.

그래서 서울 동작구 대방동 쪽에 통합센터를 만들어 이곳에 각 주체별과 부스를 한데 모아서 차려놨습니다. 피해자가 인포메이션에 가서 이런저런 일로 왔다고 이야기하면 해당하는 부스를 연결해 줘요. 그러니까 피해자 입장에선 이곳저곳 알아볼 필요 없이 통합센터에 가기만 하면 되는 겁니다.

'한평생복지계좌'도 마찬가지예요. 앱을 만드는 일은 어렵지 않습니다. 여기에 각 기관의 정보를 한데 모으고, 관리만 하면 되는 겁니다. 안 해봐서 그렇지, 하면 얼마든지 할 수 있습니다.

윤석만 이런 생각을 갖게 된 이유는요?

한동훈 작년 여름이었어요. 폭염 때문에 온 국민이 힘들었죠. 그래서 저소득층에 전기요금을 조금이라도 덜어드리고자 하는 정책을 폈습니다. 월 3만 원 정도 할인할 수 있게요. 처음에 기초수급자로 카운트해 보니 120만 명가량이 혜택을 보겠더라고요. 그런데 이분들은 이미 6만 원 가까운 돈을 바우처 형태로 받고 있었습니다. 보통 기초수급자의 경우 전기요금이 8만 원가량 나오니 2만 원 정도를 지원하면 전액 면제되는 거였습니다. 여기에 당초 계획된 예산보다 더 많은 재원을 확보할 수 있게 돼 차상위계층까지 수혜자를 늘이기로 했어요. 하지만 당국 예산으로 커버 가능한 차상위계층을 꼽아달라고 했는데, 결국 추려내질 못했습니다.

윤석만 소득분위별로 그다음 계층을 꼽아내면 되는 것 아닌가요?

한동훈 기초수급자까지는 선별하기 쉬운데, 그다음 단계에 계신분들은 각자가 매우 다양한 상황에 처해 있습니다. 그렇다보니 단순하게 어느 하나의 잣대로만 분류해 내기가 어려운 거예요. 여기서 생기는 문제는 이렇기 때문에 관료들이나 정치권에서 복지정책을 설계할 때 식별이 쉬운 안전한집단만 계속 타게팅하게 되는 겁니다. 기초수급자 같이요. 물론 차상위계층이 기초수급자보다는 덜 힘들겠지만, 이분들에게도 분명 필요한 복지가 있을 거잖아요. 그분들에게도 꼭 필요한 복지를 해야겠다고 생각한 거죠.

윤석만 '한평생복지계좌'가 그 문제를 해결할 수 있다는 뜻이군요.

한동훈 모든 문제를 다 해결할 순 없겠지만, 적어도 정책 대상자가 본인이 받을 수 있는 혜택이 무엇인지 일목요연하게 인지할 수 있다면, 복지 누수는 줄고 효율성은 훨씬 높아지겠죠. 그리고 국민들 입장에서도 그렇게 모아놓고 보면 '국가에서 주는 복지가 생각보다 많다'는 걸 알 수 있을 겁니다. 몰라서 안 쓰는 복지도 찾아 쓸 수 있을 것이고, 개인별로 안 쓰게 되는 복지의 경우 다른 필요한 복지로 전용해서 쓸 수 있게 하면 복지의 효능감이 훨씬 커질 거예요.

윤석만 요즘은 꼭 저소득층이 아니어도 받을 수 있는 혜택들이 많잖아요.

한동훈 바로 그겁니다. 선진국의 복지는 '너와 나 우리 모두를 위한 복지'여야 합니다. 약자복지라는 틀에 갇히면 안 된다고 생각합니다. 모두를 위한 복지여야죠. 저소득층을 위한 건 어떻게 보면 복지가 아니라 사회안전망 차원에서 국가가 당연히 해야 할 일을 하는 거예요. 앞으로 우리가 나아가야 할 지향점은 너와 나, 우리 모두가 행복한 사회라고 생각해요. 내일을 위해 오늘을 희생하지 않는 삶이어야 하고요. 국민 각자가 자기 조건에 걸맞은 복지 혜택을 누리도록 만드는 것이 제가 가장 하고 싶은 일 중 하나입니다.

윤석만 AI 산업을 중심으로 다른 나라와 기술 격차를 벌리려면 인적 투자가 매우 중요하지 않나요? 그동안 교육정책에 대한 논쟁도 많았는데, 어떻게 바뀌어야 한다고 봅니까?

한동훈 그런 말이 있죠. 19세기 학교에 21세기 학생이라고요. 지금

학교 체제는 근대 산업국가 형성기에 만들어진 거잖아요. 표준화된 의무교육을 통해 산업 사회에 필요한 인력들을 양성하는 게 목표였죠. 20세기 대한민국은 근대 학교 체제의 모범생이었습니다. 빨리 암기해서 모방하고 따라잡고, 그렇게 경쟁력을 갖췄어요.

하지만 이제 우리는 '퍼스트 무버'가 되지 않으면 번영의 기회를 찾기 어려울 거예요. 거대 테크 기업 몇 개가 세계 시장을 잠식하고 있듯 '패스트 팔로워' 전략만으론 비교우위를 갖기 어렵습니다. 결국 새로운 걸 만들어내고 서로 다른 분야를 융합해서 시너지를 만들어내는 창의적, 복합적 역량이 필요합니다.

정치권이 어설프게 교육정책을 자꾸 건들면 안 됩니다. 사실 입시정책만 하더라도 정치인들은 전부 자신이 겪었던 오래전 학창 시절의 경험을 이야기하고 있어요. 워낙 강렬한 경험이었으니 벌써 수십 년 지난 이야기지만, 본인이 정답인 것처럼 말합니다. 또 자녀들을 키워봤으니 자신이 매우 잘 아는 이슈라고 착각해요.

그러나 전혀 그렇지 않습니다. 그때보다 연간 출생아 수는 4분의 1로 줄었고, 사회가 원하는 인재의 성격 자체가 바뀌었어요. 우리는 문제를 잘 푸는 학생이 아니라 새로운 문제를 낼 수 있는 인재를 길러야 합니다. 그런데 역대 모든 정부는 사교육을 '때려잡는' 데에만 사활을 걸었습니다. '킬러 문항' 논쟁도 다를 바 없고요.

윤석만 즉각적인 효과가 나타나기 때문이겠죠.

한동훈 성과가 없더라도 뭔가 하고 있다는 걸 가장 보여주기 쉬운 소재죠. 기형적인 사교육은 분명히 바로잡아야 해요. 그러나 사교육 자체가 문제라기보다는 그 원인이 뭔지 잘 따져 봐야 해요. 예를 들어 공교육이 부실하거나 입시제도가 너무 자주 바뀌어 학부모들이 불안해하는 등등의 이유로 사교육 시장이 커집니다.

　　사교육정책은 감기로 치면 계속 해열제만 먹이는 것과 같습니다. 때에 따라선 대증요법도 필요하지만 그게 본질이 아니잖아요. 과도한 사교육은 제한을 하면서도 본질적 해법을 마련해야죠. 그러나 이 작업은 굉장히 지난하고 오래 걸리는 일이에요. 당장 가시적인 퍼포먼스를 보이기 위해 계속 사교육만 걸고넘어지는 겁니다.

　　같은 의미에서 정치권이 입시정책을 자꾸 건드리는 것은 돈 안 들고 가장 티가 많이 나는 정책이기 때문입니다. 정작 정책 대상자인 학생들은 투표권도 없습니다. 그렇다 보니 수요자에게 맞춘 교육정책을 입안하는 게 아니라, 표를 얻기 좋은 갈등의 지점을 콕 집어내 부각시키는 겁니다.

윤석만 혹시 생각해 본 교육정책이 있나요?

한동훈 교육정책만큼은 예측 가능성과 국민의 신뢰가 매우 중요하다고 생각해요. 설익은 상태에서 툭툭 던지는 식이어선 안 된다고 생각합니다. 많은 고민을 하고 있고, 여러 전문가들과 계속 논의하는 중입니다. 다만 학교에서 학생들이 배워야 할 것은 단편적인 지식만이 아니란 생각을 갖고 있어요. 올바른 사회구성원으로서 세상에 나갈 준비를 하는 기간이잖아요. 자신의 꿈과 적성을 잘 살려 미래 인재로 성장할 수 있는 기회를 얻어야 하고, 자유민주주의 사회에서 건강한 시민으로 살아가는 법도 배워야 한다고 봅니다.

트럼프 행정부는 기회

윤석만 트럼프 행정부가 출범했습니다. 외교 분야에서 한미 관계
는 가장 중요한 주제일 텐데, 트럼프 2기는 더욱 매운맛일
거라는 관측이 많습니다. 어떤 생각을 갖고 있나요?

한동훈 쉽지 않은 현실인 건 맞습니다. 그러나 위기는 기회라고,
오히려 지금이 한국의 존재감을 높일 수 있는 시기라고 생
각해요. 그 부분에 대해선 미국 정부 측 관계자들과도 많은
논의를 했습니다. 그게 뭐냐 하면 트럼프 행정부가 강조하
는 '아시아 퍼스트' 전략입니다. 유럽 등에 집중했던 군사
전략을 대중국 문제에 집중하겠다는 거죠. 이를 위해선 한
국과 일본 등 동아시아와 협력을 강화해야 합니다.

지정학적으로 미국의 대중국 전략에 있어선 한국이 큰
역할을 할 수밖에 없습니다. 아시아 퍼스트 전략에선 군사

적 동맹뿐 아니라 경제적 협력도 매우 중요해지는 거죠. 그렇게 되면 한미 관계가 더 큰 역할을 하게 될 겁니다. 핵심이 되는 여러 분야에서 한국의 기술력은 일본을 이미 앞서고 있어요. 그런 환경이 우리가 위기를 기회로 만들 수 있는 가능성을 높이고 있다고 봅니다.

윤석만 '아시아 퍼스트' 전략의 핵심 담당자가 엘브리지 콜비 국방부 정책차관이잖아요. 동명의 책도 냈고, 트럼프 1기 행정부에서도 군사 전략의 핵심을 맡았고요. 특별한 인연이 있지 않나요?

한동훈 사실 '아시아 퍼스트' 전략에 대해선 2024년 당 대표 경선 때부터 관심을 갖고 있었어요. 그때만 해도 트럼프의 당선 가능성이 그리 높진 않았습니다. 관심을 갖게 된 계기는 대한민국이 강해지려면 미국과의 협력을 극대화할 필요가 있기 때문입니다. 그래서 경선 토론 때도 그 이야기를 여러 번 강조했죠.

토론에서 제 발언을 본 뒤 콜비가 자신의 트위터에 제 영상을 올렸습니다. 제가 했던 말을 언급하면서 미국의 외교 정책과 양립할 수 있는 훌륭한 길을 제시했다고 이야기하더군요. 그러면서 "전 세계의 똑똑하고 현실적인 동맹국. 브라보!"라고 언급했고요.

윤석만 혹시 트럼프 대통령 취임식에 초청한 인물이 콜비 차관이었습니까?

한동훈 (웃으며) 초청한 쪽은 밝히기가 어렵습니다. 다만 취임식에 참가하면 미국의 주요 정치인들과 만날 계획을 세우고 있었어요. 그러나 국내 정치 상황이 어지러워 참석을 고사했습니다.

윤석만 트럼프 대통령 취임 후 대북 관계도 변화가 생길 것 같습니다. 문재인 정부 때는 끌려가기만 하고 결국엔 아무런 성과도 내지 못했는데요.

한동훈 얼마 전 트럼프 대통령이 김정은에게 유화 제스처를 보냈는데, 북한은 전략순항 미사일 발사로 응답했습니다. 그러면서 '무력의 전쟁 억제 수단'이 완비돼 있다고 했습니다. 일종의 몸값 높이기라고 봅니다. 트럼프 1기 행정부 때도 북미 정상회담을 통해 반전의 계기를 마련하려 했으니까요. 트럼프 대통령도 대북 관계를 풀어보고 싶은 의지가 있었고요.

그런 와중에 최근 트럼프 대통령과 피트 헤그세스 국방부장관은 북한을 '핵보유국(nuclear power)'이라고 표현했습니다. 이는 북한의 핵 수준이 매우 높아진 현실론을 받아들이면서 북한과 협상을 해보겠다는 뜻으로 읽힐 수 있어 우리에겐 좋은 시그널이 아닙니다. 핵 동결과 군축 협상으로 이어지는 '스몰딜'이 될 수도 있는 것이죠. 논란이 커지자 미국이 북한 비핵화에 대한 입장을 확인하긴 했지만요.

다만 북핵 문제가 이 지경이 된 데에는 좌파 정권의 잘못이 큽니다. 20여 년간 좌파 정권의 북한 퍼주기는 북한의 핵무장을 도운 꼴밖에 안 됩니다. 그동안 북한은 6차례 핵실험을 했어요. 이대로 간다면 한반도 비핵화의 원칙이 무너질 수 있습니다.

그렇기 때문에 우리는 한반도에서 평화의 주도권을 쥘 수 있도록 주변 국가들과 더욱 탄탄한 동맹을 유지해야 합니다. 특히 미국과 북한이 문재인 정부 때처럼 우리를 패싱하지 않도록 모든 외교적 역량을 발휘해야 합니다. 문재인 정부의 굴종외교는 사진 한 장 남긴 것말고는 아무런 진전을 갖고 오지 못했습니다. 국내 정치가 안정되면 하루빨리 트럼프 행정부와 밀도 있는 논의가 필요합니다.

윤석만 중고교 모두 소위 '강남 8학군'에서 나왔습니다. 그래서 '강남 키즈' 아니냐 이런 말도 있어요.

한동훈 꼭 그렇진 않아요. 유년기와 초등학생 시절은 충북 청주에서 보냈어요. 방과 후엔 친구들과 떡볶이 먹으러 다니기 일쑤였고요. 즐거운 청주 아이였습니다.

집 앞이 무심천이었는데, 거기서 많이 놀았습니다. 말 그대로 없을 '무' 자에 마음 '심' 자예요. 정말 무심하고 평화롭게 흘러가는 하천이었어요. 그 공간에 있으면 마음이 평안해지는 그런 곳이었습니다. 청주 도심 한복판을 지나지만 하천 주변으로 풀숲도 무성하고, 봄이면 벚꽃이 흐드러지게 폈어요. 사시사철 자연의 변화를 느낄 수 있는 아름다운 곳이었습니다.

수업이 끝나면 친구들과 무심천에 자주 놀러 갔어요. 올 챙이도 많이 잡았어요. 하천 중간중간에 돌다리도 있었는데, 재미삼아 일부러 건너다녔던 기억이 납니다. 작년 총선 때 유세하러 무심천을 방문했는데, 산책로를 멋지게 정비해 놓는 등 어린 시절 제가 놀던 무심천과 많이 달라졌더라고요. 물도 더 깨끗해진 것 같고요.

윤석만 고교 졸업 후 서울대에 바로 진학했고, 사법고시 패스도 빨랐어요. 검사가 된 뒤에는 소위 엘리트 코스를 밟았습니다. 그렇다 보니 '서민 대중의 삶을 잘 이해할 수 있을까' 그런 걱정을 하는 분들도 있습니다.

한동훈 제가 안정적인 삶을 살 수 있었던 것은 사실이고, 항상 감사히 여기고 있습니다. 물론 삶의 주어진 순간마다 열심히 노력하고 최선을 다한 것도 있지만, 많은 부분 행운이 작용한 거였죠. 어찌 보면 저는 인생이라는 가위바위보에서 계속 운이 따라줬던 것이라고 생각합니다. 모두가 노력하지만, 모두가 운 좋게 관문을 통과할 수 있는 건 아니니까요.

그런 면에서 저는 제가 사회로부터 받은 것들, 학교 교육과 각종 시스템 등에 매우 고마운 마음, 그리고 더 나아가 미안한 마음 비슷한 것을 갖고 있습니다. 대한민국이 내전을 겪고 있는 나라였거나 생필품조차 구하기 어려울 정도로 가난한 나라였다면 지금의 저는 존재하지 않았을 테니까요. 그래서 항상 현재를 있게 해준 대한민국이라는 나라, 자유민주주의라는 정치 체제를 감사히 여기며 살고 있습니다.

　오래 공직생활을 하면서 이런 마음이 더욱 굳어졌어요. 그래서 늘 저와 다른 사람들에게 눈과 귀를 열어두려고 애썼어요. '강강약약'도 같은 취지예요. 그게 주제넘게 누구에게 뭘 베풀겠다는 뜻은 아니에요. 직접 경험해 보지 못한 삶의 다양한 층위들을 이해하려면 의식적으로 소통하고 노력해야 합니다. 물론 유년 시절을 힘들게 보낸 분들이 좀 더 일찍 철이 들 수도 있고, 또 어려웠던 분들을 더 쉽게 이해할 수 있을지도 모릅니다.

　그러나 중요한 것은 성인이 된 뒤라고 생각해요. 공감하는 마음은 우리가 노력하지 않으면 잃기 쉬운 습성 같아요. 저는 제 자신이 아직 부족하다는 것을 알고 있어요. 그래서 삶의 다양한 모습들을 이해하기 위해 의식적으로 노력하고 있습니다.

1937년생인 송복 연세대 명예교수는 2016년 《특혜와 책임》이라는 책을 냈다. 한국 사회학계의 거두로 수많은 논문과 저서를 집필한 그였다. 출간 후 며칠 뒤 식사 자리에서 송 교수는 인생의 마지막 글이라는 심경으로 이 책을 썼다고 했다. 그만큼 수십 년 내공을 한 글자 한 글자에 꾹꾹 눌러 담았다.

책의 요지는 이렇다. "자신의 성공을 본인의 피·땀·눈물의 대가일 뿐이라고 생각하면 큰 착각이다. 나라와 국민으로부터 받은 특혜는 노블레스 오블리주를 실천하라는 명령이다. 우리가 계속 선진국으로 남으려면 국민으로부터 존경심을 유발하고, 도덕심을 높여주는 집단이 있어야 한다. 그들이 역사를 이끌어가는 동력이다."

윤석만 혹시 이 책을 읽어보셨나요?

한동훈 보지 못했습니다.

윤석만 방금 말씀하신 내용이 송 교수님의 노블레스 오블리주와 맞닿아 있는 것 같습니다.

한동훈 제가 생각한 '강강약약'은 노블레스 오블리주라고 할 만큼 거창하거나 대단한 무언가는 아닙니다. 그저 제가 인생 내내 염두에 둔 소소한 생각일 뿐입니다. 다만 이런 마음을 갖기 위해 끊임없이 노력하고 있다는 점은 말씀드리고 싶어요. 왜냐하면 '강강약약'이라는 것은 사람의 본성에 반하거든요.

　하지만 우리가 문명인이고, 또 21세기 선진국의 시민으로 살고 있다면 우리나라가 더욱 품격 있게 발전하길 희망합니다. 특히 공적 영역에서 일하고 있는 사람들은 이런 공적인 마인드를 되새기지 않으면 안 된다고 생각해요. 저는 그렇게 살아왔다고 생각합니다. 때론 바른말로 윗사람을 불편하게 만들고, 범죄 혐의를 가진 힘센 분들에겐 냉혹했을지 몰라도 서민과 약자에겐 다정하기 위해 노력했습니다.

윤석만 그게 노블레스 오블리주 같은데요.

한동훈 다시 말씀드리지만 저는 굉장히 운이 좋았고, 그 덕분에 사회에서 많은 혜택을 받았어요. 우리 사회가 발전하려면 그런 혜택을 받은 사람들이 더욱 사회를 위해 노력해야 합니다. 송복 교수님 말씀처럼 저 혼자 잘나서 여기까지 온 게 아니니까요. 그렇게 얻은 혜택을 쏟아내고 가야 한다고 생각합니다. 제가 정치를 하는 이유도 그런 것입니다.

윤석만 화제를 조금 바꿔볼게요. 혹시 다시 태어나도 검사를 하고 싶은가요?

한동훈 (웃으며) 전혀 아닙니다.

윤석만 그럼 어떤 일을 해보고 싶나요?

한동훈 구체적으로 생각해 본 적은 없지만, 외교관이나 경제 관료를 해보면 좋을 것 같아요.

윤석만 공직자의 틀을 벗어나지 않는군요.

한동훈 하하. 말하고 보니 그렇군요. 공직 중에 묻는 걸로 잘못 이해했어요. 새로운 기술을 다루는 기업에서 일해 봐도 좋을 것 같습니다. 소설 쓰는 작가였어도 좋겠네요.

윤석만 이유는 뭘까요?

한동훈 법조 영역에는 한계처럼 느껴지는 천장이 있어요. 무슨 뜻이냐 하면 현상을 법의 틀에서 해석하는 게 주요 업무입니다. 일의 성격상 과거를 먼저 따져보게 되고, 미래를 살펴보거나 고민할 기회는 흔치 않습니다.

이런 것들이 저의 개인적 성향과 맞진 않아요. 일상에서 저는 꽤 산만한 편이거든요. 책 읽는 걸 아주 좋아하는데, 한 번에 한 권이 아니라 여러 권을 펼쳐놓고 보죠. 이것도 해보고 저것도 해보고 하면서 새로운 일들을 생각하는 걸 좋아합니다. 그래서 다음 생에 태어난다면 기업가나 소설가처럼 좀 더 창의적인 일을 해보고 싶다는 생각이 듭니다. (웃으며) 대학 때 소설을 하나 썼는데, 쓰고 나서 읽고 보니 재능이 없다는 걸 깨달았습니다.

검사 출신 정치인? 고강도 단련 거쳤다

윤석만 연관된 질문인데, 검사 출신 정치인에 대한 부정 여론이 큽니다. 특히 대통령도 검사 출신이다 보니 더욱 그런 것 같은데요. 물론 모든 검사를 일반화해서 볼 수는 없지만요.

한동훈 모든 언론인이 똑같지 않듯, 검사들도 매우 다양합니다. 그래서 저는 사람 나름이라고 생각해요. 저는 검사할 때, 검사들 중에 좀 이방인 같았어요. 영화나 드라마에서 나오는 것처럼 술도 안 먹고, 상사 말을 무조건 따르는 것도 아니고요. 수사할 때 큰소리친 적도 없는 것 같아요.

윤석만 예를 들어 검사의 일은 피의자의 범죄 혐의를 입증하는 거니까 그 일을 계속하다 보면 세상을 바라볼 때 선악의 프레임으로 보기 쉬운 건 아닐까, 권력에 대한 효능감이 쌓이면서 자기 확신의 성향이 강해지는 건 아닌가 생각이 들거든요. 그래서 검사 정치를 우려하는 여론도 있고요.

한동훈 먼저 제가 검사 전체를 대변하는 것은 아니라는 걸 말씀드려요. 첫째는 검사들의 캐릭터가 꼭 그렇지만은 않습니다. 검사의 핵심 업무 중 하나는 증거와 논리로 재판부를 설득하는 것입니다. 강압적으로 피의자를 닦달하고 그런 게 아니라 끊임없이 소통하는 거죠.

둘째는 아마 대통령과 저를 비교하려는 질문인 것 같은데요. 국가적으로 중요한 의사결정을 내리는 자리에 있으려면 조직 운영이나 정치 일선의 경험이 있어야 한다고 생각해요.

실제로 법무부장관 2년 동안 야당과 단신으로 맞서고 검수완박을 바로잡는 검수원복 시행령 등 꼭 필요한 것들을 해내는 과정에서 많은 걸 배우고 느꼈어요. 또 여당 비대위원장과 대표로 있으면서 총선을 치르고, 계엄과 탄핵까지 겪으면서 험한 일들을 많이 겪었죠. 3년 동안 그 어느 누구보다도 전례 없이 강도 높은 단련을 받은 셈이죠.

윤석만 실제로 이야기를 나눠보면 검사들의 스테레오 타입과는 다른 느낌을 많이 받습니다.

한동훈 만일 제가 질문과 같은 검사의 부정적인 정체성을 갖고 있었다면 지난 1년 동안의 행보는 매우 달랐을 거예요. 검사들이 상명하복 문화가 강해 체제에 순응을 잘한다는 이야기가 있고 그걸 약점으로들 지적하는데, 지난 1년간 가장 용기 있게 대통령의 잘못을 바로잡으려 했던 사람이 저였습니다. 계엄과 탄핵 국면에서도 정치적 유불리에 따라 좌고우면하거나 타협하지 않고 오직 원칙에 따라 결정했습니다. 상명하복 같은 조직 보호 논리에 물들어 있었다면 우리가 배출한 대통령의 계엄을 맨 앞에서 제가 막지 못했을 거예요.

저는 말이 아니라 행동이 중요하다고 생각합니다. 국민 여러분께서도 제가 실제로 어떻게 결정하고 무슨 행동을 했는지, 행동할 건지를 잘 봐주셨으면 좋겠어요. 저뿐만 아니라 모든 정치인들이 정말 어렵고 힘든 상황에서 어떤 고민을 하고 무슨 결정을 내리는지, 또 실행 과정은 어떤지 그런 부분들을 꼼꼼히 살펴보실 필요가 있습니다.

윤석만 처음 이재명 대표나 야당 의원들과 논쟁하는 장면을 보면서 보수 지지자들의 환호가 컸습니다. 그만큼 똑 부러지고 날카로운 이미지가 강한데, 실제 만나보면 안 그렇습니다. 유세 현장에서 시민들과의 스킨십도 좋고요. 시민 한동훈과 정치인 한동훈의 페르소나가 다른가요?

한동훈 (웃으며) 그 정도로 치밀하진 않습니다. 마스크 쓰고 거리에 나가도 알아봐주시고, 사진이나 영상을 찍어 공유하시는 분들도 종종 있어요. 매번 의식적으로 이미지를 연출하는 건 정말 불가능에 가까운 일이죠. 아직 인간 한동훈으로서의 생각과 정치인 한동훈으로서의 생각이 싱크로가 돼 있어요. 그래서 정치적 가장이 별로 필요 없어요. 그러니 이런 인터뷰를 해도 따로 준비하거나 '이건 생각과 달리 이렇게 말해야지' 하고 미리 생각하지 않아도 되어 편합니다. 이걸 어떻게 다 미리 준비하겠어요.

윤석만 도서관에서 헤드셋을 끼고 있거나 커피숍에서 커피를 구매하는 사진도 찍었죠?

한동훈 그냥 평소 생활하듯 시민분들을 만나고, 업무할 때도 격의 없이 회의하고 그럽니다. 인터뷰를 하든 유세 현장을 가든 인위적으로 뭔가를 만들어내거나 따로 준비하진 않습니다. 그게 한두 번이면 몰라도 매번 그렇게 흉내 내는 건 정말 힘든 일이잖아요.

윤석만 주변 이야기를 들어보면 친절하고 매너가 좋다는 평이 많더군요.

한동훈 꼭 그렇다기보다는 평생 남에게 친절하려고 노력해 왔어요. 저나 제가 사랑하는 사람들은 친절하고 다른 사람을 이해하는 좋은 사람이었으면 좋겠거든요. 공적인 위치에서 이재명 대표나 야당과 맞서 싸우다 보니 조금 날카로운 이미지가 생긴 것은 맞습니다. '조선제일검'이니 '1대 180'이니 하는 별칭처럼요. 그러나 일상에서도 그렇게 막 싸우진 않아요. 사실은 싸우는 거 싫어해요. (웃으며) 성인이 된 이후부터는 항상 친절하기 위해 노력했던 것 같아요. 사실 그렇게 해야만 소통도 원활하고 일의 효율도 높아집니다. 스스로 행복해지는 길이기도 하고요.

윤석만 '친절한 동훈 씨'군요.

한동훈 언젠가 한석규 배우가 인터뷰에서 이런 말을 했어요. 그분이 가장 잘나가던 시절이었는데 질문자가 평소 가치관이 뭐냐고 물은 거예요. 그랬더니 "모욕감을 주지 않는 겁니다"라고 하더군요. 그때 무릎을 탁 쳤어요. 제 생각과 똑같았습니다. 공직에 있는 사람일수록 정말 중요한 말 같아요. 제가 조금만 신경을 안 쓰면 상대는 불편함을 느끼기 마련이잖아요. 공직자나 전문가의 작은 권태가 상대방에겐 상처가 되기 쉽죠.

이건 매사에 둥글게 둥글게 지내자 하는 것과는 다른 거예요. 싸울 때는 치열하게 싸워야죠. 잘못한 것은 잘못이라고 말해야 합니다. 아까 싸우는 걸 싫어한다고 했지만, 이건 공적인 직무의 영역이니까요.

한동훈이 꿈꾸는 행복한 나라

윤석만 어느새 마지막 질문입니다. 앞으로 무엇을 하고 싶은가요? 정치인으로서 다음 목표가 궁금합니다.

한동훈 저는 한 번도 무엇이 되겠다, 어떤 자리에 있고 싶다는 생각을 해본 적은 없습니다. 다만 인생의 중요한 변곡점마다 꼭 필요하고 의미 있는 일들을 해왔습니다. 지금 제가 하고 싶은 일은 대한민국이 좀 더 자유롭고, 행복하며, 품격 있는 나라가 될 수 있도록 기여하는 것입니다. 그러려면 제일 먼저 자유민주주의의 원칙들이 잘 지켜지고 안전한 나라가 돼야 합니다. 한쪽에서는 계엄 사태가, 다른 한쪽에서는 29번의 탄핵 사태가 나왔죠. '대한민국 국민에게 이런 일을 또 겪게 하지 말아야 한다'고 생각합니다.

민주주의가 성숙하려면 중산층이 두터워야 한다는 말이

있습니다. 세계의 많은 나라들이 민주주의의 위기를 겪고 있어요. 경제적 양극화가 심해지면서 극단적 포퓰리즘이 좌우 양쪽에서 독버섯처럼 커지고 있습니다. 이런 사회에 선 상식과 합리를 갖춘 중간층이 설 자리가 없어요. 불평등의 대가는 극좌, 극우가 판치는 가짜 민주주의 사회로 추락하는 것입니다.

그렇기 때문에 우리는 복지정책을 더욱 촘촘하게 만들어 국민 한 명 한 명을 잘 살펴야 합니다. 그러려면 우리 경제는 계속 성장해야 하고요. 어느 정도의 물적 토대가 있어야만 그다음부터 생존이 아닌 삶을 살아나갈 수 있는 것이니까요. 성장과 복지는 제가 정치인이 되고 난 뒤부터 지금까지 계속 연구하고 공부하는 주제입니다.

윤석만 복지정책만 잘돼 있다고 행복한 나라가 되는 건 아니잖아요? 국가의 품격이 높아지는 것도 마찬가지고요.

한동훈 맞습니다. 복지정책은 행복한 나라의 필요조건 중 하나일 뿐이죠. 그래서 전 대한민국이 더욱 자율화되고, 각자의 개별성을 인정하며, 다양성이 묻어나는 개방과 관용의 사회가 돼야 한다고 생각합니다.

행복의 기준은 사람마다 다를 거예요. 그런데 아무리 의심하고 의심해도 지워지지 않는 중요한 행복의 가치는 '자유'입니다. 자신의 뜻대로, 본인이 선택한 삶을 사는 것이 행복의 본질이라고 생각합니다. 자유로운 선택이 꼭 옳을 수는 없습니다. 때론 틀릴 수도 있고, 한참 미련과 후회가 남는 실수가 될 수도 있어요. 그러나 자기 방식대로 삶을 결정하고 스스로 노력하는 삶은 그 자체로 의미가 있어요.

그래서 저는 자유와 공화의 가치가 마치 물과 공기처럼 일상의 삶 속에서 자연스럽게 흐르는 나라가 돼야 한다고 생각합니다. 그러려면 어릴 때부터 줄을 세워 친구들과 비교를 강요하는 교육 방식도 바꿔야 하고요, 입시와 취업 공부에 찌들어 사회에 진출하자마자 번아웃에 빠지는 청년들의 고단한 현실도 개선해야 합니다. SNS에서 매일같이 남과 비교하며 절망에 빠지는 상대적 박탈감도 덜어내야 하고요.

이 모든 걸 정치인 혼자 할 수는 없는 일이에요. 그래서 저는 저와 같은 생각을 하는 사람들, 함께 우리 사회를 개선하는 데 두 팔 걷고 나설 가치의 연대를 만들어가고 싶습니다. 그 길이 비록 서툴고 더디게 느껴져도, 변화를 만들어내는 것이 지금의 시대에 보탬이 되는 일이라고 생각합니다.

그의 마지막 답변에서 우리 앞에 놓인 '정치교체'의 가능성을 봤다. 87년 체제에 갇힌 한국 정치가 새로운 페이지로 넘어가고 있다는 느낌을 받았다.

고인 물은 그대로인데 사람만 바뀌어 더욱 썩어가는 그런 정치가 아니라 더나은 가치와 비전, 시대에 맞는 정치 체제를 만들어갈 수 있는 새로운 길이 보였다.

며칠 동안 그와 밀도 높은 시간을 보내며 느낀 것은 평범한 시민의 일상과 가장 닮아 있는 정치인이란 점이다. 주말 아침마다 그는 문 연 커피숍을 찾아 손수 따뜻한 아메리카노와 조각케이크를 사왔다. 맛집을 찾아 함께 택시를 탔고, 식사 중엔 음악과 영화, 소설 이야기를 나눴다. 물론 제로콜라도 함께 마셨다.

생각은 사소한 습관과 행동에서도 비롯된다. 그 때문에 일상의 삶을 면밀히 들여다봐야만 한 사람을 알 수 있다. 언어는 그가 사는 세상의 한계를 뜻하기 때문에 말의 품격도 중요하다. 그런 면에서 정치인 '한동훈'은 평소에도 예의 바르고 언행이 일치했으며, 권위주의적이지 않았다.

그러나 많은 정치인들은 어느 정도 '자리'에 오르면 대부분 변한다. 스스로 평범한 일상의 삶과 담을 쌓으며 국민 다수의 삶과 괴리되는 길을 선택하기 때문이다. 공무에 집중할 수 있도록 국민이 배려해 준 편의를 특권으로 생각하고, 권력에 취해 의전에 기대며 권위적으로 바뀐다.

하지만 시대가 변했다. 민주주의가 성숙할수록 카리스마 넘치는 지도자는 독선과 불통으로 흐르기 쉽고, 어느 한쪽의 역사와 이념에 경도되면 국민을 분열시키고 만다. 새로운 시대에는 새로운 리더가 필요하다. 이웃처럼 평범하고 국민 다수와 비슷한 생각을 가진, 상식적이고 합리적인 인물이어야 한다.

토크빌은 "국민은 그들 수준에 맞는 정부를 가진다"고 했다. 지난 역사에서도 그랬듯, 다시 시민의 힘으로 계엄의 바다를 건너고 있는 우리는, 지금보다 훨씬 더 나은 정치인을 가질 권리가 있다. 앞으로 나아갈 것이냐, 거꾸로 퇴행할 것이냐, 선택은 시민 각자의 몫이다.